한국 호랑이
전설 대모험
100

전국 16개 광역 호랑이 탐험기

한국 호랑이 전설 대모험 100

● 강효백 지음

좋은땅

머리말

옛날 옛적, 우리 조상들이 살던 산과 들, 마을과 바닷가에는 호랑이가 살고 있었습니다.

그 호랑이들은 단순한 짐승이 아니었습니다.

어떤 호랑이는 나쁜 사람을 벌주는 **심판자**였고,

어떤 호랑이는 착한 이들을 지켜 주는 **수호신**이었습니다.

때로는 사악한 요괴로, 때로는 변신하는 인간으로,

호랑이는 이야기 속에서 천의 얼굴을 지닌 존재로 살아 있었습니다.

저 역시 호랑이와 인연이 깊습니다.

백호의 태몽과 함께 태어나 아명조차 문호(文虎)였고, 호환이 잦기로 유명한 전북 고창에서 어린 시절을 보냈습니다.

부산 범천동에서 태어난 저에게 호랑이는 단순한 전설이 아니라, 삶의 시작과 기억 속에 함께 자리한 존재였습니다.

그 인연은 제 발걸음을 전국 방방곡곡으로 이끌었습니다.

저는 남한의 **228개 시군구를 직접 답사**하며 전설을 찾았고,

외교관 시절에는 중국의 **31개 성과 자치구**를 여행하며 호랑이 흔적을 좇았습니다.

호랑이 전설이 전해지는 산동성, 무송이 호랑이를 때려잡았다는 양산박 인근도 여러 번 찾았습니다.

그 여정은 마치 제 삶이 호랑이의 발자국을 따라 이어진 것처럼 느껴졌습니다.

《한국 호랑이 전설 대모험 100》은 그런 저의 긴 여정의 결실입니다. 전국 16개 광역에서 모은 100편의 호랑이 이야기를 통해 독자 여러분은 무섭고, 슬프고, 웃음 나고, 감동적인 전설 속으로 들어가실 것입니다.

그리고 각 전설의 뒤에는 짧은 교훈과 실제 기사 기록이 이어져, "호랑이는 정말로 우리 곁에 있었다"는 사실을 확인하게 되실 겁니다.

그동안 45권의 책을 집필했지만, 이 책만큼 오래 품고 정성껏 다듬은 책은 없었습니다. 호랑이는 제게 전설이자 역사였고, 동시에 제 삶의 일부였습니다.

이제 책장을 펼치시면, 백 마리 호랑이가 차례로 눈을 뜨고
여러분을 모험의 세계로 안내할 것입니다.

조심하시길 바랍니다.

전설 속 호랑이는 언제든 살아나, 당신 곁으로 성큼 다가올지도 모릅니다.

자, 이제 호랑이와 함께 떠나는 **100점 만점의 대모험**을 시작해 보시겠습니까?

어훙!

2025년 9월

文虎 강효백

차례

머리말　　04

I. 강원특별자치도

1. 핏빛 사랑의 전설 - 호랑이와 맞서 싸운 아내　　15
2. 호랑이 밤, 불꽃 속으로 사라진 여인　　17
3. 인간 물총, 호랑이를 쫓다　　20
4. 의호총 전설 - 효심과 충심이 만난 날　　25
5. 호암소의 전설 - 상사병에 걸린 젊은 승려 이야기　　27
6. 춘천 효자동 효자와 호랑이 구급차　　32
7. 호랑이에 물려 죽어 호사귀가 된 할머니　　35
8. 호랑이 고기 맛은 어떨까　　39
9. 호랑이 눈썹을 뽑은 신선할머니　　41
10. 호랑이와의 결혼 - 대관령의 전설　　43

II. 서울특별시 · 인천광역시 · 경기도

11. 효자 박태성과 인왕산 호랑이의 우정　　49
12. 호압사와 호암산 - 한양을 지키는 호랑이의 숨결　　51

13. 흑석동 범바위 전설 - 호랑이의 슬픈 기다림　　　54
14. 꾀 많은 호랑이, 한술 더 뜬 영감　　　58
15. 강화도에서 호랑이가 사라진 날　　　62
16. 세 번 속은 호랑이, 부천 토끼에게 당하다　　　65
17. 퇴계원 곰돌산의 호랑이, 정팔도의 전설　　　69
18. 서낭당의 손님과 굶주린 호랑이　　　74
19. 호랑이도 감탄한 용인 효부의 지혜　　　77
20. 팥죽 할머니와 골탕 먹은 호랑이　　　80

III. 부산광역시 · 울산광역시 · 경상남도

21. 장기광 선비와 겁먹은 호랑이　　　85
22. 호랑이를 잡아 올린 재치 총각　　　88
23. 호랑이에 한을 품은 처녀귀신과 강 포수　　　91
24. 울빛재의 호랑이 - 산이 질투한 사랑　　　94
25. 호랑이와 과부 정씨 - 무덤을 지킨 세 영혼　　　96
26. 여인의 지혜와 호랑이의 굴욕 - 치마 속 비밀의 힘　　　99
27. 호랑이에 잡아먹히는 운명을 이긴 청년　　　102
28. 호랑이로 둔갑한 효자 청년의 마지막 밤　　　105
29. 호랑이 방울, 그리고 한 방　　　110
30. 범이 지켜본 백일기도　　　113

Ⅳ. 대구광역시 · 경상북도

31. 말 타고 얻은 인연, 범 타고 얻은 천연   119
32. 뒤주 속의 용기, 호랑이의 심판   122
33. 구라리 구렁이와 호랑이   125
34. 문경새재에 호환이 사라진 계기   128
35. 유천계의 밤 - 호랑이 앞에서, 사람이었다   130
36. 봉화산의 하얀 호랑이 - 끝내 돌아오지 못한 아내   133
37. 범과 소의 이루어질 수 없는 사랑   135
38. 호랑이와 벼락, 정기룡의 운명   138
39. 말 많은 아내, 입을 단게 한 호랑이   140
40. 호랑이가 된 청송 효자   143
41. 호랑이로 둔갑한 영천 청년   146
42. 의로운 소, 호랑이를 물리치다! - 구미 의우총   148
43. 영험한 호랑이, 과거길을 달리다!   151
44. 김 선비와 호랑이 굴에 간 손자   155
45. 호랑이와 처녀가 머문 호산의 전설   158
46. 홍범, 효심에 바친 호랑이의 슬픈 전설   160
47. 갓골의 호환 - 사라진 딸, 그리고 호랑이의 최후   164
48. 호랑이와 구렁이 - 설두남과 뒤남 마을의 유래   166
49. 호랑이와 백사 - 불집골 효자   169
50. 호랑이의 기도, 구슬령 옥녀사의 밤   172

V. 광주광역시 · 전라남도

51. 호랑이도 감동한 광주 효부   177
52. 호랑이 앞에 무릎 꿇은 며느리의 눈물   180
53. 호랑이와 3년을 함께한 효자   183
54. 월출산의 마지막 포효   186
55. 호랑이와 장군의 길   188
56. 호랑이 마을의 바닷길 - 뽕할머니와 진도의 기적   192
57. 황어굴의 비밀 - 호랑이 여인과 신씨 선비   194
58. 은혜 입은 호랑이가 파 준 우물   196
59. 산신의 총을 얻어 호랑이를 잡은 화순 포수   198
60. 쉰질바위와 성윤문 - 호랑이의 예언   201
61. 호랑이가 지킨 시간, 신선의 바둑돌   203
62. 호랑이를 탄 효자, 신대유의 밤길   206
63. 두 호랑이와 두 포수의 마지막 화살   208

VI. 전북특별자치도

64. 천명고개 호랑이 할머니와 더벅머리 총각   213
65. 호랑이가 되어 버린 사나이, 김용담 전설   215
66. 산속 호랑이 정승   217
67. 호랑이로 둔갑한 남편의 최후   220
68. 고창 방장산 호랑이의 은혜   223

69. 호랑이의 아내, 아기장수의 아버지   **226**

70. 비녀 뽑은 호랑이, 나라를 다시 세우다   **229**

71. 호랑이와 지네, 그리고 한 효자의 집   **232**

72. 호랑이가 된 아들, 위봉사의 별빛 아래   **235**

73. 해와 달이 된 오누이 이야기   **237**

74. 산에서 온 새끼 호랑이와 망태기   **240**

75. 호랑이 대통령과 어치재의 수호자   **243**

76. 무주 산골의 복수 화신 호랑이   **247**

77. 호랑이도 감동한 김제 김효자 이야기   **249**

78. 호랑이로 변신한 허 생원   **252**

79. 호랑이 눈썹을 뽑은 사나이   **255**

Ⅶ. 대전광역시 · 충청남도

80. 아기를 돌려준 호랑이   *261*

81. 호랑이가 가장 무서워하는 '이리온'   *264*

82. 호랑이도 감동한 당진 효부   *267*

83. 최 장사와 호랑이의 바위   *269*

84. 호랑이와 약속한 선비   *271*

85. 호랑이와 사냥꾼 그리고 까치의 약속   *274*

86. 백제의 마지막 불꽃 - 남매와 호랑이의 전설   *277*

87. 효자 강응정과 논산 호랑이   *280*

88. 호랑이도 견디지 못한 나팔수의 술버릇   *283*

89. 예산 가야산의 영리한 호랑이　　　　　　　　**285**

90. 제물로 바쳐진 처녀와 눈물 흘린 호랑이　　　**288**

91. 호랑이 눈썹과 구렁이 선비, 진심을 지킨 아내　**291**

92. 팥죽 한 그릇에 감동한 호랑이 - 천안 효부　　**294**

VIII. 세종특별자치시 · 충청북도

93. 호랑이가 지킨 효자, 김사준 - 세종의 전설　　**299**

94. 청주 호무골, 호랑이가 춤춘 골짜기　　　　　**302**

95. 호랑이도 놀란 맨몸 할머니와 곰의 최후　　　**304**

96. 호랑이가 길을 연 소년, 진천 효자 김종철　　**306**

97. 음성 망가리 고개, 호랑이의 밤　　　　　　　**308**

98. 호랑이 등에 실은 효심, 이양골 전설　　　　 **310**

99. 대호(大虎)가 감동한 소년, 민동량의 밤길　　 **313**

100. 마지막 호랑이 고개 마즈막재　　　　　　　**316**

작가 후기　　　　　　　　　　　　　　　　　　**319**

I.
강원특별자치도

강원도의 산맥은 백두대간을 따라 남북으로 뻗어 있고, 깊은 골짜기와 울창한 숲은 예로부터 호랑이의 왕국이었다. 눈 덮인 겨울이면 호랑이의 울음소리가 계곡을 울렸고, 안개 낀 새벽이면 범의 발자국이 마을 앞 논둑까지 이어졌다. 그래서 강원도 사람들의 삶과 전설에는 늘 **호랑이**가 함께 있었다. 강원도의 호랑이 전설은 단순한 무서운 이야기가 아니라, **사람과 자연이 공존해 온 기록**이다. 때로는 효자를 돕는 수호신, 때로는 불의를 벌하는 심판자로 등장한 호랑이는 인간의 삶과 죽음을 동시에 비춰 주었다.

1. 핏빛 사랑의 전설 - 호랑이와 맞서 싸운 아내

19세기 초, 조용한 산골 마을 강원도 양구읍 한전리. 햇살이 비추는 산등성이 밭에서 정운하라는 사내가 굽은 허리로 김을 매고 있었다. 그의 삶은 소박했고, 그의 곁에는 한결같은 사랑으로 그를 보살피는 아내가 있었다. 그녀는 밀양 박씨 가문의 딸로, 단아하고 어진 심성을 지닌 여인이었다.

어느 날, 아내는 정성껏 지은 점심을 싸서 머리에 이고 남편이 일하고 있는 밭으로 향했다. 짙은 산안개를 헤치고 밭에 다다른 순간, 그녀는 믿을 수 없는 광경과 마주쳤다. 거대한 호랑이가 산등성이를 가로막고, 남편 정운하를 향해 포효하며 날뛰고 있었다.

시간이 멈춘 듯한 그 순간, 그녀는 숨을 들이켰다. 공포도, 망설임도 없었다. 오직 남편을 살려야 한다는 마음 하나뿐이었다. 그녀는 손에 들고 있던 점심 바구니를 내던지고 맨몸으로 호랑이를 향해 달려들었다. 두 팔로 호랑이의 목을 감싸며 그 거대한 야수의 이빨 앞에 몸을 내맡겼다.

그녀의 몸부림은 간절했고 눈빛은 불꽃 같았다. 그러나 인간의 힘으로는 맹수를 당해낼 수 없었다. 정운하는 이미 중상을 입었고, 그녀 역시 호랑이의 이빨과 발톱에 쓰러지고 말았다. 피비린내가 산등성을 물들이고, 정적 속에서 두 사람은 그 자리에 쓰러졌다.

이후 마을 사람들이 달려와 두 사람을 발견했을 때, 그들은 서로를 향해 팔을 뻗은 채 나란히 누워 있었다. 마을 사람들은 깊은 애틋함에 가슴을 쓸어내리며 두 사람을 한 무덤에 함께 묻었다.

시간이 흘러 무덤 위에는 소나무 한 그루가 자라기 시작했다. 기이하게도 그 소나무는 하나의 뿌리에서 두 줄기로 갈라진 일근쌍수송이었다. 이는 마치 떨어질 수 없는 두 사람의 영혼이 나무로 환생한 듯한 모습이었다. 사람들은 그것을 진정한 사랑의 상징이라 믿었다.

그러나 세월이 지나면서 일부는 무덤 위에 자란 나무가 불길하다고 여겨 그것을 베어 버렸다. 그 순간, 나무의 잘린 자루에서 붉은 물이 흐르기 시작했다. 사람들은 경악했고, 얼마 지나지 않아 같은 자리에서 다시 소나무가 자라나기 시작했다.

이 놀라운 기적은 결국 조정에까지 전해졌고, 1814년(순조 14년)에 아내에게 '열녀정문'이 내려졌다. 이는 오직 진정한 사랑과 헌신으로만 받을 수 있는 영예였다.

호랑이 앞에서도 주저하지 않았던 여인의 용기, 사랑하는 이 하나 지키기 위해 생을 내던진 그 숭고한 희생. 오늘날까지도 양구의 바람 속에는 이 사랑의 전설이 조용히 속삭이고 있다.

> 사랑은 불타는 불꽃처럼 사라지고
> 인연은 죽음의 강을 건너서도 잊히지 않으며
> 전설은 피로 새겨져, 끝내 망각조차 거부한다.

2. 호랑이 밤, 불꽃 속으로 사라진 여인

1890년대 강원도 통천에 이민(李民)이라는 소금장수가 있었다. 그는 소금 네 말을 등에 지고 회양골 장양면이라 하는 깊은 산골을 찾아갔다. 하루는 높고 험한 장대령(長大嶺) 고개를 넘어가게 되었는데, 해가 점점 기울어져 황혼이 산을 덮어 왔다. 무서운 생각으로는 한 걸음도 발이 나가지 않았지만, 죽을 용기를 내어 한 5리쯤 올라갔다. 그런데 고갯길 가운데 자루 하나가 떨어져 있었다. "깊은 산골에 자루가 어찌하여 떨어져 있을까?" 자루를 소금 짐에 얹어서 계속 올라갔다. 뜻밖에 조그마한 오막살이 집 한 채가 보였다. 집 문 앞에 가서 주인을 불렀다.

집 안에서 젊고도 고운 목소리로 "누구세요?" 하면서 나이가 한 서른 살쯤 되어 보이는 어여쁜 미인이 나왔다.

"이처럼 깊은 산골에서 날이 어두웠으니 하룻밤 자고 가게 해 주십시오."

청하니 그 미인은 서슴없이 "그러세요. 이 밤중에 산길을 가시면 대단히 위험합니다." 하며 친절히 맞아들여서 방으로 안내해 주었다.

소금장수는 소금 짐을 문 앞에 버려 놓고 방 안에 들어가 누웠다. 여인은 저녁을 차리느라고 분주히 드나들다가 소금 짐에 끼인 자루를 집어 들고는

"여보세요. 이 자루, 손님 것인가요?" 하고 물었다.

"아니오. 이 고개 밑에서 누가 떨어뜨린 자루를 주워 가지고 온 것이오."

여인은 털썩 주저앉으며 울부짖었다.

"아아 이 일을 어쩌나⋯ 제 남편이 호환(虎患)을 당하셨소."

소금장수는 어찌할 줄을 모르고 있는데, 여인은 눈물을 뚝 끊고 정색하며 말했다.

"이왕 일이 이 지경이 된 바에, 울면 무슨 소용이겠어요? 좌우지간 시체나 찾아와야겠네요." 연이어 단호한 목소리로 "손님! 당신께서 오늘 저녁 이런 불행한 집에 와서 자게 된 것도 역시 당신 팔자니 불가불 나 하라는 대로 하여 주서야겠어요."

소금장수는 가슴이 덜컥 내려앉자 어찌할 줄을 모르고 그저 몸만 벌벌 떨고 있었다. 여인은 마당에 나가서 싸리나무에 불을 붙인 횃불을 치켜들고

"손님! 어서 나서세요, 이 횃불을 잡고 뒤따라오세요."

소금장수는 "이 밤중에 어디를 가자고 합니까? 나는 무서워서 못 가겠소." 하고 털썩 자리에 주저앉았다.

여인은 앙칼진 목소리로 절규했다.

"그렇다면 할 수 없지요. 시체도 못 찾을 바에야 당신을 죽이고 나도 죽을 수밖에 없겠네요." 하고 부엌에 가서 식칼을 가지고 소금장수에게 달려들었다.

정신이 반쯤 나간 소금장수는 여인의 명령에 따를 수밖에 없었다. 횃불을 밝혀 자루가 있던 곳까지 더듬어 갔다. 과연 주변엔 새빨간 핏자국이 선명했고 호랑이 발자국까지 남아 있었다. 여인은 미처 날뛰는 사람처럼 핏자국을 따라 머루 다래 칡이 엉킨 삼림 속으로 뛰어 들어갔다. 큰 바위 아래에 얼룩 호랑이가 시체를 옆에 놓고 으르렁거리고 있었다. 여인은 번개처럼 호랑이 옆으로 뛰어들어 시체를 어깨에 메고 달려 나왔다. 밤을

앗긴 호랑이는 여인의 치맛자락을 물 듯이 쫓아왔다. 여인은 소금장수를 향하여 외쳤다.

"횃불을 들고 뒤따라오시겠나요, 시체를 지고 앞장서 가시겠나요?"

소금장수가 두 가지 다 못 할 일이지만 시체를 등에 지기는 하도 무서워서 횃불을 들고 여인을 뒤따라가니 호랑이가 발뒤꿈치까지 달려들었다. 소금장수는 "나는 시체를 지고 앞에서 가겠소." 하며 횃불을 여인에게 건네주고 시체를 메고 집에까지 달려왔다. 여인은 남편의 시체를 움막 속에 들여다 놓고 움 안에서 도끼를 치켜들고 서 있었다. 호랑이가 머리를 움 속으로 겨우 비비어 들어 시체를 물어 가려고 하는 순간, 여인은 도끼로 힘껏 호랑이 머리를 내리쳤다. 머리가 두 쪽으로 쪼개진 호랑이는 비명도 못 지르고 죽어 버렸다.

그럭저럭 날이 밝은 후에 소금장수는 소금 짐도 내버리고 집을 떠나는데 여인은 감사의 뜻을 말하고 궤에서 산삼 한 뿌리와 베 한 필을 주면서 집 안에 있는 거라고는 이것뿐이니 받아 가기를 간청하였다. 소금장수는 사양하다 못하여 그것을 받아 집을 떠나 나왔다. 지옥에나 끌려갔다 나온 만큼 시원하고 후련한 마음으로 한참 나오다가 뒤를 돌아보았다. 그 여인은 자기 손으로 자기 집에 불을 질러 놓고 남편의 시체를 안고 불 속으로 뛰어들고 있었다.

죽음 앞에서도, 끝내 놓을 수 없는 사랑이 있고
두려움은 이겨 내야 하고, 절망은 견뎌야 하며
극한의 고통 속에서만, 진짜 용기는 태어난다.

Ⅰ. 강원특별자치도

3. 인간 물총, 호랑이를 쫓다

옛날 옛적, 강원도 영월의 깊은 산골짜기에 으스스하고도 기묘한 호랑이 한 마리가 살고 있었다. 그 호랑이, 보통 호랑이가 아니었다. 낮에는 사람으로 둔갑하고, 밤이면 본모습으로 돌아와 사람을 잡아먹는 마치 요괴 같은 놈이었다.

그것도 하루에 한 명씩, 틈 안 주고 꼬박꼬박!

"이대로 두었다가는 마을이 씨가 마르겠소!"

백성들의 원성이 하늘을 찌르자, 마침내 임금님이 진노하셨다.

"이 요망한 호환마마 같은 놈을 당장 잡아들이라! 호랑이를 잡는 자에겐 논 백 마지기와 쌀 한 가마를 내리노라!"

온 나라에 방이 붙고, 호랑이는 현상수배 1호가 되었다. 상금에 혹한 포수들이 줄줄이 산으로 들어갔지만… 돌아오는 이는 없었다.

"산에 들어간 지 사흘째라더라."

"그 포수도 호랑이 뱃속으로 갔겠지."

총을 몇 자루씩 둘러메고, 칼을 품에 넣고 가도 소용이 없었다.

이리 쏘면 저리 피하고, 저리 쏘면 이리 튀는 호랑이의 재주는 거의 무협지 수준이었다. 호랑이의 둔갑술과 날쌘 몸놀림 앞에, 총이 무슨 소용이랴?

그러던 어느 날, 산 아래 마을에 흥부 못지않게 아이 많은 한 사내가 있었다. 열둘. 딱 열두 명. 그 많은 입을 먹여 살리려니, 하루 벌어 하루 먹기도 빠듯했다. 남의 논밭을 소작하며 겨우겨우 버티고 있던 어느 겨울, 쌀독 바닥이 드러나고 말았다.

"여보, 쌀이 한 톨도 없어요. 내일은 죽도 못 끓이겠소."

사내는 침묵하며 아이들 자는 얼굴을 바라보았다. 그때 결심이 섰다.

"여보. 나… 호랑이 잡으러 갈게."

"뭐라고요? 당신 제정신이에요?"

"호랑이만 잡으면 논 백 마지기요. 그럼 이 아이들 평생 굶을 걱정 없소."

"그놈한테 잡아먹히면요? 나 혼자 이 애들 어찌 키우라고요!"

"걱정 마오. 내 안에 뭔가… 터질 듯한 뭔가가 있소."

사내는 의미심장한 미소를 지었다. 아내는 황당해서 말문이 막혔다. 이윽고 마을회관에서는 사내를 위한 '출정식 겸 작별주 잔치'가 열렸다.

동네 사람들이 말렸다가도, 나중엔 막걸리며 소주를 쉴 새 없이 따르며 말했다.

"죽더라도 배부르게 죽으소."

"술이든 용기든 가득 채워야죠."

사내는 한 사발, 두 사발, 열 사발을 넘기며 말술을 들이켰다.

이윽고 비틀비틀 일어나며 말했다.

"이제 가오. 호랑이 잡으러."

누군가는 진지하게 "혼자 보내긴 미안하니 지게라도 져 줄까?" 했지만, 그는 손을 내저었다.

"이 싸움은… 나 혼자 감당해야 할 일이오."

사내는 등에 총 세 자루, 총알 주머니, 칼, 술기운까지 잔뜩 짊어지고 산속으로 들어갔다. 눈은 내리고 바람은 불었지만, 그의 발걸음은 흔들리지 않았다. 해 질 무렵, 마침내 호랑이와 맞닥뜨렸다.

덩치는 말 두 마리만 하고, 눈빛은 칼날 같았으며, 발톱은 바위를 쓱 긁자마자 돌가루가 우수수 떨어졌다.

"크르르르…" 포효 소리는 천둥 같았다. 사내는 굳은 표정으로 총을 들어 올렸다.

"오늘은… 너랑 나, 둘 중 하나만 산다!" 탕! 탕! 탕!

총을 쐈다. 그러나 호랑이는 총알을 춤추듯 피했다.

"이리 쏘면 저리 피하고, 저리 쏘면 이리 튀고… 이놈, 물렁한 놈이 아니구나."

총알은 떨어지고, 호랑이는 입을 쩍 벌리고 다가왔다.

"오늘도 포수 하나 추가다, 캬캬!"

그러나 그 순간! 사내는 뜻밖의 행동을 취했다. 바지를 확 내리고, 고추를 움켜쥐었다. 그리고 외쳤다.

"인간 물총을 받아랏!!!"

술을 한 부대나 퍼마신 덕분에 그의 방광은 말 그대로 한계치.

폭발 직전의 물줄기를 촤아아아아아아아!!!

호랑이를 향해 분사했다. 직격탄! 측면세례! 회전분사!

그 모습은 마치 산속 소방차, 아니 방광 파이터였다. 호랑이는 정신을 잃을 뻔했다.

"으앗! 이게 뭐야! 따가워! 짜증나! 뭔가 뜨거워! 무슨 냄새야!"

뒤도 안 돌아보고 꽁무니에 불붙은 듯 도망쳤다.

"이건… 전설의 물 무기인가… 인간의 최종병기란 말인가?!"

그렇게 사내는 '총 대신 오줌으로 호랑이를 쫓아낸 유일한 사나이'가 되어 마을로 돌아왔다. 그날 밤, 인간으로 둔갑한 호랑이는 조심스레 마을 주막을 찾았다. 슬쩍 주모에게 물었다.

"요즘… 인간 물총이라는 걸 쓴 포수가 있다던데, 정말이오?"

주모는 눈을 찡그리며 말했다.

"에이그, 그런 걸 물어 뭐하오? 무섭기로야 말도 못 해요."

"직접… 보셨소?"

"보긴요, 내가 맞아 봤지요. 30년 전이오. 그때 그 물줄기 한 방 맞고… 아직도 허리가 뻐근해요."

그러더니 주모는 조용히 치마를 걷었다.

"여기 보소. 이 자국! 인간 물총에 맞아서 뚫렸소. 지금도 피가 맺혀요."

호랑이는 눈이 휘둥그레졌다.

"진짜요? 그렇게 무섭소?"

"그럼요. 맞고 살아남은 건 내가 처음이오. 잘 때면 아파서 뒤척이기 일쑤요. 그 물총… 한 번 맞으면 정신이 혼미해진다오."

그 말을 들은 호랑이는 기겁을 하더니, 소리 소문 없이 사라졌다.

그날 이후 영월 근처엔 호랑이 그림자도 보이지 않게 되었다.

사람들은 말했다.

"요즘 호랑이도 눈치 본다네. 인간 물총 무섭다고."

그 포수는 그 뒤로 백 마지기 넘는 논을 하사받아 부자로 살았고, 열두 아이도 무럭무럭 자라 장성해 천하 장수가 되었다고 한다.

지금도 영월에서는 이렇게 전해진다.

"칼보다 무서운 건 총이고, 총보다 무서운 건… 인간 물총이다."

진짜 용기는 무기보다 절박함에서 나온다.

기지는 언제나 생존의 무기가 된다.

사랑하는 가족을 위해선… 인간 물총도 쏜다.

4. 의호총 전설 - 효심과 충심이 만난 날

강원도 영월군 주천면 신일리에 의호총(義虎塚)이 있다. 우리나라에 있는 유일한 호랑이 무덤이다.

금산 아래에 '금사하(琴師夏)'라는 효자가 살고 있었다. 부친상을 당한 후 어머니마저 병이 들어 약을 구해서 모시고 있었는데, 어느 날 갑자기 위중해지셨다. 약을 구해 와야 했지만, 약방이 있는 곳으로 가려면 큰 강을 건너야 했다. 장마철이라 불어난 강물에 나룻배는 뜨지 못하고, 금사하는 강가를 울며 헤매고 있었다. 해는 저물고 어둠이 드리워지는 그 순간, 어디선가 거대한 호랑이 한 마리가 모습을 드러냈다.

금사하는 두려움보다 간절함에 호소했다. "어머니께서 위독하십니다. 약을 지어야 하는데 강을 건널 수가 없습니다. 제발 절 좀 도와주십시오."

그러자 놀랍게도 호랑이는 앞발을 꿇고 등을 숙이며 타라는 몸짓을 보였다. 금사하는 망설임 없이 호랑이 등에 올라탔고, 호랑이는 성큼성큼 강물 속으로 뛰어들어 물살을 가르며 반대편 강가까지 그를 데려다주었다.

금사하는 약방에서 약을 지어 나오니, 호랑이는 여전히 강가에서 그를 기다리고 있었다. 다시 한번 등에 태운 호랑이는 그를 무사히 집으로 데려다주었고, 그 약 덕분에 금사하의 어머니는 병을 이겨 낼 수 있었다.

이후 금사하는 아버지의 묘소 곁에서 3년간 시묘살이를 하였고, 그동안 호랑이는 변함없이 그 곁을 지켰다. 마을 사람들은 두 존재의 우정을 경이로운 눈으로 지켜보았다.

　그런데 금사하가 3년 상을 마치기도 전, 숙종이 승하하여 온 나라에 국상이 선포되었다. 금사하는 다시 베옷을 입고 상복 차림으로 매일같이 망산에 올라 서쪽 하늘을 향해 조의를 표했다. 이 망배도 3년 동안 이어졌고, 그 긴 시간 동안에도 호랑이는 그의 곁을 떠나지 않았다.

　국상이 끝나고 사흘 뒤, 호랑이는 조용히 금사하의 마당에 들어와 누운 채로 숨을 거두었다. 금사하는 호랑이를 부둥켜안고 통곡하였다. 그는 호랑이의 시신을 아버지 묘 옆에 정성껏 묻어 주었고, 그 무덤이 바로 오늘날 의호총이다.

　의로운 호랑이의 충심과, 한 효자의 진심이 얽힌 이 이야기는 지금까지도 많은 사람들에게 감동을 주며 전해지고 있다.

효심은 짐승의 심장도 흔들고,
간절한 마음은 강을 건너 기적을 부르며,
의로움은 생을 넘고 전설이 된다.

5. 호암소의 전설 – 상사병에 걸린 젊은 승려 이야기

강원도 동해시, 두타산 무릉계곡 깊숙한 곳. 천년의 세월을 머금은 고찰 삼화사 뒤편에는 짙푸른 연못 하나가 자리하고 있다. 그 이름, 호암소(虎巖沼). 이곳엔 오래도록 전해 내려오는 한 젊은 승려의 이야기, 그리고 그 연못에 깃든 운명의 전설이 숨 쉬고 있다.

그 옛날, 삼화사엔 이름난 도인이 살고 있었다. 백발의 큰스님은 깊은 깨달음과 도력으로 사람들의 존경을 한 몸에 받았고, 전국에서 몰려든 수행자들이 그의 법문을 듣고자 머리를 조아렸다. 그중에서도 유난히 눈에 띄는 상좌(제자) 하나가 있었다. 젊은 그는 불심이 깊고 학문에 능하여, 장차 큰스님의 뒤를 이을 인재로 기대를 한 몸에 받았다.

그러나 어느 날, 예기치 못한 일이 벌어졌다. 그 젊은 상좌가 수행을 중단하고 병석에 누워 버린 것이다. 몸은 멀쩡하되, 식음 전폐하며 밤낮으로 한숨만 쉬는 상좌를 보며 큰스님은 고개를 갸웃거렸다.

며칠이 지나고서야 진실이 밝혀졌다.

"그 아이… 여인을 그리워한답니다. 한 달 전, 어머니 병을 고치고자 삼화사에 다녀간 규수를 마음에 담았다더군요."

큰스님은 절로 눈을 감았다. 출가한 자가 여인에게 마음을 빼앗기다니… 그는 그 사실을 믿고 싶지 않았다.

눈 덮인 어느 겨울 저녁. 저녁 예불을 위해 법당으로 향하던 큰스님과 상좌는 사찰 문 앞에서 낯익은 두 여인을 마주쳤다. 바로 그 규수와 그녀의 어머니였다.

"이런 눈길에 어인 일로…?"

큰스님의 물음에, 규수가 조심스럽게 답했다.

"어머니께서 편찮으셔서 부처님께 다시 기도를 드리러 왔습니다."

그 순간, 상좌의 심장은 요동쳤다. 그녀였다. 고요했던 마음의 호수에 돌을 던지듯, 그녀의 존재는 다시금 그의 마음을 휘몰아치게 했다.

그녀는 한 달 전, 절박한 마음으로 어머니를 부축하고 수십 리를 걸어 삼화사를 찾았었다. 그리고 그 절절한 기도의 모습에, 상좌는 차마 눈을 뗄 수 없었다. 그러나 그 순간의 동요가 그를 병으로 몰아넣을 줄은… 아무도 몰랐다.

기도를 마친 그녀는 다시 산을 내려갔다. 그리고 그날 밤부터 상좌는 불처럼 타오르는 열에 시달렸다. 약도, 경전도, 참선도 소용없었다. 마음의 병은 부처의 방망이로도 깨뜨릴 수 없는 법이었다.

큰스님은 한참을 침묵하다 결심했다.

"보아야 잊을 수 있는 법이다. 얼굴이라도 보고 미련을 떨쳐내게 해야겠다."

이튿날 새벽, 큰스님은 상좌의 방을 찾았다.

"오늘은 나와 함께 탁발하러 가자. 삼척까지 다녀오자꾸나."

상좌는 화들짝 놀랐다. 삼척. 그녀가 사는 곳. 병든 몸이었지만 그는 벌떡 일어났다. 이미 마음은 길 위에 있었다.

눈을 밟으며 수십 리를 걸었다. 입김이 흰 연기처럼 피어오르고, 발밑은 얼음처럼 미끄러웠지만, 상좌의 눈빛은 다시 살아 있었다. 이윽고 두 스님은 삼척에 도착했고, 각자 다른 방향으로 탁발에 나섰다.

시간이 흘러 다시 만난 두 스님. 큰스님은 뜻밖의 말과 함께 발걸음을 옮겼다.

"이 집이… 예전에 삼화사에 다녀간 모녀의 집이 아니더냐?"

상좌는 심장이 멎는 줄 알았다.

"예, 큰스님."

그 순간, 문이 열리고 규수가 모습을 드러냈다. 상좌는 숨을 삼켰다. 눈앞의 그녀는 여전히 아름답고, 그의 마음속에도 여전히 찬란하게 자리하고 있었다.

공양상에 마주 앉은 세 사람. 규수는 눈물 어린 목소리로 말했다.

"삼화사에서 돌아온 후, 어머니의 병이 거짓말처럼 나았습니다. 모두 부처님과 큰스님 덕입니다."

상좌는 말없이 그녀를 바라보았다. 그리고 가슴 한켠이 아릿하게 저며 왔다.

해가 저물고, 두 스님은 다시 산길을 타고 절로 향했다. 눈 내리는 고갯길, 바람은 차가웠지만 상좌의 가슴은 뜨거웠다. 그렇게 호암소가 있는 계곡에 다다랐을 무렵, 숲속을 찢는 듯한 울음소리가 들려왔다.

"어——흥!"

어둠을 가르며 거대한 호랑이 한 마리가 나타난 것이다! 날카로운 이빨, 번뜩이는 눈빛. 눈밭 위를 짓이기며 그들이 있는 곳으로 돌진해 왔다.

큰스님은 외마디 주문을 외치더니 연못을 향해 몸을 날렸다. 도력으로 물 위를 한 번에 건넌 그는 반대편 절벽에 내려서 상좌를 향해 외쳤다.

"어서 뛰어라! 저 호랑이가 널 잡아먹기 전에!"

그러나 상좌는 움직일 수 없었다. 마음이 무거웠다. 그의 마음속엔 여인에 대한 미련, 집착이 가득했기 때문이다.

큰스님이 다시 외쳤다.

"그 여인을 마음에서 놓아라! 그래야 너의 발이 가벼워진다!"

그때, 호랑이는 낮게 으르렁대며 다시 달려들었다. 절체절명의 순간— 상좌는 눈을 감고 단호히 외쳤다.

"부처님… 제가 그 마음을 내려놓겠습니다!"

순간, 그의 몸이 솟구쳤다. 공중을 가르며 연못을 한 번에 뛰어넘은 것이다! 반면, 뒤따르던 호랑이는 연못에 미끄러지며 빠져 버렸고, 그대로 수면 아래로 사라졌다.

젖은 숨을 몰아쉬던 상좌에게 큰스님이 다가왔다.

"보았느냐? 사람도, 짐승도 마음속에 욕심과 번뇌를 품고서는 생사의 물을 건널 수 없느니라. 그 여인을 품고 있었다면 너는 저기서 죽었을 것이다."

상좌는 그 자리에서 무릎을 꿇고, 눈물을 흘리며 절을 올렸다. 그리고 진심으로 다짐했다.

"다시는… 미련에 흔들리지 않겠습니다."

그 후, 상좌는 한층 깊어진 마음으로 정진하여 훗날 큰스님처럼 존경받는 도인이 되었다. 그리고 이 이야기를 전해 들은 삼척부사 김효원은, 호랑이가 떨어진 절벽을 '호암(虎巖)', 그가 빠져 죽은 연못을 '호암소'라 이름 붙였다고 전해진다.

지금도 호암소의 절벽에는 조선시대 문신 허목이 새긴 '虎巖'이라는 글씨가 남아, 이 전설을 조용히 증언하고 있다.

미련을 품은 발걸음은 절벽 앞에서 멈춘다.
마음을 놓을 줄 알아야 삶을 건널 수 있다.
집착을 버리면, 연못 너머의 길이 열린다.

◆ **1924년 9월 춘천, 맹호가 산과 들에 나타나서 사람을 해치고 다녀**
지난달 20일에 강원도 춘천군 북산면 청평리 삼막곡이라는 곳에는 맹호가 나타나서 콩밭에 있는 여자를 해하고자 하는 것을 동리 어떤 사람이 소리를 지르는 바람에 범은 뒷산으로 달아나고 그 구호하던 사람은 그 산으로 칡을 캐러 갔는데 범이 또 그 사람을 해하고자 할 때 유정삼이라는 사람과 그 밖에 두 사람이 마침 그 위태함을 보고 큰소리를 지르며 쫓아버려 생명을 보존하였다는데 그날 밤 그 범이 다시 올까 염려하여 동네 사람들이 잠도 자지 못하였다. (1924.9.2. 조선일보)

◆ **1930년 2월 춘천, 호랑이가 처녀를 물어가 반 먹고 반은 남겨**
강원도 춘천군 신북면 발산리에 17일 밤 호랑이가 내려와 처녀 한 명을 물어다가 반은 먹고 반은 남겨둔 것을 발견하였는데 그의 부모들은 말을 잊었다고 한다. (1930.2.20. 중외일보)

6. 춘천 효자동 효자와 호랑이 구급차

아득한 옛날, 지금의 춘천 효자동에는 아직 '효자'란 이름도 없던 시절, 깊은 산골짜기 외진 마을에 어머니를 모시고 사는 가난한 총각이 살고 있었다. 그 총각은 하루하루를 어머니를 위해 살았다. 날품팔이를 다녀와도, 풀숲을 헤매며 약초를 구해도, 그의 마음속엔 늘 어머니뿐이었다.

그러던 어느 날, 어머니가 심한 병에 걸려 몸져누웠다. 총각은 날이 새고 지는 줄도 모른 채 간호에 매달렸다. 의원을 찾아 먼 길을 달려가고, 온갖 약초를 구해 삶았지만, 어머니의 병은 점점 깊어져만 갔다. 결국 총각도 지쳐 쓰러지고 말았다.

깊은 밤, 눈을 감은 총각 앞에 흰 구름을 타고 한 노인이 나타났다. 흰 수염이 가슴까지 내려온 그 노인은 중후한 목소리로 말했다.

"대룡산 깊은 골짜기로 가거라. 그곳에 시신 세 구가 누워 있을 것이다. 그중 가운데 시신의 목을 잘라 가마솥에 삶아 어머니께 드려라. 그래야 목숨을 구할 수 있다."

놀라서 눈을 번쩍 뜬 총각. 꿈인지 생시인지 분간도 안 되었다. 하지만 마음속 어머니를 향한 절박함은 망설임을 허락하지 않았다.

그날 밤, 칼 한 자루를 품은 총각은 눈 내리는 대룡산 골짜기로 향했다. 거센 눈보라를 뚫고 몇 시간을 헤맨 끝에, 마침내 세 구의 시체를 발견했다. 총각은 두려움을 떨치고 가운데 시신의 목을 조심스레 잘랐다.

심장이 얼어붙는 듯한 그 밤, 총각은 시신의 목을 싸서 돌아왔고, 솥에 넣어 푹 고았다. 어머니께선 반신반의하며 한 모금 그 국물을 넘겼다. 놀랍게도, 그 순간 어머니의 얼굴에 붉은 기운이 돌기 시작했다. 이튿날 가마솥을 다시 열었을 땐, 끔찍했던 머리는 사라지고, 그 자리에 커다란 산삼 한 뿌리가 자리 잡고 있었다.

며칠 뒤, 기운을 되찾은 어머니가 말씀하셨다.

"이상하게도… 딸기가 먹고 싶구나."

한겨울이었다. 딸기라니? 그러나 총각은 고개를 끄덕이며 다시 대룡산으로 올랐다. 뼈에 사무치는 추위 속, 눈보라가 몰아쳤다. 어둠이 내려앉고, 발은 얼고, 손은 터졌다. 그러나 그때, 눈 덮인 골짜기 너머로 다홍빛 기운이 환영처럼 피어올랐다.

눈 속에서 솟아오른 듯한 새빨간 딸기! 총각은 감격에 차 손 모아 절을 하고, 한 알 한 알 정성스레 따기 시작했다. 하지만 내려오는 길, 하늘은 어두워지고 눈보라는 더욱 거세졌다. 길은 지워졌고, 숲은 낯설었으며, 들리는 것은 바람소리뿐이었다.

그리고… "쿠르릉…" 지축을 흔드는 울음소리.

총각이 고개를 돌렸을 때, 두 눈엔 불꽃이 이는 커다란 호랑이가 나무 사이에서 모습을 드러냈다. 온몸이 얼어붙을 듯한 공포. 숨조차 삼킬 수 없는 긴장. 총각은 움직이지 못한 채 그 자리에 서 있었다.

그런데… 호랑이는 달려들지 않았다. 대신, 천천히 다가와 총각 앞에 엎드렸다. 마치, "등에 올라타라"는 듯한 몸짓.

믿을 수 없는 일이 벌어진 것이다. 총각은 무릎을 꿇고 조심스레 호랑이의 등에 올랐다. 그리고 호랑이는 눈보라를 가르며 숲을 헤치고, 하늘을 나는 듯한 속도로 총각을 집 앞까지 데려다주었다.

그리고, 총각이 등에서 내리자 호랑이는 조용히 고개를 끄덕이고 어둠 속으로 사라졌다.

그날 이후, 사람들은 이 호랑이를 '하늘이 보낸 구급차'라 불렀다.

이 기이한 이야기가 퍼지자 나라에서는 그 총각의 효심에 감복하여 마을 입구에 '효자문'을 세우고, 그의 이름을 칭송하였다. 그리고 마을 사람들은 이곳을 '효자동'이라 부르게 되었다.

그 효자 총각의 이름은 '반희연'. 그는 어머니의 병을 고치기 위해 자신의 수명조차 내어 줄 수 있다고 기도했던 사내였다.

지금도 춘천 효자동에는 그 전설을 기리는 이름과 함께, 효자정문이 세워졌던 옛터가 조용히 이야기를 간직하고 있다. 눈 덮인 날이면, 대룡산 깊은 골짜기에서 다홍빛 딸기가 피어날지도 모르고, 호랑이 한 마리가 눈길을 달려올지도 모른다…

위대한 사랑은 목숨보다 깊고,
두려움조차 그 앞에 무너진다.
간절한 마음은, 끝내 하늘을 움직인다.

7. 호랑이에 물려 죽어 호사귀가 된 할머니

　강원도 영월 남쪽 끝, 산줄기 따라 가다 보면 '돌고개'라는 고갯마루가 하나 있다. 고개 너머 외진 자락에 작은 집 한 채가 있었으니, 늙은 부부가 자식 하나 없이 조용히 살아가던 곳이었다.
　여름밤, 바람은 서늘했고 하늘엔 별이 총총했다. 부부는 문을 열어 둔 널찍한 마루에 나란히 자리를 폈다.
　"나는 무서워서 안쪽에서 잘란다."
　할머니는 안으로 들어가고, 할아버지는 마루 끝에 누웠다.
　밤이 깊어 갔고, 고요함을 뚫고 "덜컥!" 무언가 휘몰아치듯 스쳤다.
　할아버지가 화들짝 깼을 때, 순간 번개가 번쩍하며 뭔가 보였다.
　호랑이. 거대한 호랑이가 할머니를 물고 산 쪽으로 내달리고 있었다. 할아버지는 정신없이 뒤쫓으며 소리를 질렀다.
　"야! 거기 안 서! 우리 마누라 놔라!"
　호랑이는 연당리 쪽 산으로 달아났지만, 할아버지의 외침이 계속되자 마침내 할머니를 땅에 내려놓고 도망쳐 버렸다. 하지만 이미 늦었다. 할머니는 피를 흘리며 숨이 끊어진 채, 싸늘하게 누워 있었다. 그렇게 억울한 죽음을 맞은 할머니는 귀신이 되었다.
　그 이름도 '호사귀(虎邪鬼)', 호랑이에게 죽은 뒤 원혼이 되어 떠도는 귀신. 그 후로, 마을에서는 이상한 일이 끊이질 않았다.

누가 병이 들어 무당을 불러 북을 두드리면, 가장 먼저 오는 것은 호사귀였다. 경문이 울리면, 호사귀는 사납게 웃으며 제 몸을 흔들고, 사람의 혼을 홀려 병을 더 깊게 만들었다.

"경만 읽으면 귀신이 온다더니… 그 늙은 할머니 귀신 아니냐?"

사람들 사이에서 소문이 돌기 시작했다. 그러다 마침내, 귀신을 잡겠다 나선 이가 있었다. 그는 싸리나무를 쪼개 통발 모양의 파리통을 만들고, 그 안에 불을 밝혀 들고 산속을 헤맸다.

귀신을 불러내는 도구는 '신장대(神將臺)'라 불렸다. 막대기에 구멍을 뚫고, 재를 뭉쳐 불을 지핀 뒤, 새끼줄로 감고 또 감았다. 무당은 신장대를 흔들며 외쳤다.

"나와라, 호사귀! 이 신장이 너를 가둔다!"

그날 밤, 귀신은 마침내 붙잡혔다. 바로 그 집에서 죽은 할머니의 원혼이었다. 울부짖던 귀신은 신장대에 묶여 연기로 사라졌고, 마을은 잠시나마 평온을 되찾았다.

하지만 그 평화도 오래가지 않았다. 매년 섣달 열흘이면 호사귀의 기운이 다시 돌아왔고, 밤마다 문이 덜컥이고, 개가 울며, 경문이 울릴 때마다 바람이 이상하게 불었다. 사람들은 결국 말했다.

"그 집터엔 귀신이 산다. 해마다 나온다. 사람 살 곳이 못 돼."

결국, 늙은 부부가 살던 그 집은 허물어졌고, 자취도 없이 사라졌다. 지금도 돌고개를 넘어 연당리로 가는 산길에서 바람이 쌩하니 불어오면, 누군가는 말한다.

"그때 그 호랑이한테 죽은 할매, 지금도 돌아다닌다더라."

호랑이는 물어갔고, 사람들은 잊었다.

슬픔은 땅에 묻었지만, 원한은 바람에 흩날렸다.

억울한 죽음은 **때**론 귀신보다 길게 남는다.

◆ 1926년 12월. 강원도 양구군 주민 맨주먹으로 맹호를 타살

오전 1시경 강원도 양구군 해안면 오류리 윤의종(58세)의 집에 호랑이 한 마리가 뛰어들어와 자기 집 개를 물고 나가는 소리에 놀라서 바깥에 나가보니 마침 호랑이가 문밖에 나가려는 순간 윤의종은 맨주먹으로 호랑이 머리를 수차례 난타하여 잡았다. (1926.12.28. 조선일보)

◆ 1929년 6월 강원도 화천, 큰 범이 새끼 범 7마리를 데리고 출몰

강원도 화천군 상서면 노동리 2구 퇴골 방면에 큰 범이 새끼 범 7마리를 데리고 백주에 인근에 나와 다님으로 그 부근 동민은 남녀노소를 불문하고 인심이 극도로 불안했다. 호랑이를 잡아 인심을 안정시키려고 주재소에 근무하는 스즈끼 순사가 동리에 사는 명포수 조 아무개와 함께 총을 가지고 동민의 지원을 얻어 지난 26일 아침 일찍부터 2~3일을 계속 출몰한 근방을 샅샅이 수색하였으나 아직 발견하지 못했다. (1929.6.30. 조선일보)

◆ 1937년 11월 강원도 정선에서 망치로 맹호를 박살

3일 오전 7시경 정선군 여량면 호양동에 사는 서증철(29세)은 동네에 개

를 엿보고 내려온 대호를 망치로 쳐서 잡았는데 동네 사람들은 너무도 엄청난 사실에 놀라면서 당장에 오기를 무서워하나 오히려 증철군은 범의 생명을 남겨두고 붙잡으려 하였으나 최후의 운명을 다하는 맹호라서 동네를 진동시킬 듯한 소리에 놀라 끝까지 망치로 쳐서 죽였다는데 길이가 4척이나 된다. (1937.11.8. 동아일보)

8. 호랑이 고기 맛은 어떨까

1890년대, 삼척시 근덕면 동막 양지마을의 빗내골에는 유난히 심한 보리 흉년이 들었다. 겨울이 깊어가자 노소를 막론하고 온 마을 사람들이 먹을 것을 찾아 사냥에 나섰다. 그러던 중 호랑이가 인가 근처, 빗내골 입구 왼편 절벽 중턱에 나타났다.

마을의 장정 두 사람이 앞장서서 호랑이를 뒤쫓았다. 300미터쯤 쫓아가니 호랑이는 지쳤는지 바위 밑구멍으로 몸을 숨기고 으르렁거리기만 했다. 마침 현장에는 30여 명의 장정이 모여 있었지만, 누구도 섣불리 그 안에 들어갈 수 없었다.

그때 한 노인이 나서서 소나무 가지로 구멍을 덮어 보자는 기지를 발휘했다. 모두가 협력해 소나무 가지를 베어 구멍을 덮자, 호랑이는 그 틈을 뚫고 튀어나왔다. 그 순간, 한 장정이 날쌔게 창을 찔러 넣었으나 호랑이는 창을 깨물어 버렸다. 장정은 비명을 지르며 쓰러졌다. 흰 눈 위로 떨어진 피는 호랑이를 더욱 격분하게 만들었다.

당시 마을에는 화승총을 가진 포수 세 명이 있었는데, 그중 박치관이란 포수가 방아쇠를 당겼다. 총성이 울리고도 호랑이는 꼼짝도 하지 않았다. 모두가 숨을 죽인 그 순간, 한 장정이 목숨을 걸고 호랑이 앞으로 나아가 밀쳐 보았다. 그제야 알았다. 호랑이는 이미 두 곳에 명중하여 죽어 있었다.

죽은 호랑이를 끌고 마을로 돌아왔을 때, 사람들은 입을 다물지 못했다.

껍질을 벗겨내자 드러난 그 짐승의 몸통은 꼬리까지 아홉 자를 훌쩍 넘기는 거대한 괴수였다. 어미 소 한 마리를 통째로 삼켜도 이상하지 않을, 마치 산속 신령이라도 된 듯한 육중한 체구였다.

굶주림은 체면을 잊게 했다. 가마솥에 호랑이 고기가 들어가자, 피비린내 섞인 짐승 특유의 누린내가 퍼졌고, 곧 그 냄새조차 허기진 이들의 입맛을 자극했다. 누군가는 수저를 들며 "짐승 고기는 먹어야 된다"고 말했고, 누군가는 아무 말 없이 고깃덩이를 입에 넣었다. 첫맛은 텁텁했고, 뒷맛은 진했다. 한 입 깨무는 순간 짐승의 야성, 산과 피와 비린 바람이 목구멍을 타고 내려오는 듯했다.

"미텁텁하구먼…"

누군가 뱉은 한마디에, 모두 고개를 끄덕였다. 맛은 그리 고운 것도, 부드러운 것도 아니었다. 그러나 이상하게, 젓가락은 멈추지 않았다. 그건 살기 위한 집념이었고, 굶주림을 견딘 뱃속의 울부짖음에 대한 응답이었다.

그날의 사냥은 오래도록 마을에서 전설처럼 회자되었다. 호랑이를 잡아먹었다는 이야기가 아니라, 굶주림 속에서 짐승과 맞서 싸운 인간의 이야기였다.

> 절박할수록, 함께하는 마음이 가장 큰 힘이 되고
> 두려움을 넘는 용기만이 생존의 문을 연다.
> 자연과 인간은, 언젠가 마주하지 않을 수 없다.

9. 호랑이 눈썹을 뽑은 신선할머니

옛날 강원도 정선군 화암면 몰운리 깊숙한 골짜기에는 신선할머니가 살았다 한다. 이 마을의 조(曺)씨댁 부인은 평소 신선할머니와 가까운 사이였고, 어느 겨울 어린아이들과 함께 신선할머니의 산막에서 하룻밤을 묵었다. 치성을 드리러 온 사람들이 덮고 잔 것은 거적 하나뿐이었지만, 그 누구도 추위를 느끼지 않았다.

모두가 신선할머니의 신통한 기운 덕이라며 감탄을 쏟아냈다. 그녀는 잔잔히 웃으며 말했다.

"나는 호랑이를 벗 삼아 살아왔지. 밤이면 어김없이 찾아와 내 등 뒤를 감싸안고, 그 따뜻한 털과 숨결로 나를 녹여 준다네."

사람들은 놀라움을 감추지 못했다. 누군가는 눈을 동그랗게 뜨고, 또 다른 이는 반쯤 농담조로 말했다.

"그 호랑이 눈썹 하나만 뽑아다 주실 수 없겠소? 부적으로 쓰면 백 호랑이의 기운이 서린다지 않소."

신선할머니는 빙긋 웃으며 잠시 하늘을 바라보았다. 그러다 이내 고개를 끄덕였다.

"그래, 녀석이 허락만 해 준다면… 눈썹 하나야 어렵지 않지."

며칠 후 밤, 낯익은 발소리가 조용히 다가왔다. 호랑이는 부드럽게 방문을 열고, 익숙한 자리에 몸을 누였다. 신선할머니는 조용히 호랑이의 머리를 쓰다듬으며 낮은 목소리로 말을 걸었다. 그녀는 어릴 적 산에 올라가 처음 호랑이를 마주쳤던 날부터, 외로웠던 젊은 시절 밤마다 녀석과 함께했던 이야기까지 천천히 꺼냈다.

그러다 조심스럽게 손을 뻗어, 눈썹 하나를 뽑으려 했다. 그러나 그 순간, 호랑이의 몸이 움찔했다. 낮은 으르렁임이 목구멍 깊은 곳에서 울렸다. 이내 번개처럼 몸을 일으킨 호랑이는 문을 박차고 어둠 속으로 사라졌다.

무겁고 굵은 발소리가 점점 멀어졌다. 그 뒤엔 침묵만이 남았다.

그날 이후, 호랑이는 다시는 돌아오지 않았다.

신선할머니는 매일 저녁 문 앞에 앉아, 멀리 산을 바라보며 중얼거리곤 했다.

"내가… 욕심을 냈구나. 벗에게 그런 마음을 품다니…"

그녀의 목소리는 바람에 실려 사라졌다.

그 뒤로도 아무도 그 호랑이를 본 적은 없었지만, 바람이 스칠 때마다 신선할머니는 문득 따뜻한 숨결과 낯익은 기척을 느꼈다고 한다.

아마, 진짜 벗은 멀어져도 완전히 떠나진 않는 법이니까.

상처 위에 피어난 결심이 운명을 바꾸고,

침묵 속에 숨은 뜻이 세상을 흔들며,

보이지 않는 믿음이 가장 먼 길을 이끈다.

10. 호랑이와의 결혼 - 대관령의 전설

아주 오래 전, 강릉 바닷바람이 파도처럼 불던 시절. 동해의 물결은 푸르게 넘실거렸고, 그 물결이 닿는 곳마다 전설 하나씩이 피어났다. 그중 하나, 최돈목이라는 고을의 한 집터에, 곱고도 기이한 운명을 지닌 한 처녀가 살고 있었다. 이름은 전해지지 않지만, 그녀는 동래 정씨 가문의 딸로, '현덕'이라 불린 한 인물의 핏줄이었다. 그녀는 흰 백도화 같은 피부와 새벽 이슬처럼 맑은 눈동자를 지녔으며, 마을 사람들 사이에서도 단연 빼어난 미모로 이름이 높았다.

그녀가 스무 살을 막 넘긴 어느 봄밤, 기이한 꿈 하나가 그녀의 인생을 송두리째 흔들었다. 꿈속에서 흰 안개가 자욱한 대관령 자락, 소나무 숲길 끝에 정자 하나가 서 있었고, 그 안엔 옥색 도포를 입은 장정이 서 있었다. 그의 눈빛은 깊고, 목소리는 바람처럼 부드러웠다.

"그대, 나와 혼인해 주겠소?"

그는 대관령의 수호신, 국사서낭이었다. 인간의 시간이 아닌 신의 공간에서 만난 청혼. 그녀는 순간 망설였지만, 마음 깊은 곳에서 뭔가 이끌리듯 고개를 끄덕였다. 그러나 깨어난 뒤, 그녀의 부모는 단호했다.

"신령이라 해도, 산 자와 죽지 않은 자의 혼사는 있을 수 없다. 하늘의 이치도, 땅의 이치도 거스를 순 없다."

결국 그녀의 고개는 다시 고요히 숙여졌고, 꿈은 꿈으로 묻혀야 했다.

하지만 운명은 그리 얌전한 손님이 아니었다.

며칠 후, 햇살 고운 오후. 그녀는 노란 저고리에 다홍치마를 곱게 차려입고, 뒷마루에 홀로 앉아 있었다. 하늘은 맑았고, 바람은 꽃향기를 데려와 그녀의 머릿결을 흔들었다. 바로 그때— 조용히, 아무 소리도 없이, 그림자 하나가 그녀 앞으로 다가왔다. 그것은 호랑이였다. 아니, 단순한 짐승이 아니었다. 등줄기는 산맥처럼 굵었고, 눈빛은 인간의 감정을 닮아 있었다. 여인은 비명을 지를 겨를도 없었다. 호랑이는 그녀를 부드럽게 업었고, 숲속으로 사라졌다.

마을은 충격에 휩싸였다. 그녀의 가족은 피눈물을 흘리며 산천을 뒤졌지만, 흔적은 없었다. 그리고 전해지는 말—그 호랑이는 국사서낭이 보낸 신의 사자였으며, 결국 그녀는 그와의 혼약대로 신의 아내가 되었다는 것이었다.

그녀의 가족은 체념하지 않았다. 사람을 불러 대관령까지 오르며 국사서낭의 좌소를 찾았다. 깊은 산자락, 신령의 터에 이르렀을 때, 그들은 충격적인 광경을 목격했다. 숲 한가운데, 생기 없는 눈으로 앞을 바라보는 딸이, 마치 돌조각처럼 굳은 채 서 있었다. 몸은 살아 있었지만, 영혼은 이미 저 너머로 떠나 버린 듯했다.

절망한 가족은 마을 최고의 화공을 불러 그녀의 모습을 그리게 했다. 붓이 얼굴의 윤곽을 따라가는 순간, 기이한 일이 벌어졌다. 그녀의 몸이 서서히 무너져 내린 것이다. 천천히, 아무 말 없이, 마치 바람이 부는 가을날의 낙엽처럼. 그녀는 육신을 남기고, 신의 세계로 완전히 떠나 버렸다.

그 뒤로 마을 사람들은 매년 음력 4월 15일, 그녀가 호랑이와 함께 사라진 날을 기려 제사를 올리기 시작했다. 이는 단순한 상징이 아니라, 인간과 신, 현실과 신화의 경계를 넘어선 이야기였다. 특히 여성의 제물성과 신적 혼인을 기념하기 위해, 국사서낭을 여성황사에 함께 봉안하며 '단오제'의 기원을 만들었다.

제사는 아직도 계속된다. 매년 단옷날 이틀 전, 해가 뜨기도 전인 새벽 5시. 강릉시장과 경찰서장이 정식 제관으로 나서 여성황사에서 제례를 지내고, 무녀들의 굿과 관노탈놀이가 펼쳐진다. 굿이 끝나면 횃불을 든 행렬이 강릉 시내를 가로지르며 걷기 시작한다. 그들은 마지막에 그녀가 살던 옛 집터, 정씨 가문의 터전에 이른다. 지금은 최씨 가문이 그 자리를 지키고 있으며, 정결히 단장한 제단 앞에 이르면 행렬은 모두 걸음을 멈추고 묵례한다.

이 전설은 단순한 설화나 민담이 아니다. 그것은 인간과 신이 섞인 혼인의 서사이며, 운명 앞에 선 한 여인의 선택과 희생, 그리고 공동체가 기억으로 승화시킨 사랑의 제의이다. 강릉 단오제의 뿌리에는 호랑이와의 결혼이라는 이 미묘하고도 신비로운 이야기가 숨 쉬고 있다.

그리고 지금도, 대관령 바람이 강릉 쪽으로 불어올 때면, 사람들은 속삭인다.

"그녀는 여전히 그곳에서, 호랑이 품 안에 잠들어 있다…"

신의 뜻 앞에, 인간의 의지는 멈추고
운명은 낯설고 두려운 얼굴로 문을 두드리며
전설은 삶과 죽음의 틈, 그 신성한 경계에서 태어난다.

II.
서울특별시 · 인천광역시 · 경기도

서울과 수도권은 오늘날 대한민국의 심장부이지만, 옛날에는 **호랑이의 땅**이었다. 조선의 도성 한양을 둘러싼 **인왕산·북악산**, 강화도의 숲과 여주의 강변에는 호랑이의 흔적이 가득했다.

이 지역의 전설은 두려움과 함께 **지혜와 유머**가 살아 있다. 꾀 많은 토끼가 호랑이를 속이고, 현명한 며느리가 범을 물리쳐 마을을 구한다. 수도권의 호랑이는 단순한 맹수가 아니라 **삶의 스승**으로 남아 있다.

11. 효자 박태성과 인왕산 호랑이의 우정

조선의 하늘 아래, 한양 도성 한복판. 그곳에 박태성이라는 소년이 살고 있었다. 어릴 적 아버지를 병으로 여읜 그는, 세상이 감탄할 만큼 지극한 효성으로 살아갔다. 장례 후, 무려 3년 동안 묘 옆에 움막을 짓고 시묘살이를 했고, 그 후에도 하루도 빠짐없이 북한산 자락 고양 땅 아버지의 묘소에 아침 문안 인사를 올리러 갔다. 그 길은 평탄하지 않았다.

고양에서 한양을 오가려면 반드시 지나야 하는 곳—바로 무악재 박석고개. 그리고 그 고개에는, 전설로만 들었던 인왕산 호랑이가 살고 있었다.

눈보라가 몰아치던 어느 겨울 새벽. 박태성은 변함없이 박석고개를 넘고 있었다. 그런데, 그날은 달랐다. 눈 덮인 길 한가운데, 어둠을 가르고 거대한 호랑이 한 마리가 불쑥 나타났다. 숨이 멎을 듯한 순간. 하지만 호랑이는 으르렁대지도, 공격하지도 않았다. 그저 고개를 돌려 태성을 바라보더니, 자기 등을 툭툭 치는 듯한 시늉을 했다. "타라"는 것이다. 망설임도 잠시. 태성은 조심스레 호랑이의 등 위에 올라탔다. 그러자 호랑이는 바람처럼 달려 아버지 묘 앞에 그를 내려놓았다. 그날 이후, 기적 같은 일이 반복되었다.

매일 새벽이면, 호랑이는 무악재 고개 위에서 박태성을 기다렸다. 태성을 태우고 묘소에 데려다주고, 문안을 마친 후 다시 집으로 바래다주었다. 무려 40년. 한 인간과 한 호랑이의 침묵 속 신뢰와 우정은 그 누구도 상상 못 할 시간을 함께 걸어간 것이다. 이제 사람들은 더 이상 박석고개를 두려워하지 않았다.

그곳은 효자가 지나가는 고개, 그리고 호랑이가 지키는 길이 되었다.

세월이 흘러, 박태성은 노인이 되었고, 결국 생을 마쳤다.

그의 상여가 무악재를 넘어가는 날— 어디선가 늙은 호랑이 한 마리가 나타났다. 사람들 앞에서 호랑이는 며칠 밤낮을 울부짖었다. 그러더니 묘 앞에 조용히 누워 숨을 거두었다. 모두가 숨을 삼킨 그 순간, 사람들은 눈물을 흘리며 말했다.

"호랑이는 그를 친구로, 가족으로, 주인으로 여겼던 거야."

그렇게 해서 효자 박태성과 인왕산 호랑이는 세상을 떠나서도 나란히 묻혔다. 그리고 해마다 제사를 지낼 때면 호랑이 무덤에도 함께 절을 올렸다.

오늘날, 경기도 고양시 덕양구 효자동. 북한산 동쪽 기슭에는 세 개의 무덤이 나란히 놓여 있다. 하나는 박태성의 아버지 묘, 하나는 효자 박태성의 무덤, 그리고 그 옆에, 그를 40년간 지켜 준 인왕산 호랑이의 무덤. 이 고개는 더 이상 무서운 곳이 아니다. 그곳은, 한 사람의 지극한 효심과, 한 마리 야수의 따뜻한 충심이 만난 자리다.

> 지극한 효심은 야수의 심장도 흔들고,
> 진심은 말없이도 닿아 세월을 건너며,
> 전설은 거창함이 아닌, 끝까지 다한 마음에서 태어난다.

12. 호압사와 호암산 - 한양을 지키는 호랑이의 숨결

서울 금천구 시흥2동. 인적이 드문 오솔길을 따라 나무 사이를 헤치고 오르면, 거대한 바위의 품 안에 숨듯이 자리한 고찰 하나가 고요히 모습을 드러낸다. 바로 호압사(虎壓寺)다. 그 배경이 되는 산, 호암산(虎岩山)은 이름 그대로 호랑이의 형국을 닮은 험준한 암봉의 산으로, 관악산과 쌍봉을 이루는 삼성산의 지맥에 속한다. 온 산을 휘감은 바위능선은 날카롭고 웅장하여, 보는 이로 하여금 마치 커다란 호랑이가 하늘을 향해 울부짖는 듯한 착각을 불러일으킨다.

이 절은 조선 태조 2년, 1393년 무학대사의 발원으로 창건되었다. 그러나 그 배경엔 단순한 창건 이상의 절박한 국운의 갈림길과, 한밤의 예지몽이 있었다. 고려를 무너뜨리고 조선을 개창한 태조 이성계는 새로운 나라의 중심지를 정하는 데 있어 고민이 많았다. 한양은 산수와 지리 모두 뛰어났지만, 도읍으로 삼기에 앞서 그 터가 지닌 기운—곧 풍수의 맥락이 걸림돌이었다. 밤마다 뒤척이던 어느 날, 그는 뜻밖의 꿈을 꾸었다.

그 꿈은 기묘하고도 음산했다. 칠흑 같은 어둠 속에서 갑자기 울음소리 하나가 터졌다. 낮게 깔린 천둥 같은 포효. 꿈속에서 태조는 황금빛 갑옷을 입고 궁궐 한복판에 서 있었는데, 저 멀리 산봉우리 너머에서 거대한 괴물이 모습을 드러냈다. 그것은 반은 호랑이였고, 나머지 반은 사람도 짐승도 아닌 형체를 알 수 없는 존재였다. 붉은 눈동자에서 불꽃이 뿜어져 나왔고, 입에서는 검은 연기가 피어올랐다. 그 괴물은 궁궐을 향해 돌진했고, 지붕은 갈라지고 성벽은 무너졌다. 수천의 군사가 화살을 쏘아댔지만, 아무 소용이 없었다. 화살은 괴물의 몸을 스쳐 지나가기만 할 뿐, 그 어떠한 상처도 남기지 못했다.

꿈에서 깨어난 태조는 식은땀을 흘리며 이불을 걷어찼다. 그것은 단순한 악몽이 아니었다. 그날 밤, 다시 잠에 들자 이번엔 장엄한 기운을 풍기는 노인의 음성이 그의 귓가에 맴돌았다.

"한양은 천하제일의 명당이로다. 그러나 용의 기운을 제어할 호랑이의 위엄이 덮쳐오니, 그 맹렬함을 누르지 않으면 국운이 흔들리리라."

태조가 고개를 들어 음성의 주인을 찾자, 노인은 회색 구름 너머에 손을 뻗었다. 손끝이 가리킨 곳엔, 구름 사이로 거대한 산 하나가 우뚝 솟아있었다. 봉우리는 호랑이의 머리를 닮았고, 그 시선은 마치 한양을 내려다보는 듯했다.

현몽에서 깨어난 태조는 곧장 무학대사를 불러 꿈의 뜻을 물었다. 무학대사는 말없이 고개를 끄덕이며 말문을 열었다.

"전하의 꿈은 단지 상상이 아니옵니다. 그 호랑이의 형상을 한 산은 호암산이라 하옵니다. 거친 기세와 맹렬한 형국이 한양의 기운을 누를 위험이 있으니, 절을 세워 그 맹위를 눌러야 하옵니다."

무학의 목소리는 평온했지만, 말 속엔 결의가 담겨 있었다.

그리하여 호암산 바위틈에 절이 들어섰다. 그 이름도 뜻깊게 '호압사(虎壓寺)'라 하니, 곧 '호랑이의 기운을 억제하는 절'이라는 뜻이다. 바위가 절을 감싸안고, 기운 센 산세가 절과 맞서려 하듯 치솟아 있는 모습은 마치 기세 대 기세가 맞붙은 형국이었다. 이 절은 단순한 종교 공간이 아니었다. 조선 왕조의 안정과 수도 한양의 운명을 다지는 영적인 방패였고, 왕조의 첫 숨결을 부여한 상징이었다.

지금도 호압사는 묵직한 바위들 사이에서 고요히 시간을 건디고 있다. 기암괴석에 기대 선 전각들은 마치 오래된 산호처럼 빛을 잃지 않고, 매년 수많은 이들이 그 전설과 기운을 좇아 절을 찾는다. 호암산 절벽을 깎아 세운 듯한 이 절은 마치 고요히 웅크린 호랑이 한 마리가 세상의 요동을 감시하는 듯하다. 그것은 단지 조선 개국의 일화에 머물지 않는다. 오늘날까지도 서울이라는 도시의 기운을 조율하고 있는, 살아 숨 쉬는 전설이자 무언의 수호자이다.

그리고 어느 날 저녁, 노을이 호암산의 바위를 붉게 태울 때면— 그 옛날 태조가 보았던 호랑이의 눈빛이, 아직도 이 도시를 지켜보고 있는 듯 느껴질 것이다. 한양을 숨 쉬게 한 건 단지 임금의 선택이 아니라, 호랑이의 숨결이 깃든 산의 결심이었다.

> 자연과 지혜가 만날 **때**, 역사는 비로**소** 숨을 쉬고
> 힘은 조화를 품을 **때**에만 아름다워지며
> 나라의 시작은 언제나 땅의 뜻을 묻는 데서 비롯된다.

13. 흑석동 범바위 전설 - 호랑이의 슬픈 기다림

지금은 아파트와 도로가 가득한 서울 동작구 흑석동. 하지만 아주 오래 전, 이곳 북쪽 한강변은 넓고 고요한 모래사장이 끝없이 펼쳐진 강마을이었다. 강가에는 갈대밭이 바람에 일렁이고, 잉어와 숭어가 노니는 물빛은 마치 유리처럼 맑고 투명했다.

그 강가에, 사람들의 눈길을 끄는 이상한 바위 하나가 있었다. 거칠고 울퉁불퉁한 그 바위엔 어른 한 명이 겨우 들어갈 만한 깊은 구멍이 뚫려 있었고, 그 형태가 마치 슬그머니 웅크린 호랑이의 모습과도 닮아 있었다.

그래서 사람들은 그 바위를 '범바위'라 불렀다. 왜 그런 이름이 붙었는지, 마을 어른들은 한 가지 전설을 조용히 들려주곤 했다.

때는 조선시대 중엽. 가난하지만 마음씨 곧은 한 낚시꾼이 살고 있었다. 이른 새벽, 그는 짚모자를 눌러쓰고 낡은 낚싯대를 메고 한강변으로 향했다. 아이 둘 딸린 집은 요 며칠 쌀이 떨어졌고, 부인은 병치레 중이었다.

"오늘은 꼭 잡아야 해…"

강바람은 부드럽고, 물결은 잔잔했다. 낚시꾼은 마음을 가다듬고 조용히 바늘을 던졌다. 해가 중천에 떠오르던 무렵, 낚싯대가 크게 휘어졌다.

"왔구나!"

힘겹게 줄을 당긴 낚시꾼은 곧 눈을 휘둥그레 떴다. 물 위로 튀어 오른 건, 눈이 부실 만큼 반짝이는 커다란 금빛 잉어였다.

비늘은 햇살을 받아 무지갯빛으로 번졌고, 잉어는 잠시 사람을 바라보는 듯한 눈으로 낚시꾼을 응시했다.

"이 녀석만 있으면 오늘은 아이들에게 밥을 먹일 수 있겠구나…"

기쁨과 안도의 한숨이 섞인 미소가 그의 얼굴에 번졌다. 하지만 그 순간, 갑자기 하늘이 어두워지기 시작했다. 뭐라 설명할 수 없는 한기와 바람, 그리고 모래바람과 눈발이 몰아쳤다.

한여름에 내리는 눈. 바람 속엔 먼 옛날의 울음소리 같은 게 섞여 있었다. 낚시꾼은 흠칫 놀라 주위를 둘러보았다. 그리고 마침내, 그 형체가 눈보라를 가르며 나타났다. 눈동자는 깊은 슬픔을 품은 듯했고, 움직임엔 위엄과 조심스러움이 섞여 있었다. 그것은 한 마리 호랑이였다. 크고 늠름한 몸짓. 하지만 눈빛은 이상하게도 사납기보단 간절했다. 호랑이는 말없이 낚시꾼에게 다가오더니, 앞발을 천천히 내밀었다. 그 발끝은 낚시꾼이 막 잡아 올린 잉어를 가리키고 있었다.

"…이걸 달라는 건가?"

호랑이는 으르렁거리지도, 날뛰지도 않았다. 단지 그 눈으로 조용히 낚시꾼과 잉어를 번갈아 바라볼 뿐이었다. 바람은 잠잠해졌고, 시간은 멈춘 듯했다.

하지만 낚시꾼의 마음은 흔들리고 있었다.

"혹시 이놈이… 나를 덮치려는 건 아닐까?"

'잉어를 내주면 그다음엔 내 팔을, 다리를, 목을 요구할지도 몰라…'

가난은 사람을 날카롭게 만들고, 배고픔은 두려움을 증폭시킨다. 잉어는 오늘 가족의 밥이었다. 그는 잉어를 품에 꼭 끌어안았다.

그 순간 호랑이가 조심스레 한 걸음 다가서자, 낚시꾼은 비명을 지르며 달리기 시작했다.

"으아아아악!!"

범바위로 도망친 낚시꾼 호랑이는 놀란 눈으로 그를 바라보며 뒤따랐다. 하지만 달리기는 마치 애원하는 듯, 다가서려는 듯… 결코 맹수의 추격 같지는 않았다. 낚시꾼은 헐떡이며 온 힘을 다해 달렸다.

그리고 마침내, 강가 절벽 근처에서 커다란 바위 하나를 발견했다.

그 바위엔 사람이 겨우 들어갈 만한 구멍 하나가 뚫려 있었다.

"저 안으로… 들어가자!"

그는 바위 속으로 몸을 밀어넣고, 숨을 죽였다. 심장이 쿵쿵 뛰었고, 숨소리는 거칠었다. 그 바깥에선 호랑이의 발소리가 느릿느릿 다가오고 있었다.

호랑이는 바위 앞에 조용히 앉아, 움직이지도 않고 바위를 바라보았다. 한참을 그러고 있었다. 어쩌면, 그 잉어를 다시 돌려받기 위해, 혹은 그를 그냥 지켜보기 위해 기다린 것일지도 모른다.

낚시꾼은 그 안에서 굶주림과 갈증, 그리고 두려움에 시달렸다.

하루, 이틀, 사흘…

그는 결국 그 바위 속에서 조용히 숨을 거두었다. 가슴엔 아직도 그 금빛 잉어가 껴안긴 채였다. 사람들이 뒤늦게 발견했을 땐, 이미 낚시꾼의 몸은 싸늘했고 바위 앞엔 호랑이의 커다란 발자국이 남아 있었다. 하지만 정작 호랑이는 어디에도 보이지 않았다.

그날 이후 사람들은 그 바위를 '범바위'라 불렀다. 호랑이의 눈빛엔 어떤 슬픔이 담겨 있었고, 낚시꾼은 그 뜻을 끝내 이해하지 못했다. 혹자는 말한다.

"그 잉어는 호랑이가 100년 전 인간으로 살던 시절, 사랑하던 아내의 환생이었단 말도 있소."

"범은 오직 그 잉어를 돌려받고 싶었을 뿐이라지."

진실은 아무도 모른다. 하지만 그날 강가에 내린 여름 눈보라, 바위 속의 침묵, 그리고 호랑이의 눈빛은 지금도 바람을 타고 어딘가를 떠도는 듯하다.

한강을 걷다 잠시 멈춰 섰을 때, 당신 귀에 호랑이의 낮고 슬픈 숨소리가 들릴지도 모른다. 그리고, 물속 어딘가엔 아직도 금빛 잉어 한 마리가 헤엄치고 있을지 모른다.

> 잡은 마음이 나를 묶고
> 자연은 인간의 숨결 속에 흐르며
> 슬픔은 소리 없이 머문다.

◆ 1921년 5월, 왕십리에 표범 출몰

고양군 한지면 하왕십리 966번지에 사는 화전영태랑(일본인)은 몇 해 전에 목축업을 하는바 지난 22일 오전 3시경과 27일 오전 1시에 표범 댓 마리가 와서 전후 두 번에 돼지 네 마리를 물어갔는데 이로 인하여 그 부근에 사는 사람들은 매우 불안 중이라 하며 그 손해는 50~60원에 달한다. (1921.5.31. 동아일보)

14. 꾀 많은 호랑이, 한술 더 뜬 영감

옛날 옛적, 인천 미추홀 고을에는 이름 없는 한 영감이 살고 있었다. 어느 날, 그는 집에서 20~30리나 떨어진 장터에 갔다가 술을 실컷 마시고는 취기에 비틀거리며 집으로 돌아가고 있었다. 해는 뉘엿뉘엿 지고 있었고, 길 중턱의 고개를 넘다 그는 더는 걷지 못하겠다는 듯 빈집 하나에 들어가 쓰러지듯 잠들었다.

그런데 마침 그 빈집에 호랑이 한 마리가 들어섰다. 굵직한 몸집, 번뜩이는 눈매로 주위를 살피던 호랑이는 구석에 코를 골며 자고 있는 영감을 발견하고는 속으로 중얼거렸다.

"통통하게 살도 올랐고, 오늘은 운수 좋은 날이군."

그러나 다가가 보니 문제는 하나. 영감은 술에 완전히 취해 있었다. 호랑이는 전설 속 규칙을 잘 알고 있었다. 술에 취한 사람은 잡아먹을 수 없다. 이 사실에 씁쓸해진 호랑이는 고민에 빠졌다.

"이대로 깨기를 기다릴까? 아니면 깨워서 먹을까?"

결국 호랑이는 꾀를 냈다. 집 근처 개울가로 가서 자신의 꽁지를 물에 적신 뒤, 그것을 영감의 얼굴에 툭툭 대기 시작한 것이다. 차가운 물방울이 얼굴을 덮자, 몇 번 만에 영감이 슬쩍 눈을 떴다.

눈앞에 보인 것은 바로 호랑이의 커다란 얼굴과 축축한 꼬리. 영감은 순간 자신이 취해 있는 걸 안 채 생각했다.

'이놈이 지금 술 깰 때까지 기다렸다가 날 잡아먹을 속셈이구먼!'

그러자 영감은 남은 힘을 짜내어 번개같이 호랑이의 꽁지를 덥석 물었다.

"어흐억!"

호랑이는 괴성을 지르며 도망치려 했으나, 발이 문턱에 걸려 제대로 도망치지도 못했다. 술에 취한 채였으나, 영감은 호랑이와 실랑이를 벌였고, 결국 놀랍게도 호랑이를 잡고 말았다.

막다른 순간, 기지는 길이 되고
용기 있는 마음만이 위기를 넘으며
운명마저 때론, 조용한 아군이 된다.

◆ 1924년 4월 호랑이 두 마리가 경성에 들어왔다

말만 들어도 놀라는 호랑이 두 마리가 경성에 들어왔다. 시내 죽첨정(현재 서대문구 충정로) 인가 속에 호랑이 두 마리가 살아 있다 하면 누구든지 깜짝 놀랄 것이다. 인가가 조밀하고 인구가 많은 경성 시내에 호랑이가 한 마리도 아니고 두 마리나 살아 있다니 심약한 사람은 놀랄지 모르나 알고 보면 과히 놀랄 것은 없으니 정말 큰 호랑이가 아니라 호랑이 새끼다.

하여간 맹수를 총 한 방 안 놓고 잡았으니 신기하기는 신기한 일이다. 이 호랑이 새끼 두 마리를 잡기는 시내 죽첨정 삼정목 172번지에 사는 계태환씨가 지난달 28일 강원도 회양군 회양면 지석리 '굴바위등이'라는 산중에서 잡은 것이다. 계씨는 원래 포수였는데 시내 관수동 41번지에 사는 포수 우홍명씨와 함께 지난 3월 초순에 경성을 떠나 서로 각기 헤어져서 계포수는 회양 땅으로 들어서게 되었다. 달로는 봄이 가까운 3월이지만 회양 산골에는 눈이 쌓여 무릎을 넘었다. 그러나 호랑이를 못 찾아 무료하던 차에 그 전날 나무꾼 아이에게 '굴바위등이'에 호랑이 새끼가 나왔다는 말을 들은 계포수는 추운 날씨와 눈을 무릅쓰고 '굴바위등이'에 이르러보니 과연 큰 굴이 하나 있고 그 앞에는 눈 위로 사나운 짐승이 다닌 자취가 뚜렷하여 사람의 가슴을 서늘케 하였다.

어미 범은 나가고 없는 줄을 확실히 안 계포수는 굴에다가 불을 지폈다. 조금 있다가 사정없이 들어가서는 매운 연기에 못이긴 새끼 범 한 마리가 바깥으로 튀어나오자 기다리고 있든 계포수는 쫓아가서 양손으로 꼭 붙잡았다. 이렇게 한 마리를 잡은 계포수는 나머지 한 마리를 잡기 위해 한 손에 육혈포를 들고 또 한 손은 물리지 않도록 헝겊과 가죽으로 감고서 어두컴컴한 굴속으로 차차 몰아 들어가서 나머지 한 마리를 힘 들이지 않고 손으로 꼭 붙들어 잡았다.

옛날에는 가끔 맨손으로 범의 새끼를 잡아 왔다는 이야기가 있으나 근래에 들어와서는 매우 드문 신기한 일이다. 계포수는 그 두 마리를 서울 충정로 자기 집에다가 두고 매일 개고기 등속을 먹여서 기르는 중이며 상당한 값이면 팔겠다 하는데 두 마리를 다 강아지 모양으로 구경꾼에다 시달린 작은 호랑이 두 마리는 살던 집과 그리운 어미를 생각하는 듯이 양지바른 곳에 기운없이 앉아있는 것도 또한 애처로워 보이나 강아지처럼 작은 호랑이 새끼일망정 제 체통은 지키려는 듯 구경꾼들이 놀리면 노란 눈을 노려 뜨고 흰 수염을 벋치며 날카로운 이빨을 보이고 "어흥" 하고 덤비는 것도 가관이다. (1924.4.9. 동아일보)

◆ 1939년 1월, 도봉산 수락산 천보산 맹호출몰 빈번

의정부 시민 전전긍긍 가축피해 심대 - 삼림조성의 사방공사와 삼림남벌의 엄중 감시로 도봉산, 수락산, 천보산 등지에는 삼림이 울창하여감에 따라 짐승의 횡행이 성하여 가축의 피해가 날로 심하여가던 중 최근에 이르러서는 호랑이가 출몰하여 매일 저녁 개를 물어가는데 피해가 벌써 7-8마리에 달하고 저녁이면 아이들의 외출금지와 가축의 단속이 한층 심하며 각 촌락의 학부형은 어린 아동들을 일찍이 집으로 돌려보내라는 등 인심이 흉흉하다. (1939.1.26. 조선일보)

15. 강화도에서 호랑이가 사라진 날

옛날 옛적, 강화도에서 가장 높은 산인 마니산 아래 화도면에서는 평화로운 마을의 일상이 산길에서 벌어진 끔찍한 사건으로 뒤흔들렸다. 한 마을 사람이 대낮에 호랑이를 마주친 것이다. 놀란 그는 그 자리에서 기절했고, 끝내 병이 들어 목숨을 잃고 말았다.

그날 이후, 마을은 공포에 휩싸였다.

"이곳은 사람이 살 곳이 아니다. 이곳을 떠나자."

"아니다. 이곳은 조상 대대로 살아온 우리의 고향이다."

결국 마을 사람들은 고을 원님에게 호랑이를 잡아 달라는 진정서를 올렸고, 원님은 강원도에서 이름난 포수 한재보와 그의 포수 20명, 그리고 수백 명의 몰이꾼을 불러들였다. 그들은 마니산을 에워싸고 본격적인 사냥에 나섰다.

포수들은 호랑이의 길목에 잠복하고, 몰이꾼들은 고함을 지르며 산을 수색해 내려왔다. 그러다 한 몰이꾼이 떨리는 목소리로 외쳤다.

"호랑이다!"

산돼지만큼이나 큰 호랑이가 몰이꾼들을 피해 숲속으로 도망쳤고, 사람들은 더욱 거세게 몰아붙였다. 결국 호랑이는 남쪽의 고창굴로 몸을 숨겼다.

기회는 이때뿐이었다. 포수들은 준비해 온 바위와 통나무로 굴 입구를 막고, 고춧대를 태워 독한 연기를 불어넣었다. 이윽고, 안에서 들려왔다.

"어——흥!!"

굴 전체가 울릴 정도의 울부짖음. 그러나 곧 조용해졌다.

잠시 후, 포수 한재보는 동아줄 꾸러미를 어깨에 메고 굴 속으로 들어갔다. 안은 어두웠고, 연기 자욱한 틈 사이로 그 호랑이가 여전히 눈을 부릅뜨고 앉아 있었다. 하지만 가까이 다가가자, 호랑이는 이미 숨이 끊어진 상태였다. 그 표정에는 무언가 말 못 할 슬픔과 자존심이 스며 있는 듯했다. 한재보는 조심스럽게 동아줄을 호랑이의 몸에 매고, 밖으로 끌어냈다. 마을 사람들은 환호성을 터뜨리며 북을 치고 징을 울렸다. 아이들은 들판을 뛰어다니고, 노인들은 손뼉을 쳤다.

"강화도의 호랑이가 드디어 잡혔다!"

호랑이는 장대로 만든 들것에 실려 마을을 지나 관청 앞으로 옮겨졌다. 그 모습은 마치 전쟁에서 돌아온 장수처럼 당당했다. 그러나 고을 원님은 뜻밖의 말을 했다.

"산속의 왕을 해치다니, 무엄하도다. 한재보에게 곤장을 내릴지어다!"

순간, 마을은 술렁였다. 하지만 그 벌은 상징적인 것이었고, 곤장 두 대는 흉내에 불과했다. 곧이어 원님은 잔치를 열고, 포수들과 몰이꾼들에게 쌀과 베, 포상금을 넉넉히 내렸다. 그날 밤, 마을엔 술과 고기, 북소리와 웃음이 가득했다.

그 뒤로 강화도에서 호랑이는 다시는 나타나지 않았다. 사람들은 오래도록 이 사건을 이야기했고, 고창굴을 지날 때면 아직도 누군가 말하곤 한다.

"저 굴 어딘가엔… 그날의 연기와 호랑이의 울음이 아직 남아 있을 거야."

그리고 아주 가끔, 마니산의 안개 짙은 아침이면 굴 앞에서 희미하게 들려오는 어흥 소리에 등골이 오싹해지는 사람도 있다고 한다.

공동체는 용기와 협력으로 지켜지고
자연엔 언제나 고개 숙여야 하며
승리한 자일수록, 더 낮게 걸어야 한다.

◆ 1921년 5월, 경기 양주 대물표범 4세 아이 물고 달아나

아이 한명을 물어다 먹어 경기도 양주군 계금면 평목리에 사는 민봉선의 딸 상희(4세)는 지난 10일 오후 8시경에 자기집 부근에서 놀고 있는 중 별안간 큰 표범 한 마리가 달려들어 물고 달아나는 것을 본 이웃사람들은 소동을 하며 표범을 쫓아갔으나 드디어 미치지 못하고 그 이튿날 아침에 뒷산중에서 아이가 입었던 의복과 표범이 뜯어먹고 나머지 사지를 발견하였는데 동리 사람들은 크게 분개하여 표범을 잡으라고 부근 산림을 수색하였으나 드디어 표범은 보지 못하였다. (1921.5.18. 동아일보)

16. 세 번 속은 호랑이, 부천 토끼에게 당하다

경기도 소사(현재의 부천시)에서 한 호랑이가 하루는 배가 고파서 이리저리 헤매다가 토끼를 만났다.

"이 녀석, 토끼야! 잘 만났다. 나는 지금 너무 배가 고파서 너를 잡아먹어야겠어."

호랑이의 위협에 토끼는 깜짝 놀랐다. 하지만 재치 있는 토끼는 즉시 꾀를 내었다.

"호랑이님, 그렇게 배가 고프신가요? 그렇다면 저보다 훨씬 맛있는 구운 떡을 드릴 수 있어요."

토끼는 작은 돌 몇 개를 호랑이에게 보여 주었다.

"정말이냐? 그럼 구운 떡을 먹어 보자." 호랑이는 호기심이 생겼다. 그러자 토끼는 재빠르게 나무와 건초를 모아 불을 피우고 그 위에 돌을 얹었다.

"호랑이님, 떡을 먹으려면 간장이 필요하니까, 제가 마을에 가서 간장을 가져올게요."

"내가 배가 너무 고프니 빨리 갔다 와야 한다."

"네, 알겠어요."

토끼의 말이 끝나자마자, 그는 재빨리 도망쳤다. 호랑이는 토끼가 자신을 속였다는 사실을 전혀 모르고 기다렸다. 그러나 아무리 기다려도 토끼는 돌아오지 않았다.

'이 녀석, 어디에 가서 아직도 돌아오지 않는 거야? 간장이 필요하든 뭐든 상관없어, 일단 먹고 말겠어.' 호랑이는 뜨거운 돌을 삼켜 버렸다.

"아악! 뜨거!"

호랑이는 고통에 몸부림쳤다. '이 교활한 녀석에게 속았구나!' 이제서야 호랑이는 토끼에게 속았음을 깨달았다. 분노가 치밀어 올랐다.

'이 녀석, 다음에 만나면 반드시 잡아먹겠어!' 호랑이는 다짐했다. 며칠 후, 그는 대나무 숲 근처에서 다시 토끼를 만났다.

"이 녀석! 다시 만났다. 너는 내 손에서 도망쳤지만 이번에는 절대 놓치지 않겠다."

호랑이는 입을 크게 벌리고 바로 토끼를 삼키려 했다.

토끼는 더 크게 눈을 뜨며,

"호랑이님, 잠깐만요! 그렇게 화내지 마세요. 대신 오늘 정말 맛있는 것을 드릴게요."

"무엇이냐?" 호랑이는 조금 화가 가라앉았다.

"호랑이님, 눈을 꼭 감고 입을 크게 벌리고 계세요. 그러면 제가 참새 떼를 몰아서 호랑이님 입으로 들어가게 할게요."

"정말이냐?" 호랑이는 약속을 받고 눈을 감고 입을 벌렸다. 그러자 토끼는 대나무 숲에 불을 지폈다.

참새 떼가 날아오는 소리는 들렸지만, 참새들은 입에 들어올 생각을 하지 않았다. 호랑이는 엉덩이 쪽에서 뜨거운 열기를 느끼며 눈을 뜨고 주위를 둘러보았다. 그러나 토끼는 사라졌고 대나무 숲은 불길로 가득 차 있었다.

"큰일이다! 어서 도망가야겠다."

호랑이는 간신히 불길을 피했다. '또다시 이 교활한 토끼에게 속았구나. 다음에는 절대 용서하지 않겠다.'

분노에 가득 찬 호랑이는 몸을 떨었다.

추운 겨울 어느 날, 그는 또다시 토끼를 만나고 말았다.

"호랑이님, 안녕하세요?"

"이 교활한 놈! 다시 만났구나. 이번에는 절대 속지 않겠다." 호랑이는 화를 냈다. 하지만 토끼는 또다시 달콤한 말로 호랑이를 유혹했다.

"호랑이님, 이번에는 물고기를 잡아 드릴게요."

"내가 또 속을 줄 알고?"

"아니에요, 호랑이님. 꼬리로 물고기를 잡을 수 있어요."

"무슨 소리냐? 꼬리로 물고기를 잡는다고?"

"네, 꼬리를 물속에 담그고 가만히 계시면 제가 저 위에서 물고기를 몰아올게요. 제가 신호할 때까지 움직이지 마세요. 그동안 꼬리에 물고기가 가득 붙을 거예요."

호랑이는 토끼의 말을 따르기로 했다. 물속에 꼬리를 담그자, 토끼는 멀리 도망쳤다. 날은 저물고 날씨는 더욱 추워졌다. 호랑이는 몸이 무겁게 느껴졌다.

꼬리가 얼어붙은 줄도 모른 채, 그는 그것이 물고기가 많이 붙어서 무거운 것이라 생각하고 기뻐했다. 호랑이는 고기가 더 많이 붙기를 바라며 참고 기다렸다.

'이제는 잡아당겨야겠다.' 호랑이는 힘을 다해 얼어붙은 꼬리를 잡아당겼다.

"아악! 이 교활한 토끼에게 또 속았구나!"

그제서야 호랑이는 자신이 다시 속았음을 깨달았지만, 토끼는 이미 멀리 도망쳐 버려 부천 고을에서는 다시 만날 수 없었다.

교활한 꾀 하나가 힘센 발톱을 이긴다.
세 번 속은 건 호랑이지만, 믿은 건 모두 욕심이었다.
지혜 없는 힘은 언제나 꾀 많은 자에게 당한다.

17. 퇴계원 곱돌산의 호랑이, 정팔도의 전설

물안개가 피어오르는 새벽녘, 경기도 남양주시 퇴계원에 자리한 해발 215미터의 아담한 곱돌산은 조용한 듯 강렬한 기운을 내뿜는다. 마을 사람들은 예부터 이 산을 '신령한 산'이라 불렀고, 아무리 세월이 흘러도 그 아래에서 들려오는 전설 하나는 쉽게 사라지지 않았다. 바로 정팔도의 이야기다.

정팔도는 이 마을의 이름난 효자였다. 가난하고 소박한 살림에도 그는 단 하루도 병든 어머니 곁을 떠난 적이 없었다. 땡볕에도, 눈보라에도 약초를 캐며, 어머니의 병을 고치기 위해 산속을 헤매고 기도를 멈추지 않았다. 그러던 어느 날, 인근 마을의 한 순박한 처녀와 혼례를 올리게 되었다. 하지만 그는 '어머니가 낫기 전까지는 행복할 수 없다'며 신혼의 달콤함보다 어머니의 병환에 더 마음을 쏟았다.

그리고 그 운명의 전환점이 다가왔다. 지나가던 한 노인이 그에게 이렇게 속삭였다.

"네 어머니를 살리려면… 개의 간 백 개를 먹여야 한다."

전설 같고 허망한 말. 하지만 정팔도는 그 말 한마디에 밤잠을 설치기 시작했다. 개의 간 백 개라니, 그것은 사실상 불가능이었다. 그러나 포기란 그의 사전에 없었다. 정팔도는 곱돌산 정상 바위 아래에서 산신을 향해 밤낮없이 기도를 드렸다. 눈을 감고 절을 올릴 때마다 손바닥이 터지고, 무릎이 피에 젖었다. 그의 기도는 바람이 되고, 땅의 울림이 되었다.

그리고 어느 밤, 짙은 안개 속에서 노인의 형상을 한 산신이 나타났다.

"정팔도여, 네 효심에 하늘도 감동했도다."

산신은 오래된 가죽으로 감싼 한 권의 책을 내밀었다. 그것은 전설 속에서나 존재한다는 '호랑이로 변신하는 비술서'였다.

"이 책의 힘을 빌리면 너는 개를 사냥할 수 있다. 단, 그 끝은 네가 선택해야 한다."

산신은 의미심장한 눈빛을 남기고 사라졌다.

정팔도는 떨리는 손으로 책을 펼쳤다. 그 순간 글자들이 눈앞에서 살아 움직이기 시작했다. 갑자기 심장이 불덩이처럼 뜨거워졌고, 팔다리가 뒤틀리며 비명을 지르는 사이— 그는 이빨이 번뜩이는 거대한 호랑이로 변해 있었다.

그날부터 그는 밤마다 숲을 누볐다. 눈보다 빠른 발, 바위를 가르는 발톱, 강철처럼 단단한 턱으로 개를 사냥했다. 들짐승들이 떨었고, 마을은 점점 그 공포에 침묵했다. 그렇게 정팔도는 간 하나하나를 모아 어머니에게 먹였고, 마침내 어머니의 병은 기적처럼 씻은 듯이 나았다.

그러나 문제는 그다음이었다. 인간으로 돌아왔어도 그의 마음 한켠은 호랑이의 자유와 힘을 잊지 못했다. 그는 밤이 되면 다시 호랑이로 변해 산을 달렸다. 사냥은 그에게 쾌락이 되었고, 그 쾌락은 점점 본능이 되었다. 아내는 밤마다 사라지는 남편을 바라보며 불안에 떨었다.

아내는 어느 날, 남편의 방에 몰래 들어가 산신이 준 그 비밀의 책을 찾아냈다. 그리고 아무도 모르게, 뜨거운 화로에 그 책을 던져 버렸다.

"다시는, 다시는 이런 삶을 살 수 없어…"

불꽃이 활활 피어오르며 책이 재로 변했고, 정팔도는 더는 인간으로 돌아올 수 없게 되었다.

자신의 모습을 알아보지 못하는 아내의 눈동자, 그 두려움과 혼란. 정팔도는 끝내 집에서 쫓겨났다. 그의 육신은 완전한 야수, 짐승이 되어 버린 것이다.

이후 정팔도는 산짐승도, 사람도 가리지 않고 사냥하며 전국을 떠돌았다. 구리시 인창동 동구릉 근처 숲속에 자리를 잡고는, 마치 왕처럼 그 일대를 지배했다. 이윽고, 마을 사람들의 공포와 소문은 조정까지 닿았다.

임금은 그 소문을 듣고 분노했다. "백성을 해치는 짐승은 내 나라에 둘 수 없다!"

정예 군사들이 조직되고, 무장한 병사들이 숲을 포위했다. 칼과 창, 화살이 빗발쳤고, 거대한 덫이 곳곳에 설치되었다. 한밤중, 호랑이로 변한 정팔도는 포위망 속에서 마지막 으르렁임을 남기고 쓰러졌다.

그의 운명은 비극이었지만, 곱돌산에는 지금도 전해지는 말이 있다.

"어머니를 위해 호랑이가 되었던 사나이, 정팔도. 그의 발자국은 아직 저 산중에 살아 있다."

그리고 곱돌산 아래를 지나는 이들은 지금도 문득문득 멈춰 선다.

혹여… 바람 사이로, 짙은 숲속 어딘가에서 금빛 눈동자가 자신을 바라보는 것은 아닐까.

그가 인간이었는지, 짐승이었는지. 끝내 아무도 알 수 없는 이야기. 그러나 한 가지는 분명하다.

정팔도는 '효(孝)'라는 이름으로 산에 깃든 전설이 되었다.

효는 그를 호랑이로 만들고,
불은 그를 사람에서 지웠다.
사랑은 끝내, 진실만 남겼다.

◆ 1926년 2월, 경기 여주 청년, 대물 표범 도끼로 찍어서 잡아
경기도 여주군 대신면 남천리 임재원(24세)이란 청년은 지난 9일 오후 6시경에 동네 임홍현의 집 마당에 큰 표범이 나타나 개를 물어가는 것을 보고 도끼로 들고 쫓아가서 표범의 머리를 찍어 현장에서 잡았는데 길이가 약 4척이나 되는 시가 100여원의 표범이었다. (1926.2.14. 동아일보)

◆ 1924년 6월, 경기도 양주군 진건면에 호환
요사이 경기도 양주군 진건면 팔현리 부근에는 호랑이가 많이 출몰하여 가축의 피해가 심히 많음으로 크게 경계하는 중이나 더욱 출몰하여 사람에까지 위험이 미칠 염려가 있음으로 인심이 매우 흉흉하다. (1924.6.24. 조선일보)

◆ 1929년 1월, 경기 양평 포수 호랑이를 맨손으로 때려잡아
호랑이와 사람이 싸우다가 호랑이를 두들겨 죽인 희한한 일이 있다. 양평군 지제면 지평리에 사는 박영한(43세)이란 포수가 같은 동네 이명선 외 다섯 사람을 몰이꾼으로 데리고 단월면 향소리 산골에 이르러 멧돼지 사냥을 하던 중이었다. 돌연히 큰 범 한 마리가 나타나 이명선의 팔

을 물어 약 20분간이나 사투를 벌이는 동안에 박영한이 총을 쏘아 범을 죽였다. 그 범은 길이가 한 간 반가량이나 되는 큰 범으로 근일 중에 경성으로 운반할 계획이다. (1929.1.21. 동아일보)

18. 서낭당의 손님과 굶주린 호랑이

아주 먼 옛날, 지금의 경기도 안산시 상록구 사동에 석호마을이라는 작은 마을이 있었다. 마을 어귀에는 사람들이 늘 정성 들여 찾아가는 서낭당이 하나 있었는데, 이곳에는 서낭님이 머무신다고 믿어졌다. 마을 사람들은 소원을 빌고, 고사상을 차리며 정성껏 기도를 드렸고, 서낭님은 늘 복을 내려 주는 수호신으로 여겨졌다.

그 시절 안산은 지금처럼 도로나 아파트가 아닌, 바다와 염전으로 둘러싸인 땅이었다. 마을에 사는 한 소금장수는 바닷물을 퍼다 염전에서 소금을 굽고 팔며 생계를 이어 가고 있었다. 그는 늘 말하곤 했다.

"서낭님 덕분에 비바람도 피하고, 소금도 잘 만들어 팔지요. 복 받은 인생입니다요."

어느 날, 해 질 무렵 한 나그네가 이 마을로 들어섰다. 길은 낯설고, 해는 이미 서산에 걸려 어둠이 깔려 가고 있었다. 묵을 곳을 찾지 못한 그는 서낭당 앞에 멈춰 섰다.

"서낭님, 제가 하룻밤만 눈 좀 붙이겠습니다. 고사상에 올린 이 떡 하나만 얻어먹고, 새벽에 떠나겠습니다…"

그는 공손히 인사한 뒤, 서낭당 마루에 몸을 기대어 누웠다. 그러나 잠이 채 들기도 전에, 갑자기 서낭당 너머에서 우르릉— 거대한 소리가 들려왔다. 그는 화들짝 놀라 몸을 일으켰고, 조심스레 문틈 사이로 바깥을 내다보았다. 그런데 그곳에는 어마어마하게 큰 호랑이 한 마리가 털을 부르르 떨며 서 있었다. 호랑이는 서낭님께 애원하듯 말했다.

"서낭님… 사흘을 굶었습니다. 저 안에 있는 저 인간 하나만 내주십시오. 배가 너무 고픕니다…"

나그네는 입을 틀어막고 식은땀을 흘리며 안에서 벌벌 떨었다. 그러자 이윽고, 서낭님의 근엄한 목소리가 들려왔다.

"호랑아, 내 집에 발 들인 손님을 어찌 함부로 해치려 하느냐. 그럴 수는 없다. 대신 다른 방법을 알려 주마."

호랑이는 놀란 듯 귀를 쫑긋 세우고 고개를 끄덕였다. 서낭님이 말을 이었다.

"저 아래 불빛 밝은 집, 소금장수네 집이다. 곧 똥 누러 나올 테니, 그때 덮쳐라."

호랑이는 말없이 고개를 숙이고 산길을 따라 조용히 사라졌다. 그 무렵, 집에서 소금물을 끓이던 소금장수는 배를 잡고 인상을 찌푸렸다. 그는 반쯤 열려 있는 문을 열고 마당 뒤편 뒷간으로 향했다. 그런데 문을 여는 순간… 눈을 질끈 감고 입을 쩍 벌린 거대한 호랑이의 얼굴이 바로 앞에 있는 게 아닌가!

소금장수는 기절하듯 뒤로 나가떨어졌다. 정신을 겨우 차린 그는 문을 박차고 안으로 뛰어 들어가, 마룻바닥을 뒹굴며 소리쳤다.

"이게 무슨 일이야! 호랑이가 입 벌리고 앉아 있잖아!"

그는 번뜩이는 기지를 발휘했다. 끓고 있던 소금물 한 바가지를 들고, 다시 밖으로 나갔다. 호랑이는 여전히 눈을 감고 입을 벌린 채 있었다. 소금장수는 망설이지 않고, 뜨겁고 짠 소금물을 그대로 호랑이의 입속에 부었다, 호랑이는 그 자리에서 꿍꿍 뛰며 입을 벌리고, 눈을 부릅떴다. 그러더니 몇 번 구르더니, 털썩, 그 자리에 쓰러지고 말았다. 이 모습을 지켜본 서낭님은 차가운 목소리로 말했다.

"내 손님을 내놓으라니, 어디서! 개나 돼지나 잡아먹을 것이지…"

그날 이후, 서낭당에는 "서낭님이 호랑이를 일부러 죽게 만들었다"는 이야기가 돌기 시작했다. 사람들은 이 전설을 전하며 말한다.

"서낭당은 그저 돌무더기가 아니여. 거긴 진짜 신령이 산다니까."

오늘날 석호마을의 서낭당 자리는 사라졌지만, 가끔씩 늦은 밤 뒷산에서 바람결에 울음 같은 소리가 들린다면, 그것은 어쩌면… 그날 호랑이의 마지막 울음일지도 모른다.

지혜와 용기로 어둠을 넘고,
외압 속에서도 약속은 끝까지 품어야 하며,
신령과 자연을 향한 **존중**이 마을의 숨을 지킨다.

19. 호랑이도 감탄한 용인 효부의 지혜

옛날 옛적, 경기도 용인의 한 산골 마을에 홀아버지를 모시고 사는 젊은이가 있었다. 그는 가난했지만 부지런했고, 어느 해에는 다행히도 착하고 효성 깊은 아내를 맞이하게 되었다.

며느리는 말수는 적었지만 늘 조용히 살림을 돌보고, 시아버지에게 공손하게 대하며 집안을 따뜻하게 꾸려 갔다. 시아버지는 며느리를 볼 때마다 흐뭇해하면서도, 술을 끊지 못해 자주 마을 잔치나 술자리를 찾곤 했다.

어느 날, 시아버지는 친구의 환갑잔치에 가겠다며 잘 차려입고 집을 나섰다. 며느리는 갓난아들을 포대기에 업은 채 문밖까지 배웅하며 말했다.

"아버님, 해가 지기 전에 꼭 들어오세요."

그러나 날이 저물고 달빛만 퍼지는 밤이 되었건만, 시아버지는 돌아오지 않았다.

걱정이 된 며느리는 품에 아기를 꼭 안고, 산길을 따라 마을 어귀까지 내려갔다.

산등성이를 돌다 마을과 잇닿은 고개쯤 이르렀을 때, 저 멀리 어두운 숲길 가장자리에서 시아버지의 형체가 보였다.

그는 술에 취해 길가에 옆으로 쓰러져 있었고, 그 옆에는 번쩍이는 눈을 가진 거대한 호랑이 한 마리가 조용히 앉아 있었다!

놀란 며느리는 순간 뒷걸음질을 치려다, 정신을 다잡고 두 손을 모아 외쳤다.

"아이고, 산신령님! 아버님이 많이 취하셔서 여기서 잠들어 계십니다. 제가 아버님을 업고 갈 테니, 이 아기만 잠시 맡아 주시겠습니까?"

그렇게 말한 뒤, 그녀는 포대기를 풀어 아기를 돌돌 감아 땅 위에 조심스레 내려놓고, 기운 없는 시아버지를 등에 업었다.

뒤돌아보지도 않은 채, 허겁지겁 어두운 길을 딛고 집으로 향했다.

집에 도착해 시아버지를 안방에 눕힌 뒤, 겨우 숨을 돌리려는 찰나 남편이 동네 이장을 데리고 들어왔다.

남편은 며느리에게 말없이 눈짓을 하고는 말했다.

"이장님이 오셨소. 술상 좀 차려 드리게."

며느리는 아무 말 없이 방으로 들어가 술상과 안주를 준비했다.

사랑방에 들어가 술상을 올리자, 남편이 조용히 물었다.

"아기는 어디 있소?"

그제야 며느리는 작게 속삭이며 말했다.

"아버님이 늦으셔서 아기를 업고 마중 나갔는데, 산에서 호랑이를 만났지 뭡니까. 너무 놀라 그만… 아버님을 업고 오느라, 아기를 호랑이에게 잠시 맡기고 왔습니다요…"

이장은 들고 있던 술잔을 떨어뜨릴 뻔하며 소리쳤다.

"뭐라고요? 그럼 지금 아기는 산중에, 호랑이 옆에 있다는 말이오? 아니, 그게 무슨 소리요!"

그때 안방에서 술이 덜 깬 시아버지가 웅얼거리며 며느리를 불렀다.

"아이고… 내 며느리… 아기는 어쨌느냐…"

며느리는 이장이 듣지 못하도록 조심스레 말했다.

"사랑방에 손님이 와 계셔서, 아기를 거기에 잠시 맡겨 두었습니다요…"
이장은 더 묻지 못하고 그저 고개를 끄덕이며 돌아갔다.

다음 날 아침, 시아버지는 전날 밤 이야기를 들은 뒤 얼굴이 굳어졌다.
"내가 이 귀한 며느리한테 너무 폐를 끼쳤구나…"
곧 부부는 아이를 찾으러 대문 밖으로 나섰다.

그런데 놀랍게도, 대문 기둥 밑에 아기가 포대기에 꼭 싸여 누워 있는 것이 아닌가!

얼굴도 붉고, 몸은 따뜻했으며, 마치 밤새 누군가 품 안에 안고 있었던 것처럼 포근했다.

부부는 포대기를 열고 아기를 확인한 뒤, 서로를 바라보며 안도의 눈물을 흘렸다.

그날 이후, 시아버지는 술을 입에 대지 않았다.

사람들은 "호랑이도 감탄할 효심"이라며 며느리의 용기와 지혜를 칭찬했고, 이 이야기는 빠르게 여러 고을로 퍼져나갔다.

몇 해 뒤, 조정에서는 그녀의 효성과 지혜를 높이 사 '열녀문'을 세워 주었다고 한다.

지금도 용인 어느 마을에서는, 늦은 밤 고갯길에서 호랑이와 효부가 나눈 대화를 들었다는 이의 이야기가 전해지고 있다.

침착한 용기가 위기를 넘기고
사랑은 시련을 이기며
지혜는 사람의 마음을 얻는다.

20. 팥죽 할머니와 골탕 먹은 호랑이

옛날 옛적, 경기도 포천의 깊은 산골에 부지런한 할머니 한 분이 살고 있었다. 이 할머니는 정성껏 무를 기르며 하루하루 땀 흘려 살았다. 그런데 이게 웬일일까?

어디서 나타났는지, 심술꾸러기 호랑이 한 마리가 매일 밤마다 무밭에 들어와 펄쩍펄쩍 뛰어다니며 밭을 쑥대밭으로 만들어 놓는 것이다!

할머니는 너무너무 화가 났지만, 직접 호랑이에게 맞설 수는 없었다. 그래서 꾀 많은 할머니, 한 가지 묘책을 떠올렸다.

"호랑이님~ 오늘 저녁에 제가 팥죽을 아주 맛있~게 쑤어 드릴 테니, 집에 한번 오세요. 대신 무밭은 좀 그만 짓밟아 주시면 안 될까요?"

호랑이는 눈이 반짝!

"팥죽? 그거 좋다! 그럼 오늘 저녁에 꼭 간다!"

할머니는 집에 오자마자 분주하게 움직이기 시작했다. 우선 장독간 화로 속 숯불은 살짝 꺼뜨려 묻어 두고, 부엌 물통엔 고춧가루를 풀어 넣고, 선반에 놓인 행주에는 바늘을 콕콕 박아 놓았다. 그리고 대문 앞엔 쇠똥을 쫙 깔아 놓고, 마당엔 미끄러운 멍석을 펼쳐 놓고, 지게를 문간에 딱 세워 두었다. 그날 저녁, 날이 어둑어둑해질 무렵…

"으슬으슬 춥군! 팥죽 생각나네~"

하면서 호랑이가 코를 킁킁거리며 할머니 집에 도착했다.

"할멈! 방이 왜 이렇게 춥소?"

"춥거들랑 장독간에서 화로나 가져오구려~"

호랑이는 투덜대며 화로를 가지러 갔지만,

"이런 젠장! 불이 꺼졌잖아!"

"그럼 입으로 좀 불어 보슈~"

호랑이는 후후~ 푸우~ 하다 눈에 재가 들어갔고,

"아이코! 할멈! 눈에 재 들어갔다!"

"부엌 가서 물로 씻으슈~"

부엌에 간 호랑이는 고춧가루 범벅 물로 눈을 씻었고,

"아앗! 이게 무슨 물이야!! 눈알 타들어 가겠어!!!"

"그럼 선반에 있는 행주로 닦아 보슈~"

하지만 그 행주는 바늘이 잔뜩 꽂혀 있었고, 호랑이는 눈을 닦다가 "꺄아아악!! 눈에 바늘이!! 아얏!!" 하며 굴러떨어졌다.

이제야 호랑이는 깨달았다.

"이거, 완전히 속았구나…"

부리나케 도망치려던 호랑이는 대문 앞 쇠똥에 쩍~ 미끄러져 버렸고, 그대로 멍석에 또르르 말려서, 딱 세워 둔 지게에 쏙! 할머니는 잽싸게 지게를 짊어지고, "이놈아, 내 무밭을 그렇게 짓밟더니!" 하며 바닷가로 달려가 획~ 바닷물에 호랑이를 내던져 버렸다. 그날 이후로, 무밭을 짓밟는 호랑이는 다시는 나타나지 않았다.

지혜는 힘보다 강하고,

침착함은 위기 속에서 빛나며,

슬기와 노력은 길을 여는 열쇠가 된다.

III.
부산광역시·울산광역시· 경상남도

영남의 바다와 산이 맞닿는 길목, 부산·울산·경남은 예로부터 **호랑이 전설의 무대**였다. 험준한 **영남알프스의 골짜기,** 파도 부서지는 해안가마다 범의 그림자가 드리워졌다.

이 지역의 호랑이는 단순한 맹수가 아니었다. 억울한 혼을 대신해 **복수의 화신**이 되기도 하고, 사랑에 울던 여인을 지켜주기도 했다. 부산·울산·경남의 전설은 바다와 산, 삶과 죽음이 교차하는 무대에서 호랑이를 **운명의 동반자**로 그려냈다.

21. 장기광 선비와 겁먹은 호랑이

옛날 옛적, 부산진 개금동에 장기라면 사족을 못 쓰는 한 선비가 살고 있었다. 이 선비, 이름이 뭐냐고? 사람들은 그를 '장기광(將棋狂)'이라 불렀다. 아침부터 밤까지 장기만 두고 살다 보니, 집안일은커녕 밥 한 끼 제대로 챙기지 않았다.

"여보, 아이 우는 거 안 들려요?"

"잠깐, 이 병졸이 지금 중요한 순간이야!"

심지어 밥상 위에서도 장기판, 마당에서도 장기판.

동네 사람들은 "아무리 장기를 좋아해도 저건 병이야…"라며 고개를 절레절레 흔들었다. 결국, 아내의 인내심도 한계에 다다르고 말았다. 하루는 아침부터 장기판을 끌어안고 혼잣말을 중얼거리는 선비를 보고, 아내가 버럭 소리를 질렀다.

"장기랑 평생 살아라, 이 사람아!!"

그렇게 선비는 진짜로 장기판 하나 들고 집에서 쫓겨나고 말았다.

집도 없고, 갈 곳도 없던 선비는 터덜터덜 걸어가다, 마을 어귀 큰 정자나무 아래에 주저앉았다. 바람은 불고, 해는 뉘엿뉘엿 넘어가는 때. 하지만 그는 그 순간에도 장기를 꺼내어 중얼거렸다.

"자, 장차 이동… 졸진후퇴! 흠, 이건 진짜 명국이군!"

그때였다. 등 뒤에서 어르신 목소리가 들려왔다.

"장기를 두는 솜씨가 예사롭지 않구먼. 나랑 한 판 두지 않겠소?"

선비는 반가워 눈을 반짝였다. "좋습니다! 말벗도 생겼고, 장기도 둘 수 있다니 이보다 좋을 수 없지요."

노인은 장기판 앞에 앉으며 싱긋 웃더니 이렇게 말했다.

"그런데… 그냥 두면 재미없지 않겠소? 이긴 사람은 진 사람을… 잡아먹는 걸로 합시다!"

선비는 잠깐 멈칫했다. 하지만 장기에 대한 자부심은 그의 망설임을 덮어 버렸다. 두 사람은 장기를 두기 시작했다. 그런데 웬걸? 노인의 실력은 상상 이상이었다. 수가 막히고, 졸이 죽고, 마가 갇히고… 장기광 선비의 이마엔 어느새 땀이 송골송골 맺히기 시작했다.

"이건 예상 못 한 수야… 젠장, 이 졸을 살려야 하는데…"

급기야 그는 정신을 집중한다며 겉옷을 벗기 시작했다. 그러다 손가락에 묻은 떡고물을 털어내며 아랫도리를 툭툭 치는데, 그걸 보던 노인이 슬쩍 물었다.

"흠, 선비 양반, 방금 그건 도대체 뭡니까?"

"이거요? 이건… 총이오."

"총이라…?"

"그렇소. 조총도 아니고, 홍이포도 아니오. 진짜 무시무시한 총."

노인이 눈을 껌뻑이며 물었다.

"그럼… 그 뒤에 달린 두 알은 뭡니까?"

선비는 아주 진지한 표정으로 대답했다.

"그건 총알이지요. 하나 쏘면 두 발이 나갑니다. 뭐, 어쩔 땐 자동으로 나가기도 해요."

그 순간, 노인의 눈이 동그래지더니… 얼굴이 파랗게 질렸다.

"그, 그럼… 나는 이만… 급한 일이 있어 먼저 가 보겠소!"

노인은 허둥지둥 자리에서 일어나더니, 자루처럼 펄쩍 뛰며 숲속으로 사라졌다. 그 뒷모습은 분명 사람이 아닌 호랑이였다!

그는 사람으로 둔갑해 선비를 잡아먹으려 했지만, 선비의 아랫도리에 '총과 총알'이 있다는 말을 듣고는 겁을 먹고 도망친 것이었다! 그날 이후로, 선비는 아무도 없는 정자나무 아래에서 방해받지 않고 평생 장기를 두며 살았다. 그는 늘 말하곤 했다.

"장기도, 인생도, 끝까지 살아남는 놈이 이기는 거지."

그리고 마을 아이들은 그 정자나무를 '호랑이 겁먹은 나무'라 불렀고, 선비를 볼 때마다 깔깔 웃으며 외쳤다.

"장기광 아저씨, 또 총 쏘시게요?"

재치는 어려움도 꺾고,

용기는 눈에 **보이지** 않아도 **지켜야 하며**,

인내 끝에 **진짜** 승리가 찾아온다.

22. 호랑이를 잡아 올린 재치 총각

옛날 옛적, 부산 동래에 재치 넘치는 총각 하나가 살고 있었다. 어느 날, 그는 한양으로 과거 시험을 보러 길을 떠났다. 길고 긴 여정 끝에 어느 날 해가 뉘엿뉘엿 저물자, 총각은 부잣집 하나를 발견하고 하룻밤 묵을 수 있냐고 부탁했다.

운 좋게 방 한 칸을 얻었지만, 그날 밤… 도둑이 들고 말았다! 총각은 급히 마당으로 뛰어나가 마구간에서 말 한 마리를 끌어내 타고 도망쳤다.

그런데… 그건 말이 아니라 호랑이였다! 등에 사람이 올라타자 호랑이는 깜짝 놀라 펄쩍펄쩍 날뛰고, 총각은 휘청휘청 버티다가 결국 툭 떨어지고 말았다. 총각이 떨어지자 호랑이는 "오오… 살았다!!" 하고는 줄행랑을 쳤다. 이 모습을 숲속에서 토끼가 지켜보고 있었다.

"어이쿠, 진짜 사람이 호랑이 등에 탔어!!"

토끼는 호랑이를 찾아가 말했다.

"방금 너 등에 탄 거, 사람이었어!"

호랑이는 어이없다는 듯 말했다.

"설마! 그런 게 내 등에 탈 리가 없어!"

토끼는 입이 근질근질해져서 "그럼 가서 확인해 볼래?" 하며 호랑이를 끌고 총각을 찾아갔다.

총각은 이 모든 상황을 눈치채고, 근처 속이 비어 있는 고목나무 안으로 쏙 숨어 버렸다. 토끼는 위쪽 구멍, 호랑이는 아래쪽 구멍을 막고 총각을 잡으려 했는데, 총각은 슬쩍 아래쪽을 보다가…

불쑥 드리워진 토끼의 꼬리를 확! …사실 그건 꼬리가 아니라 민감한 부위였다. 총각은 기지를 발휘해 그걸 꽉! 잡고 말았고, 토끼는 비명을 지르며 그대로 기절!

그 모습을 본 호랑이는 깜짝 놀라며 "이 사람… 무서운 자로군!" 하더니, 또 줄행랑을 쳤다! 총각이 고목에서 나와 안심하고 걷고 있는데… 또 다른 호랑이가 나타났다! "이번엔 널 꼭 먹겠다!" 하고 으르렁거리자 총각은 순간, 옛날 어르신들이 해 준 말을 떠올렸다.

"호랑이가 덮칠 때는 왼쪽으로 누우면 안 잡아먹힌다."

그 말대로 총각은 왼쪽으로 휙! 호랑이가 눈치를 채자 다시 휙! 또 왼쪽으로! 몇 번을 반복하다 보니, 호랑이도 헷갈려서 지쳐 꾸벅꾸벅 졸기 시작했다. 그 틈을 타 총각은 몰래 호랑이의 뒷다리 사이에 있는 민감한 부분을 묶어, 절 입구의 기둥에 꽁꽁 묶어 놓았다. 그리고는 산을 내려가 "살아 있는 호랑이를 잡았다!" 하고 임금님께 바쳤다. 왕은 깜짝 놀라며 "기특한 총각이로다!" 하고 상금과 명예를 한가득 내렸다.

그 후 총각은 종이 가게에서 종이를 사러다 가게 주인에게 "당신은 과거 급제할 상이오"라는 말을 듣고, 진짜로 한양 시험에 장원급제!! 부모님을 모시고 오래오래 부자로, 똑똑하게, 그리고 유쾌하게 살았다.

지혜는 길을 열고,

침착함은 위기를 뒤집으며,

재치는 복을 끌어당긴다.

23. 호랑이에 한을 품은 처녀귀신과 강 포수

옛날 옛적, 부산 강서구 미음동에 강 포수라는 이름난 사냥꾼이 살고 있었다. 사람 말로는 "총만 들면 짐승이 얼어 죽는다!"는 소문이 날 정도였다. 어느 날, 강 포수는 먼 길 사냥을 나섰다가 산자락 주막에서 하룻밤을 묵게 되었다. 밤이 깊었고, 강 포수는 자다가 소변을 보러 슬쩍 바깥으로 나왔다.

그런데 이게 웬일!? 멀리 산에서 희미한 불빛이 굴러 내려오면서, "아야~ 아야~ 내가 가르쳐 줄게…" 하는 기묘한 목소리가 들렸다. 강 포수는 고개를 갸우뚱하며 방으로 돌아와 다시 누웠다.

그때, 문이 삐걱 열리더니 어느 처녀 귀신이 스르르 들어와 같은 방에 자고 있던 다른 포수의 이마에 뭔가를 그려 놓고는 나가 버렸다. 강 포수는 조용히 일어나 그 이상한 표식을 손수건으로 슬쩍 지워 버렸고, 다시 자는 척하며 누웠다.

잠시 후, 호랑이 한 마리가 으르렁거리며 방 안으로 들어왔다가…

"어라? 먹을 놈이 없네?" 하며 그냥 나가 버렸다. 그날 밤, 귀신이 또 찾아와 이번엔 다시 이마에 표식을 그리려다, 강 포수의 눈빛에 뭔가 눈치챈 듯 사라졌고, 강 포수는 이번엔 총을 장전하고 기다렸다.

기어이 또다시 호랑이가 들어오자, 탕! 명사수 강 포수의 총알 한 방에 호랑이는 그대로 쓰러졌다. 그제야 처녀 귀신이 나타나 사정 이야기를 털어놓았다.

"저는 원래 시집가던 날, 이 호랑이에게 잡아먹힌 처녀예요… 그 이후로 호랑이한테 죽을 사람을 표시하지 않으면 저도 괴롭힘을 당했어요. 하지만 이젠 덕분에 원한을 풀었어요. 고마워요."

그러면서 귀신은 마지막으로 한 가지 예언을 해 주었다.

"서울에 가서 과거 시험은 보지 마세요. ○○산 ○○고목나무 안에 숨어 있다 보면, 표적이 보일 거예요. 그걸 총으로 쏘세요. 그러면 사람들이 몰릴 겁니다. 큰 벼슬은 탐하지 말고, 탕건 하나 쓸 작은 벼슬만 받고 고향으로 내려오세요. 그게 당신 운명이에요."

강 포수는 귀신의 말대로 고목나무 속에 숨어 기다렸다. 총구 하나 낼 작은 구멍만 남겨 두고 조용히, 말없이. 얼마 후, 백발의 노인이 나무 앞에 앉더니 혼잣말을 중얼거리기 시작했다. 강 포수는 귀를 쫑긋 세우고 들었는데… 이 노인, 사람이 아니라 변신한 백여우였다!

순간을 놓치지 않고 강 포수는 탕! 하고 한 방. 백여우는 정체를 들키고 그 자리에 쓰러졌다. 그때 근처에 있던 포수 8형제가 뛰쳐나오더니 "우리가 잡았소!" 하며 난리를 쳤지만, 강 포수가 나무 안에서 나와 정확히 증거를 들이대니 8형제는 쓸쓸하게 물러나면서 복수를 다짐했다.

그 뒤, 강 포수는 귀신의 말대로 작은 벼슬을 받아 탕건 하나 쓰고 고향으로 돌아가던 길이었는데, 8형제가 복수하러 기다리고 있다가…

"에이, 고작 저런 벼슬이면 됐다. 우리가 생각한 만큼 성공하진 못했군." 하고는 그냥 보내 줬다.

그런데… 그 후, 강 포수는 실력을 인정받아 점점 벼슬이 높아졌고, 나중엔 백성들의 존경을 받는 큰 인물이 되었다고 한다.

지혜로운 이는 위기 속에서 길을 찾고,

욕심을 비운 마음엔 더 큰 복이 깃들며,

선한 용기는 귀신조차 감동시킨다.

◆ 1936년 2월 부산 동래 온천장에 대호 출현

지난 5일 아침 동래온천에는 근래에 드문 놀랄만한 호랑이가 나타나서 부락민을 놀라게 했다. 지난 4일 밤 돌연 동래온천 별장 뒤에 있는 부락에서 기르는 큰 돼지 한 마리가 행방불명이 되었다. 그런 기괴한 일을 당한 부락민들은 5일 아침 새벽에 행방을 조사하던 중 뜻밖에도 같은 발자국이 듬성듬성 박혀 있다고 소동을 일으켰다. 부락민들은 일제히 그 발자국을 따라 동래 금정산에 올라가니 맹호의 이빨에 할퀴어 죽은 돼지 머리를 발견했다. (1936.2.8. 조선일보)

24. 울빛재의 호랑이 - 산이 질투한 사랑

경남 창원시 마산합포구 진전면과 고성군 회화면 사이, 험한 산줄기 사이로 이어진 고개 하나가 있다. 이 고개, 이름하여 울빛재(울빛재). 지금도 사람들이 그곳을 지날 때면, 왠지 모르게 발걸음이 조심스러워지곤 한다. 그 이유는 오래전부터 내려오는 슬픈 전설 때문이다.

옛날 진전면 오서리에는 한 곱고 착한 처녀가 살고 있었다. 그녀는 인근 고성 땅으로 시집을 갔고, 그곳에서 마음씨 고운 총각과 부부의 연을 맺었다. 두 사람의 신혼은 그야말로 달콤한 꿈처럼 흘러갔다. 서로를 바라보는 눈빛엔 사랑이 가득했고, 작은 것 하나에도 웃음꽃이 피어나는 나날이었다.

그러던 어느 날, 아내에게 비보가 전해진다. 친정어머니가 중병으로 위독하다는 것이었다.

"며칠이면 괜찮아지겠지…"

걱정 반, 미안함 반으로 아내는 시댁의 허락을 받아 고개 너머 친정으로 향했다. 하지만 병환은 예상보다 깊고 길었다. 며칠이 지나도, 몇 주가 지나도 어머니는 쉽게 회복되지 않았다.

그 사이, 남편은 매일같이 고갯마루에 올라 먼 길을 바라보며 아내를 기다렸다.

"오늘쯤은 오겠지…"

하지만 해는 지고, 고개엔 어둠이 내려앉기만 했다. 이윽고 몇 달이 흘렸고, 다행히도 어머니의 병은 차츰차츰 나아졌다. 아내는 기다릴 남편 생각에 죄송하고 애틋한 마음을 품고 곧장 짐을 싸서 고갯길로 향했다. 울빛재에 들어섰을 때, 그녀의 가슴은 벅찬 설렘으로 뛰고 있었다.

"이 고개만 넘으면… 우리 집이다. 남편이 얼마나 기다렸을까…"

그러나 그 순간— 산속에서 으르렁, 잔혹한 기척과 함께 호랑이 한 마리가 그녀 앞을 막아섰다. 놀라 도망치기도 전에, 아내는 그 자리에서 호랑이에게 잡혀 눈을 감고 말았다.

그 시간, 남편은 평소처럼 또다시 고갯마루에 올라 아내를 기다리고 있었다. 그때, 수풀 너머 이상한 흔적이 눈에 들어왔다. 가까이 다가가 확인한 남편은 눈앞에 펼쳐진 현실을 믿을 수 없었다. 바로, 그토록 그리워하던 아내의 찢긴 옷자락, 그리고 처참한 흔적이 남아 있었다. 그 자리에서 무너져 울던 남편은 마침내 그녀의 곁을 따라 조용히 숨을 거두었다.

그 이후, 사람들은 이 고개를 '울빛재'라고 부르기 시작했다.

사랑하는 이를 잃고 울부짖던 남편의 눈물빛, 그리고 슬픔이 깃든 재라 하여 그런 이름이 붙었다. 지금도 그 고갯길을 따라 신혼부부가 초행길에 나설 때면, 어르신들은 말한다.

"울빛재는 피해서 돌아가거라… 너무 애틋한 사랑은, 때론 산도 질투하니께…"

사랑은 강하지만, 운명은 때로 너무 냉혹하다.
기다림이 깊을수록, 이별은 더욱 아프다.
지금 곁에 있는 사람의 소중함을, 잊지 마세요.

25. 호랑이와 과부 정씨 - 무덤을 지킨 세 영혼

조선 태종 때의 일이다. 경상도 신녕현의 현감 유혜지는 지금의 울산광역시 울주군 상북면에 살고 있었다. 그의 아내 정씨는 단정하고 지혜로우며, 남편을 지극히 아꼈던 여인이었다.

그러던 어느 해, 남편 유혜지가 병을 얻어 세상을 떠났다.

그녀는 스물여섯 꽃다운 나이에 과부가 되었고, 그 슬픔은 형언할 수 없이 깊었다.

"내 남은 생에 웃음이 있겠습니까…"

정씨는 남편을 따라 죽고 싶었지만, 아직 젖먹이인 어린 아들이 눈에 밟혀 차마 죽음을 결심하지 못했다. 정씨는 깊은 고민 끝에 남편 묘 앞에 움막을 짓고 3년간 시묘살이를 시작했다. 비바람이 몰아치는 날에도, 눈이 쌓인 추운 겨울밤에도, 정씨는 묘를 떠나지 않았다. 매일같이 새벽이면 무덤 앞에 무릎을 꿇고 두 손을 모아 남편의 극락왕생을 빌었다. 하지만 그녀의 정성만으로 세상의 위협이 멀어지는 것은 아니었다. 깊은 밤이면 산짐승의 울부짖음이 퍼졌고, 간혹 술에 취한 건달들이 움막 근처를 서성이기도 했다.

"이런 데서 혼자 살아? 겁 안 나나?"

"지나가시오. 여긴 죽은 이의 곁입니다."

정씨는 무서웠지만, 담담한 얼굴로 그들을 물리쳤고, 남편에 대한 정성과 의지로 모든 두려움을 견뎌 냈다.

어느 날 밤, 으슥한 기척에 눈을 떠보니, 거대한 호랑이 한 마리가 그녀의 움막 앞에 서 있었다. 정씨는 숨도 못 쉬고 벌벌 떨었지만, 호랑이는 해칠 기색 없이 조용히 다가와 그녀 곁에 몸을 부비며 누웠다. 처음엔 공포에 떨던 정씨도, 호랑이가 아무런 해를 끼치지 않자 점차 안심하게 되었다. 이상하게도, 그날 이후 호랑이는 매일 밤 찾아와 움막 근처에 자리를 틀었다. 때로는 멀리서 들려오는 이리 울음에 으르렁거리며 주변을 맴돌기도 했고, 정씨가 잠이 든 밤이면 움막 앞을 말없이 지켰다. 그 모습은 마치 하늘이 보낸 수호신 같았다. 마을 사람들은 "산중 호랑이가 사람을 지킨다니 말도 안 된다"며 수군댔지만, 정씨는 어느새 호랑이에게서 따뜻한 위로를 느끼고 있었다.

그러던 어느 날, 호랑이는 갑자기 모습을 보이지 않았다. 하루, 이틀, 사흘… 밤이 깊어도 정씨의 곁에는 더 이상 그 커다란 그림자가 찾아오지 않았다. 그날 밤, 정씨는 낯선 꿈을 꾸었다. 꿈속에서 호랑이는 피투성이가 된 모습으로 "살려 달라"며 애타게 울부짖고 있었다.

"나를 구해 주시오… 나는 정씨 마님의 범이오…"

깨어난 정씨는 식은땀에 흠뻑 젖어 있었고, 그 모습이 단순한 꿈이 아니라고 느꼈다. 그녀는 꿈속에서 본 장소를 떠올려, 맨발로 산길을 달려갔다. 정말로, 그곳엔 마을 사내들이 장정 몇 명이 모여 함정을 파고, 그 안에 빠진 호랑이를 창으로 찌르려 하고 있었다.

정씨는 소리치며 달려들었다.

"안 됩니다! 이 범은 3년 동안 제 곁을 지켜 준 착한 범입니다! 해를 끼친 적도, 짐승을 사냥한 적도 없었습니다. 제게 가족 같은 존재입니다!"

그 말에 마을 사람들은 놀라 서로 얼굴을 바라보았다. 그녀의 지극한 정성과 간절한 호소에 결국 사람들은 무기를 내리고, 호랑이를 풀어 주었다. 풀려난 호랑이는 상처투성이의 몸으로 정씨를 바라보며 고개를 숙이더니, 조심스레 그녀를 등에 태웠다. 그리고 다시 그녀의 움막이 있는 남편의 묘소로 향했다. 며칠 후, 마침내 삼 년 상기 끝나던 날, 정씨는 남편의 무덤 앞에 정갈한 옷차림으로 섰다.

그녀는 조용히 흐느끼며 말했다. "이제야 당신을 따를 수 있게 되었습니다. 저세상에서는 부디 이별 없는 날들만 함께하겠지요."

그 순간, 놀랍게도 무덤이 스르르 갈라지며 입을 열었다.

정씨는 한 치의 망설임도 없이 무덤 안으로 걸어 들어가, 남편의 곁에 조용히 누웠다. 곧이어 무덤은 다시 닫히고, 모든 것이 고요해졌다.

사흘 뒤, 마을 사람들은 무덤 앞에서 죽은 채 누워 있는 호랑이를 발견했다. 마치 그도 그녀를 따라간 듯, 조용한 얼굴이었다. 마을 사람들은 이 충직한 범의 의리에 감동해, 정씨 부부의 무덤 아래에 따로 자리를 골라 범의 무덤을 함께 만들어 주었다.

지금도 울산시 울주군 상북면 화장산 세이지 아래, 정씨 부부의 무덤이 있고, 그 아래 도로가에는 호랑이의 무덤이 사람들의 눈길을 끈다.

이 이야기는 지금껏 전해지는 지극한 사랑과 충성, 그리고 사람과 짐승 사이의 기묘하고도 아름다운 인연의 이야기다.

사람의 지극한 정성은 짐승의 마음도 움직인다.
사랑은 생을 넘어 죽음까지 함께 걷는다.
세 영혼의 무덤엔, 의리와 눈물이 함께 묻혔다.

26. 여인의 지혜와 호랑이의 굴욕 - 치마 속 비밀의 힘

경상남도 진주시 지수면, 승산마을. 이곳은 대한민국 4대 재벌 창업주—삼성의 이병철, LG의 구인회, GS의 허만정, 효성의 조홍제—를 배출한 명당 중의 명당이다. 그런데 이 마을에는 돈보다 더 놀라운, 호랑이 퇴치 전설 하나가 전해진다.

옛날 어느 봄날, 승산마을의 한 부인이 방어산 자락으로 봄나물을 캐러 나섰다. 햇살은 따스했고, 산새는 노래를 부르고 있었다. 하지만 그 평화는 오래가지 않았다. 덤불 너머로 응— 산의 제왕, 호랑이 한 마리가 모습을 드러냈다. 눈은 번뜩이고, 입은 쩌억 벌어져 있었다.

"이제 죽었구나…"

그 순간, 부인은 급히 치마를 뒤집어쓰며 엎드려 체념했다.

마침 그녀는 여성의 생리 중이었고, 그 특유의 냄새는 호랑이의 예민한 코를 자극했다. 호랑이는 가까이 다가와 냄새를 맡더니, 당혹스러운 표정으로 머리를 갸웃했다.

"이게… 무슨…?"

붉은 핏물, 빽빽한 털, 낯선 형태. 호랑이는 도저히 그 정체를 알 수 없어 당황했다.

"이건… 어느 부위냐… 먹어도 되는 거냐…"

곰곰이 생각하던 호랑이는 당혹한 나머지 뒷걸음질을 치다가 바위에서 미끄러져 꽈당—! 천하의 맹수가 목이 부러져 죽고 말았다. 마을 사람들은 이 이야기를 듣고 깔깔 웃으며 말했다.

"산신령도 여인의 비밀 앞에선 무력하구나!"

경기도 가평군 상면. 이곳에도 승산마을 못지않은 야담이 전해 온다. 그리고 그 이야기 속 주인공 역시, 호랑이였다.

옛날 옛적, 상면의 한 여인이 친정집을 가기 위해 축령산 고갯길을 넘고 있었다. 그 길은 평소에도 호랑이 출몰지로 악명이 높았다.

그런데 아니나 다를까— 커다란 호랑이 한 마리가 덜컥, 길 한복판을 막아섰다. 주위를 둘러봐도 도망갈 길은 없었다.

죽음을 직감한 여인은 용기를 내어 치마를 걷어 올리고, 이렇게 외쳤다.

"잡아먹을 거면, 더러운 데부터 먹어라!"

호랑이는 여인을 훑어보다가 순간 표정이 당혹에서 혐오로 바뀌더니, 코를 움찔하며 말했다.

"세상에 사람들은 입이 옆으로 찢어졌는데, 너는 왜 입이 위아래로 찢어졌냐? 이건 좀… 너무했다."

그리고는 코를 싸쥐며 돌아서서 사라졌다. 여인은 살아남았고, 그날 이후 축령산 고개를 넘을 때면 사람들은 조용히 웃으며 말했다.

"호랑이도 여자의 비밀구역은 겁내는 법이지."

이 두 이야기는 단순한 야담이 아니라, 웃음과 생존, 여성의 지혜와 신체에 대한 재해석으로도 읽힌다. 시대는 바뀌었지만, 전설은 여전히 산다.

자연도 때론, 인간의 신비 앞에 길을 내주고

웃음과 재치는, 가장 막다른 길도 틔우며

위기는 가벼운 마음에서 무너진다.

27. 호랑이에 잡아먹히는 운명을 이긴 청년

옛날 옛적, 경상도 함안의 고즈넉한 마을에 한 대감 부부가 살고 있었다. 한때 조정의 정승까지 지냈던 인물이었지만, 말년에는 모든 벼슬을 내려놓고 자연 속에 묻혀 살고 있었다. 재산도 권세도 부족한 것 하나 없었지만, 부부의 깊은 한숨은 늘 자식이 없다는 데서 나왔다.

그러던 어느 날, 대감 부부는 백일기도를 드리며 하늘에 간절히 빌었다.

"부디 우리에게 자식을 허락해 주소서…"

그 정성이 하늘에 닿았던지, 마침내 귀한 아들 하나를 얻게 되었고, 두 사람은 그 아이를 금이야 옥이야 키웠다. 그 아이가 일곱 살이 되던 해 가을, 낡은 지팡이를 짚고 지나가던 한 시주승이 대감 댁에 들렀다. 아이를 보더니 스님은 말했다.

"이 아이는 전생의 악연으로 인해 열일곱 살에 호랑이에게 잡아먹힐 운명을 지녔다."

대감 부부는 그 말을 듣고 혼비백산하여 스님에게 무릎 꿇고 간청했다.

"부디 이 아이의 목숨을 구할 방법이 없겠습니까?"

스님은 묵묵히 고개를 끄덕이며 말했다.

"악연은 정성으로 끊고, 인연은 도를 쌓아야 이어지는 법. 나를 따라오게 하시오."

그렇게 아이는 스님을 따라 산으로 들어가 수도의 길을 걷게 되었다. 세월은 흘러, 아이는 듬직한 청년으로 성장했고, 글과 무예, 심지어 주술까지 두루 익히게 되었다. 어느 날 스님이 말했다.

"이제 과거에 나가 장원을 이룰 때가 되었느니라. 하지만 너의 액운이 아직 완전히 사라지지 않았으니, 이 세 통의 편지를 따라라."

그렇게 청년은 스님에게 받은 주머니를 품에 넣고 한양으로 떠났다.

한양에 도착한 청년은 스님의 당부대로 첫 번째 편지를 열었다. 그 안에는 한 문장.

"남산 아래 하 서방을 찾아가라. 그의 딸 춘선이 너의 목숨을 구할 열쇠이니라."

청년은 하 서방을 찾아갔고, 그의 딸 춘선은 마치 이미 모든 걸 알고 있었다는 듯, 조용히 고개를 끄덕였다. 춘선은 자신이 윤 대감 댁 규수의 몸종이라며, 그믐날 자정이 되기 전에 별당으로 몰래 들어가야 한다고 말했다.

"별당 규수는 범상치 않은 분, 주술에 능하신 분이옵니다."

그믐날 밤, 달빛조차 숨은 시각, 청년은 춘선의 인도로 별당 안으로 잠입한다. 윤 규수는 그 침입에도 놀라지 않고 단호한 목소리로 외쳤다.

"입을 다무시오. 시작하겠다."

그 순간 갑자기 창문이 벌컥 열리며 거센 돌풍이 방안을 휘몰아쳤다. 규수는 입술을 달싹이며 알 수 없는 주문을 읊조렸고, 청년은 그 자리에서 정신을 잃었다 깨어나기를 반복했다. 악몽 같은 밤이 지나고, 동이 트자 청년은 멀쩡히 살아 있었다. 윤 규수가 말했다.

"호랑이의 기운은 물러났다. 이제 운명이 바뀌었다."

며칠 뒤 청년은 스님의 두 번째 편지를 열었다. 편지에는 놀라운 말이 적혀 있었다.

"곧 세 명의 사내가 너를 찾아올 것이다. 하지만 그들은 사람이 아닌 호랑이니라."

실제로, 며칠 뒤 수상한 세 사내가 청년에게 시비를 걸었다. 하지만 스님의 비책대로 청년은 왼발로 땅을 세 번 치고 외쳤다.

"물러가라! 물러가라! 물러가라!"

그러자 세 사내는 괴로운 듯 포효하며 연기처럼 사라졌다.

마지막으로 청년은 과거장 당일, 마지막 편지를 열었다.

"과거장에 들어서면 흰 돗자리를 차지하라. 그것이 너의 자리다."

청년은 수많은 유생들 틈에서 단 한 장, 하얀 돗자리를 발견했고, 그 자리에 앉아 시제를 받아 글을 써 내려갔다. 결과는… 장원 급제!

그 후, 윤 대감은 목숨을 걸고 자신의 딸을 지켜 준 청년의 인연을 받아들였고, 두 사람은 혼례를 올리게 되었다.

청년은 다시 고향 함안으로 내려가 노부모를 기쁘게 맞이했으며, 스님의 가르침 아래 닦은 인연과 수행으로 인해 호랑이의 재앙을 복으로 바꾸고 부귀영화를 누리며 살았다.

> 진심은 운명을 바꾸고,
> 인연은 지혜로 이끌며,
> 시련은 성장을 피워낸다.

28. 호랑이로 둔갑한 효자 청년의 마지막 밤

옛날 옛적, 경상도 창원 정병산 깊은 산골에 구씨 성을 가진 한 젊은이가 살고 있었다. 이름난 가문도, 넉넉한 재산도 없었지만, 그 청년에게는 세 가지 보물이 있었으니, 하나는 남 못지않은 힘, 둘째는 누구보다 착한 마음, 그리고 마지막은 하늘도 감복할 '효심'이었다. 사람들은 그를 '효자 청년'이라 불렀다.

하지만 하늘도 쉬운 복을 주진 않는 법. 청년의 어머니는 오래전부터 병약하셨고, 날로 기력이 쇠해져 갔다. 청년은 어머니를 살리기 위해 보약 한 첩이라도 지어드리고 싶었지만, 가난한 살림에 쌀 한 되도 아껴 써야 할 판이었다.

아내와 함께 머리를 싸매고 궁리했지만 뾰족한 수가 없던 어느 날, 청년은 문득 소년 시절 무술을 익히며 기도하던 정병산의 바위굴을 떠올렸다.

"산신령님께 기도를 올려 보자. 나의 효심을 알아주실지도 몰라…"

그리하여 청년은 아내에게 어머니를 부탁하고, 그날부터 바위굴에 올라가 매일같이 기도를 드렸다. 밤이면 굴 바깥에서 늑대가 으르렁거리고, 이내 호랑이의 사나운 울음소리가 숲을 뒤흔들었다. 하지만 청년은 두려움보다 어머니를 향한 간절함 하나로 굳건히 버텼다.

"산신령님, 저의 효심을 굽어 살피소서…"

몇 날 며칠, 아니 어쩌면 몇 주였을지도 모른다. 그러던 어느 달 밝은 밤, 청년이 간절히 눈을 감고 기도하던 순간, 굴 안이 환히 밝아지며 따스한 빛이 번졌다. 그 빛 속에서 흰 수염을 길게 늘어뜨린 산신령이 나타나 말했다.

"네 효성이 하도 지극하니, 이 책 한 권을 내리노라. 주문대로 행하면 너는 호랑이로 변할 수 있다."

산신령은 단단히 일렀다. 목욕재계한 뒤, 책의 주문을 외워 호랑이로 변하라. 고라니 열 마리를 잡아 어머니께 고아 드려라. 그러나 먼저 이 산을 해치는 세 마리의 나쁜 호랑이를 없애야 한다. 그 순서를 어기면, 크나큰 화가 미치리라.

청년은 두 눈을 불끈 감고 고개를 숙였다.

"목숨을 걸고 따르겠습니다."

그날 밤, 아내가 잠든 사이 청년은 조심스레 일어나 개울에서 몸을 씻고 방으로 들어와 책을 펼쳤다.

긴 주문을 읊자, 그의 몸이 부르르 떨리며 점점 커지기 시작하더니… 눈빛은 번뜩이고, 피부에는 털이 솟고, 강한 앞발과 꼬리를 가진 '호랑이'가 되어 있었다. 그렇게 청년은 산속을 누비며 첫째, 둘째의 나쁜 호랑이를 차례로 물리쳤다.

이빨로, 발톱으로, 목숨 걸고 싸웠다. 그리고 마침내 고라니 사냥을 시작했다. 하룻밤에 한 마리씩, 아홉 밤 동안 고아 낸 고라니 곰국은 노모의 기력을 조금씩 회복시켰다. 어머니는 피곤한 듯 웃으셨고, 청년은 속으로 외쳤다.

"이제 한 마리만 더… 내일이면 어머니는 완전히 나아지실 거야!"

그 마지막 밤, 청년은 유난히 정갈하게 몸을 씻고, 정성껏 주문을 외웠다. 그리고 날렵한 호랑이로 다시 산을 향해 달려갔다.

하지만… 그 순간, 청년의 아내는 잠든 척하고 이 모든 것을 지켜보고 있었다. 며칠 전부터 남편의 수상한 움직임이 마음에 걸렸던 그녀는, 마침내 그가 호랑이로 변하는 장면을 보고 말았던 것이다.

"이런! 남편이 저런 모습으로 돌아다니다 포수라도 만나면… 큰일 날 텐데!"

겁에 질린 아내는 모든 것이 책 때문이라 생각하고, 그 책을 아궁이에 던져 불태워 버리고 말았다.

한밤중, 마지막 고라니를 잡고 돌아온 효자 청년 호랑이는 기쁨에 찬 목소리로 외쳤다.

"어머니! 이제 곧… 괜찮아지실 거예요!"

그러나 집 안에 들어선 그는 밥상 위에 있어야 할 책이 사라졌다는 사실을 깨달았다. 새벽이 밝아 오자… 그는 여전히 호랑이였다.

돌아올 수 없게 된 것이었다.

그제야 아내는 울며 그간의 일을 털어놓았다. 청년은 크고 슬픈 눈을 반짝이며 조용히 등을 돌렸다. 그리고 마지막으로 어머니와 아내를 바라본 뒤, 정병산으로 뛰어 올라가 버렸다.

며칠 뒤, 정병산 중턱의 바위굴에서 커다란 총성이 울렸다. 그리고 그 바위굴 앞에, 전에 없던 거대한 호랑이 모양의 바위가 솟아 있었다. 그 호랑이는 눈을 부릅뜨고, 창원 자여 마을의 구씨 집안을 향하고 있었다고 전한다.

지금도 그 바위를 본 이들은 말한다.

"저 호랑이는 사람도, 짐승도 아닌, 어머니를 위해 짐승이 되기를 마다

하지 않았던… 진짜 '효자'였다."

> 효는 그를 호랑이로 만들고,
> 사랑은 그를 돌아오지 못하게 했다.
> 그 마음은 지금도 산에 남아 있다.

◆ 1929년 2월 경남 함양에서 맹호를 포획

경남 함양군 병곡면 도천리 하종탁(31세)씨는 현재 그면 면장인바 원산리 천황봉에서 맹호 한 마리를 총 여섯 방에 잡았는데 같은 면 원산리에 사는 동리 사람이 지난 23일에 천황봉 호랑이굴에서 새끼 두 마리를 꺼내왔더니 밤이면 동리에 큰 범이 내려와서 사람들이 마음 놓고 잠을 잘 수 없어 면민을 위하여 맹호를 잡았다고 한다. (1929.3.1. 동아일보)

◆ 밀양에 호환 속출, 범에게 부녀가 물리어 죽어

밀양군 단당면 미촌리라는 동네 산 위에서는 지난 12일 밤 난데없는 여자의 고함 소리가 나며 '사람 살리오 무엇인지 나를 죽일려고 하오'하며 외치는 고로 동네 여러 사람들은 어떤 사람이 범에게 욕을 보는 줄 알고 풍물을 치고 올라가니 솔나무 사이로 무슨 불만 반짝반짝할 뿐이오 아무것도 없음으로 갔던 사람은 할 수 없이 내려왔다가 그 이튿날 즉 13일 낮에는 그래도 이상하게 생각하고 군중이 많이 모여 다시 산으로 올라가보니 조그마한 보자기 한 개가 땅에 떨어져 있고 또 여자의 저고리 하나가 솔나무 가지에 걸려 있을 뿐이었다. 지난 15일에야 그곳에서 여자의 머리 한 개를 발견하였는데 그가 입었던 치마는 비단인 듯하며 그 근처 사람들은 그제야 범에게 사람이 죽은 줄 알고 집집마다 사람을 조사하나 어디 사람인지 아직 모른다 하며 그 근처 사람들은 호환을 크게 염려한다는데 지난달에도 그 면 접경인 산외면 희곡리에서 사람이 범에게 죽은 일이 있었다. (1926.6.19. 동아일보)

29. 호랑이 방울, 그리고 한 방

아득한 옛날, 김해에는 '송장군'이라 불리는 장수가 있었고, 밀양 산내면 시리 마을에는 '백장군'이라는 사나이가 살고 있었다.

두 사람은 모두 힘이 장사였고, 용맹하기가 산을 흔들 만큼이나 대단했으니, 그 기세가 서로 비등비등하여 마을 사람들조차 누가 더 센지를 가리지 못할 지경이었다.

그런데도 두 장군은 서로를 견제하기는커녕, 마치 오래된 전우처럼 자주 왕래하며 우정을 나누었다.

"내 등 짝을 맡길 수 있는 자는 그 사람밖에 없지."

술잔을 기울이며 함께 웃던 두 사람은 진정한 지기지우(知己之友)였다. 어느 날 저녁, 송장군은 김해 집 마당에서 홀로 앉아 달빛을 바라보다가 문득 백장군이 보고 싶어졌다.

"이 밤중이라도 가지, 뭐."

송장군은 그대로 호패 하나 달랑 차고 길을 나섰다. 천 리를 주파하는 촉보(促步)의 걸음. 김해에서 나루를 건너고, 삼랑진을 지나 염동, 가물리를 지나 산고개를 넘었다. 한참을 걷다 보니 단장면의 깊은 골짜기, 국화밭 언저리에 이르렀다. 그곳은 사람이 드문 심산유곡. 하늘엔 어스름한 달빛이 비치고 있었지만, 길은 뚜렷하지 않아 송장군은 산속을 헤매야 했다. 그때였다.

그가 걸음을 멈춘 국화밭 한가운데서… 낯선 장면이 벌어지고 있었다. 커다란 호랑이 한 마리가 죽방울을 가지고 놀고 있었다.

앞발로 방울을 통에 던져 넣고, 튀어 오른 방울을 재치 있게 받아 또 집어넣는 모습이 사람처럼 능란했다. 그리고 잠시 후, 그 호랑이는 서서히 사람의 형체로 변해 여인의 모습이 되었다. 송장군은 그 기이한 광경에 눈을 가늘게 떴다. 방울을 튕기다 떨어뜨린 그 여자는 산발 머리를 휘날리며 괴이쩍게 웃었다. 무언가에 홀린 듯 머리를 쓰다듬고 손가락을 비틀며 춤을 추는데, 그 모습이 섬뜩하기 짝이 없었다. 그 순간, 송장군은 단박에 외쳤다.

"이건 분명 요망한 호랑이의 주술이다!"

그리고는 우렁찬 기합과 함께 망설임도 없이 호랑이 여인의 정수리를 향해 주먹을 날렸다. 천지를 울리는 한 방이었다. 꽈당!

호랑이의 정체는 산산이 흩어지고, 여인의 몸만이 쓰러졌다.

송장군은 조심스레 여인의 맥을 짚었다. 놀랍게도 그 여인은 다름 아닌, 자기 형수였다. 몇 달 전부터 행방불명이었던 형수가 그곳에서 요괴에 홀려 있었다. 의식을 잃고 혼수상태에 빠진 형수를 업은 송장군은 결국 백장군을 만나러 가는 길을 포기했다.

"사람 구하는 일이 친구 만나는 일보다 급한 법이니…"

송장군은 밤길을 되짚어 집으로 돌아왔고, 형수는 며칠 만에 정신을 차렸다. 깨어난 그녀는 아무것도 기억하지 못했지만, 눈물만은 흘리고 있었다.

훗날 마을 사람들은 국화밭에 호랑이 귀신이 산다는 소문을 퍼뜨렸고, 그 바위 아래에는 송장군이 그 밤에 찍었다는 주먹 자국이 여태 남아 있다는 전설도 전해진다.

지금도 사람들은 말한다. "우정이 깊은 장군도 있었지만, 그 우정보다 더 큰 건 피붙이를 위한 한 방이었다고 말이야."

가장 먼저 지켜야 할 건, 가족과 생명이며
위기엔 망설임보다 행동이 필요하고
숨은 위험은 지혜로 꿰뚫어야 한다.

30. 범이 지켜본 백일기도

　조선 숙종 3년, 경상도 진해 고을에는 황씨라는 한 여인이 살고 있었다. 스무 살 나이에 의생 조원서의 아내가 되어 검소하고 조용한 삶을 살던 그녀는, 남편과 함께 병을 고치고 사람을 돕는 일에 마음을 다하였다.

　그러나 어느 겨울, 남편 조원서가 웅천 현감에게 볼일을 다녀온 뒤, 그만 병을 얻어 자리에 눕게 되었다. 처음엔 기침이더니 이내 핏물을 토하는 중병이 되었다. 한 달 만에 피를 토하는 증상은 그쳤지만, 병세는 점점 깊어졌다. 황씨는 약을 써보고, 무당을 불러 굿도 해 보고, 산신에게 축원도 드렸다. 매 끼니마다 정화수를 떠 놓고 두 손 모아 남편의 회복을 빌었지만, 남편의 몸은 점점 말라 가고 있었다.

　그해 동짓달 스무날 밤, 황씨는 진해 곰메 중턱의 폐사된 절터, 서광사 법당 자리에 올랐다. 그곳은 바람 한 줄기에도 등골이 오싹해지는 깊은 산속이었다. 밤하늘에 별이 떠 있고, 눈이 내릴 듯 말 듯 고요한 그 절터에서, 황씨는 혼자 산신제를 지내며 울며 기도했다.

　그런데— 기도에 몰두하던 그녀 앞에 호랑이 한 마리가 조용히 나타난 것이다. 숨결이 거칠고, 눈빛은 붉었으며, 조용히 그녀를 내려다보고 있었다.

　황씨는 그 앞에서 절을 하며 울부짖었다.

　"산신령님… 제 정성이 부족한 것이옵니까? 남편을 살리기 위해, 저는 모든 걸 바쳤습니다… 제 목숨이라도 가져가시고, 남편만은 살려 주소서…"

범은 긴 침묵 끝에 아무 일도 하지 않고, 조용히 숲으로 사라졌다.

그날 이후 황씨는 결심했다.

"백 일 동안 밤마다 서광사로 올라가겠다. 내 정성이 하늘을 감동시킬 때까지."

그녀는 혼자 밤길을 오르내렸다. 어둠 속의 눈, 짐승 울음소리, 미끄러운 산길… 하지만 이상하게도 그녀가 길을 걷는 동안, 항상 멀찍이 범 한 마리가 그림자처럼 따라왔다.

그 범은 그녀가 넘어질 때면 앞에서 길을 밝혔고, 그녀가 개울가에서 쌀을 씻을 땐 마치 산신의 수호수처럼 그녀를 지켜 주었다. 그렇게 백 일 중 한 달이 넘는 밤이 흘렀다.

백일기도 33일째 되던 밤, 황씨가 산을 오르는데, 그 범이 길 한가운데서 앞을 막고 발길질을 했다. 처음으로, 그 범이 그녀를 막아선 것이다. 황씨는 무릎을 꿇고 울부짖었다.

"산신령님… 오늘따라 왜 이러십니까? 제가 부족하다면 무엇이 부족하옵니까? 칠흑 같은 밤길을 매일 십 리를 넘게 걷고 있습니다… 남편을 살리겠다는 이 아내의 절절한 마음이 부족합니까…!"

말이 끝나자 범은 조용히 사라졌다. 황씨는 눈물을 닦고 늘 하던 대로 개울가에 가서 쌀을 씻었다.

그런데— 그날따라 개울물이 선혈처럼 붉게 물들어 있었다.

황씨는 온몸이 굳는 것을 느꼈다. "무슨 일이 있었구나…"

그녀는 그 길로 서광사에서 제를 올린 뒤, 곧장 집으로 달려 내려갔다. 그리고 그 집 앞에 도착한 그녀는 통곡 소리를 들었다.

남편 조원서가, 그날 새벽 숨을 거두었던 것이다.

황씨는 아무 말도 하지 않았다. 남편의 마지막 얼굴을 바라보고는, 천천히 입을 열었다. "이 정성도 하늘에 닿지 못했으니… 더는 미련도 없소."

남편의 시신을 묻은 다음 날. 황씨는 유언을 남겼다.

"나를 남편 옆 무덤에 묻어 주소서."

그리고 스스로 생을 마감하였다. 그리하여 진해 땅에는 한 무덤에 묻힌 부부의 전설이 전해졌고, 사람들은 그 여인이 밤마다 오르내리던 산길을 '범 길', 그녀가 쌀을 씻던 개울을 '붉은 물개울'이라 불렀다.

> 진심은 늘 전해지지 않고,
> 사랑은 포기 속에서 깊어지며,
> 기억은 삶을 지탱하는 빛이 된다.

Ⅲ. 부산광역시·울산광역시·경상남도

IV.
대구광역시 · 경상북도

대구와 경북은 첩첩산중과 역사 깊은 고개들로 가득하다. **문경새재, 청송, 봉화산** 곳곳에는 언제나 호랑이 전설이 살아 있었다.

이 지역의 호랑이는 효자와 충신의 이야기 속에 등장해 **공동체의 도덕적 기준**을 일깨웠다. 벼락과 함께 운명을 결정짓고, 의로운 소와 맞서 싸우기도 한다. 대구·경북의 전설은 준엄하고도 웅장하며, 인간의 삶과 죽음을 꿰뚫는 **깊은 교훈**을 전한다.

31. 말 타고 얻은 인연, 범 타고 얻은 천연

옛날 대구 어느 마을에 자식 잘 낳고 살던 부부가 있었는데, 어느 날, 집안의 가장이 불치병에 걸려 죽음을 앞두게 되었다. 아내는 자식들을 불러 말했다.

"이 아버지 못자리를 잘 써야 우리 집안이 흥할 것이다. 풍수 잘 보는 외삼촌을 모셔 오너라."

막내아들이 자청하여 외삼촌을 모시러 갔다. 중간 길에서 외삼촌을 만나 함께 산 하나를 바라보게 되었다. 외삼촌은 그 산을 가리키며 이마를 바닥에 붙였다.

"저 산은 명당 중 명당이다. 그 자리에 묘를 쓰면 삼정승, 육판서가 날 자리다. 그러나 네 아버지를 저기에 모시면 너희 사형제가 모두 죽을 것이니 쓰지 마라."

그러자 막내아들이 눈을 부릅뜨고 말했다.

"삼정승, 육판서의 명당을 두고 어찌 발을 돌리겠습니까? 그 자리에 아버지를 모시겠습니다."

외삼촌은 혀를 찼지만 결국 뜻을 꺾지 못했고, 못자리는 그 명당에 쓰였다.

외삼촌의 말대로 첫째, 둘째, 셋째 형이 차례로 죽고, 마침내 막내아들만 살아남았다. 세월이 흘러, 막내아들은 장가를 가게 되었다.

그는 자신의 딱한 사정을 쓴 편지 두 통을 준비해, 한 처녀에게 전달해

줄 수 있겠냐고 마을의 최고령 노인에게 물었다. 노인은 유모를 통해 편지를 전했고, 편지를 읽은 처녀는 눈물을 흘리며 몰래 약속했다.

"시키는 대로 하겠습니다. 제가 당신을 믿겠습니다."

혼례를 치르고, 신방에 들어가 첫날밤을 맞았는데— 한밤중, 문이 벌컥 열리고 큰 호랑이 한 마리가 들이닥쳤다.

막내아들은 피할 겨를도 없이 호랑이 등에 덥석 업혀 산속으로 끌려갔다. 정신을 차리고 보니, 어미 호랑이와 두 마리의 새끼 호랑이가 있었다. 가만히 있으니 호랑이가 막내아들을 엎어 두고 발로 슬쩍 할퀴었다. 그 순간, 그가 입고 있던 자주색 저고리가 찢어졌고, 호랑이는 그것이 피인 줄 알고 흡족해하며 물러섰다.

그때, 하늘에서 독수리 한 마리가 날아와 새끼 호랑이 하나를 덥석 채어 갔다. 호랑이 부부가 분노하여 독수리를 쫓아간 틈에, 막내아들은 남은 새끼 호랑이를 급히 죽이고, 재빨리 도망쳐 산기슭 기와집으로 들어갔다.

그 기와집에는 편지를 읽고 기다리고 있던 그 처녀가 있었다. 혼자 살며 종들을 거느리던 이 처녀는 막내아들을 맞아들여 새로이 부부의 연을 맺었다. 두 사람은 아들딸 낳고 잘 살다가 온 가족을 데리고 고향 마을로 돌아갔다. 고향에 돌아오자 소문이 들려왔다.

"옛날 혼례 치렀던 첫 색시가 아들을 낳아 기르고 있다더라."

막내아들이 찾아갔지만, 문전박대를 당했다. 답답한 마음에 당시 주고받은 편지 한 통을 내밀자, 아들이 버선발로 뛰어나와 안겼다.

두 가족이 한집에 살게 되었는데, 첫 부인과 호랑이 처녀 사이에 끝없는 다툼이 이어졌다. 결국 관아로 가서 사정을 아뢰었다.

고을 원이 긴 이야기를 듣고는 판결을 내렸다.

"말 타고 얻은 여인은 인연(人緣)이요, 범을 타고 얻은 여인은 천연(天緣)이라."

그리하여 호랑이에게 끌려가 맺어진 처녀가 정실부인(큰어머니)이 되었고, 그 자식들이 훗날 삼정승, 육판서로 크게 출세하였다고 한다.

하늘이 내린 인연은 호랑이 등에 실려도 피할 수 없고,
억지로 맺은 인연은 비단 수레를 타도 이어지지 않는다.

32. 뒤주 속의 용기, 호랑이의 심판

옛날, 경상도 깊은 산골 마을에 젊어서 과부가 된 여인이 살고 있었다. 비록 가난했지만 기품 있고 강단 있던 그녀는, 외동딸을 바르게 키우는 데 온 힘을 다했다. 딸은 글도 곧잘 읽고, 예의도 바르고, 얼굴 또한 단아하여 누구나 한 번쯤 돌아보는 인물이었지만, 과부의 집엔 혼수가 없었고, 연줄도 없었다.

"이 아이 같은 인물이라면… 감히 경상감사 댁 며느리로도 손색이 없을 텐데…"

어느 날 밤, 과부는 눈물겨운 마음을 안고 뒷산 절로 올라갔다. 달빛에 젖은 법당 앞에서 무릎을 꿇고, 가슴 속 소원을 하늘에 빌었다.

"부처님, 제발 이 아이에게 좋은 인연을 맺어 주소서… 이 아이가… 감사의 아내가 될 수만 있다면… 제 목숨을 바쳐도 여한이 없습니다…"

하지만 그녀의 기도를 엿듣고 있던 절의 땡중이 흑심을 품었다. 부처님 행세를 하며, 법당 뒤에서 굵은 목소리로 중얼거렸.

"네 소원이 이루어지길 바라거든… 그 딸을 이 절의 중에게 바치거라…"

과부는 그 말이 정말 부처님의 계시인 줄 알고, 병이 들 정도로 괴로워했다. 딸이 그 사연을 듣고는, 조용히 어머니 손을 잡고 말했다.

"어머니, 하늘이 무너져도 솟아날 구멍이 있다 하였으니, 이딴 중 따위한테 굴복하지 마세요. 제가 방법을 찾아 보겠어요."

며칠 뒤, 딸은 일부러 찾아온 땡중에게 말했다.

"법당에서 들은 말이 진짜 부처님의 뜻이라면, 제가 따르겠어요. 그러니… 사람들 눈에 띄지 않도록, 뒤주를 지고 절로 데려가 주세요."

땡중은 기뻐 콧노래를 부르며 뒤주를 지고 산길을 올라갔다.

마침 그날은 경상감사의 행차가 지나가는 날이었다. 행렬의 나팔 소리에 놀란 땡중은, 뒤주를 급히 덤불 속에 숨기고 도망쳤다.

경상감사 일행이 이상한 뒤주를 발견하고 안을 열자, 그 속에는 단아한 소녀 하나가 웅크리고 앉아 있었다. 감사가 물었다.

"이보시오, 그대는 누구요? 어쩌다 이런 곳에…"

과부의 딸은 담담히 자초지종을 이야기하였다.

감사는 깊은 생각에 잠겼고, 이내 딸을 감영으로 데려갔다.

그리고 덤불 속 빈 뒤주엔, 호랑이 한 마리를 집어넣었다.

한참 뒤, 땡중은 아무것도 모른 채 숲속으로 돌아와 뒤주를 메고 절로 향했다.

"에헤야~ 부처님이 하사하신 색시구나~ 잘 먹고 잘살아 보세~"

그러나 절에 도착해 뒤주를 열자 그 안에 들어 있던 것은… 환히 웃는 여인이 아니라, 눈을 부릅뜬 호랑이였다.

땡중은 비명 한마디도 지르지 못하고, 그 자리에서 호랑이에게 물려 죽고 말았다.

사실, 경상감사는 얼마 전 부인을 여의고 홀아비 신세였고, 그 어머니 또한 며느릿감을 찾던 중이었다. 감사의 어머니는 말했다.

"하늘이 맺어 준 인연이다. 그런 절개와 기지를 갖춘 아이라면… 우리 집안에 들어올 만하다."

그리하여, 과부의 딸은 감영의 안주인이 되었고, 과부는 평생을 눈물 없이 웃으며 살게 되었다.

진심은 악의 귀에도 흘러 상처가 되고
옳음을 지키는 용기가 순종보다 깊으며
악은 칼이 아니라, 지혜로 꺾는다.

33. 구라리 구렁이와 호랑이

대구광역시 달성군 화원읍 구라리. 이 마을 뒷산 끝자락에는 오래된 바위 언덕이 하나 있었는데, 사람들은 그곳을 '모수덤'이라 불렀다. 모수덤 아래로는 예전엔 낙동강 물이 휘돌아 흐르며, 깊디깊은 물자리를 이루고 있었다.

그 깊은 소(沼)에는 솥뚜껑만 한 자라, 허리만 한 메기, 반짝이는 은어가 넘쳐나 마을 사람들은 거기서 고기를 잡아 끼니를 이었다. 특히 그물질 노인으로 불리던 한 어부는 날마다 모수덤에서 그물을 던지고, 물고기를 잡아 생계를 이어 갔다. 그런데 어느 날, 여느 때처럼 평화롭던 마을에 기이한 일이 일어났다.

억수 같은 장대비가 밤새 내리던 어느 깊은 밤. 천둥이 우르릉 쾅쾅 치는 가운데, 붉은 불덩이 같은 불빛 하나가 하늘을 가르며 모수덤을 향해 번쩍하고 치솟았다. 이튿날 아침, 마을 사람들은 눈을 의심할 광경을 목격했다. 그 깊던 소가 흙더미로 메워져 버렸고, 강물은 어느새 전혀 다른 방향으로 흘러가고 있었다.

누구도 이유를 알지 못했다. 누군가는 "용이 승천한 게야!" 했고, 누군가는 "괴이한 짐승이 살았던 게지…" 하며 모수덤을 기이한 장소로 여기게 되었다.

며칠 뒤, 언제나처럼 노인은 모수덤 가에 조심스레 그물을 드리우고 물고기를 기다리고 있었다. 바람은 축축하게 불고, 수면은 잔잔하게 일렁였다. 그 순간, 노인은 등골이 오싹해지는 기척을 느꼈다.

사각… 사각… 툭. 소리 없는 발소리. 노인이 슬쩍 고개를 들자, 산 쪽에서 호랑이 한 마리가 어슬렁어슬렁 걸어 내려오고 있었다.

그 크고 노란 눈, 어깨에 실린 위압감, 갈기처럼 풍성한 털이 마치 산의 왕이 움직이는 듯했다.

"에구머니나… 오늘 재수 옴 붙었구나…"

놀란 노인은 덜덜 떨며 그물 밑으로 몸을 웅크렸다. 얕은 물속이었지만, 살기 위해선 숨는 수밖에 없었다. 호랑이는 코를 킁킁거리며 그물 앞으로 다가와 물고기들을 하나둘 꺼내 맛있게 먹기 시작했다. 그 큰 이빨이 물고기를 베어 무는 소리가, 바로 눈앞에서 울려 퍼졌다. 노인은 물속에서 숨도 크게 쉬지 못한 채 바들바들 떨고 있었다. 그러나 더 큰 공포는 아직 남아 있었다.

그 순간, 차디찬 뭔가가 그의 발목을 감싸는 느낌이 들었다. 놀라움에 고개를 돌려 보니— 그를 조용히, 그러나 확실히 조이는 통나무만 한 구렁이가 허리까지 감고 올라오고 있었다. 위로는 으르렁대는 호랑이, 아래로는 조용히 조여 오는 구렁이. 노인은 말 그대로 진퇴양난. 숨은 막히고, 사지는 저려 오고, 머리칼은 젖은 물처럼 흘러내렸다. 마음속에는 오직 하나의 생각만이 떠올랐다.

"이러다 죽겠구나… 여기서 끝이구나…" 하지만 노인은 포기하지 않았다. 그는 머리에 쓰고 있던 낡은 두건을 벗어, 기습적으로 구렁이의 아가리에 툭! 던지며 동시에 소리치고 이를 물었다.

"이놈아, 나 죽일 테면 죽여 봐라!"

구렁이는 깜짝 놀랐는지 몸을 풀며 물속으로 후다닥 사라졌다. 그 순간 호랑이도 놀랐는지 남은 물고기를 몇 점 더 물고는, 조용히 몸을 돌려 슬그머니 숲속으로 사라졌다. 노인은 온몸이 젖고, 심장은 미친 듯 뛰는 가운데 간신히 몸을 일으켜 정신없이 마을로 도망쳐 내려왔다. 사람들은 그를 보고 놀라 물었다.

"아이고, 무슨 일입니까? 왜 이리 떨고 있소?"

"모수덤이… 모수덤에 귀신 들렸어…!"

노인은 그날 밤의 일을 마을 사람들에게 낱낱이 이야기했고, 이후 모수덤은 사람들 사이에서 '짐승 귀신이 나오는 곳'으로 알려지게 되었다. 지금도 구라리 모수덤은 사람들이 잘 가지 않는 외진 바위 언덕으로 남아 있다. 낙엽 밟는 소리만 바스락대는 그곳에는, 옛 어부가 겪은 호랑이와 구렁이의 기묘한 밤이 전설로 전해지고 있다.

> 삶은 버틴 자에게 길을 내주고
> 구렁이를 이긴 건 손이 아닌 뜻이며
> 전설은 단호한 마음에서 태어난다.

34. 문경새재에 호환이 사라진 계기

조선 태종 시절, 조령(鳥嶺)의 산길이 처음 열리던 때의 이야기다.

어느 날, 문경현감은 긴급하게 조정에 보고할 일이 생겼다. 말 그대로 "나라에 큰일!"이었다.

현감은 요성역의 역졸들 가운데 체력이 출중한 한 사람을 골라, 장계를 들려 조정으로 급히 보냈다. 임무는 단순했다. 문경새재를 넘어 다음 역으로 달려가는 것. 그러나 일이 그렇게 순탄치만은 않았다. 역졸은 고갯길 중턱쯤에서 사라졌다. 정확히 말하면, 호랑이의 한 끼가 되어 버렸다.

문제는 문경현감이 그 사실을 까맣게 몰랐다는 것. 그는 역졸이 임무를 완수한 줄 알고 조정의 회신만을 기다리고 있었다. 하지만 궁궐에서는 이상하리만치 조용했다. 며칠 후, 조정에서 도착한 명은 이랬다.

"보낸 장계의 경위 전말을 낱낱이 보고하라!"

현감은 놀라 자빠질 뻔했다. 요성역으로 달려가 보니, 사라진 역졸은 아직도 돌아오지 않았고 아무도 그를 본 이가 없었다. 결국, 현감은 문경새재 일대를 수색했고… 호랑이에게 물어뜯긴 흔적과 역졸의 물건들이 발견되었다. 뒤늦게 이 사실을 정리해 조정에 올리자, 태종은 정말로 대노하셨다. 그리고 놀라운 명을 내리신다.

"문경새재 산신령을 당장 잡아 오라!"

산신령 체포 작전이라니, 웬 판타지인가 싶지만 이건 실화 기반 전설이다. 봉명사로 임명된 자는 산 넘고 물 건너, 거의 곡예단 수준의 기세로 새재에 도착했다. 하지만 산신령이 사람처럼 자리에 앉아 있는 것도 아니고… 잡는 건커녕 그림자도 보이지 않았다.

봉명사는 묘수를 짜냈다. 새재에 있는 호랑이 산신사 앞에서 제문을 지어 올리고 불살랐다. 그리고 혜국사에 머물며 하늘의 응답을 기다렸다. 그날 밤, 보름달이 대지를 은빛으로 덮은 삼경 무렵—

산이 울릴 듯한 호랑이 울음소리가 땅을 흔들었다. 그리고는 갑자기 조용해졌다. 이튿날 아침, 사람들은 깜짝 놀랐다. 산신사 마당에 산처럼 큰 호랑이 한 마리가 죽어 있었던 것! 봉명사는 그 호피를 거두어 조정에 바쳤고, 태종께 사건의 전말을 상세히 보고드렸다.

그 이후, 신기하게도 문경새재에서는 호환이 싹 사라졌다.

호랑이는 쓰러졌고, 산신은 누명을 썼다.
사람의 분노는 신마저도 흔들 수 있었다.
진실은 때로 전실보다 늦게 도착한다.

IV. 대구광역시 · 경상북도

35. 유천계의 밤 – 호랑이 앞에서, 사람이었다

조선시대, 안동 고을에 유천계라는 선비가 살고 있었다. 성품이 너그러워 마을 사람들에게 평판이 좋았고, 집안도 단정하여 나무랄 데 없는 사람이었다. 그의 아내 김씨는 올해 서른여덟, 과묵하면서도 결단력 있고 강단 있는 여인이었다. 평소에도 남편이 말을 꺼내기 전엔 결코 먼저 나서지 않았지만, 할 말이 있으면 끝까지 밀어붙이는 성미였다.

어느 날, 유천계는 진(鎭)에 새로운 벼슬로 부임하게 되어 먼 길을 떠나게 되었다. 부임 전날 밤, 그는 조심스레 아내에게 말했다.

"오늘은 길일이오. 먼 길을 떠나는 날에는 문밖에서 자는 법이오."

김씨는 말없이 고개를 끄덕이고는 조용히 대답했다.

"그럼 나도 바깥에서 같이 자겠소."

그리하여 두 사람은 나란히 사립문 옆 평상에 자리를 펴고 앉았다. 달빛이 은은하게 마당을 비추는 가운데, 김씨는 밤참을 준비했고, 어느새 자정이 훌쩍 넘었다. 집 안은 조용했고, 하인들과 하녀들도 하나둘 잠이 들 무렵— 어디선가 귀를 찢는 듯한 비명 소리가 울려 퍼졌다. 하인들은 놀라며 이불을 뒤집어쓰고 벌벌 떨었지만, 김씨는 눈빛 하나 흔들리지 않고 밖으로 뛰쳐나갔다. 그리고 그 순간, 그녀의 눈앞에 믿기 힘든 광경이 펼쳐졌다.

호랑이 한 마리가, 거대한 몸집을 꿈틀대며 남편 유천계를 입에 물고는 산 쪽으로 달아나고 있었다. 김씨는 잠시도 망설이지 않았다. 바닥에 놓여 있던 남편의 목궁(木弓)을 들고, 치맛자락을 걷어 올리며 호랑이를 향해 돌진했다.

"이놈! 내 남편을 어딜 데려가느냐!"

김씨는 맨몸으로 호랑이를 뒤쫓으며, 숨이 턱에 차도록 60보(약 90미터)를 내달렸다. 그리고는 두 손으로 남편의 몸을 움켜쥐고, 오른손에 쥔 활로 호랑이의 등과 머리를 내리치고 또 내리쳤다.

호랑이는 으르렁대며 몸을 틀었고, 김씨는 무서움도, 망설임도 없이 다시 외쳤다.

"내 남편을 잡더니, 이제 나까지 잡아가려 하느냐? 어림없다!"

그 말에, 호랑이는 마치 사람 말을 알아듣기라도 한 듯 멈칫하더니, 마침내 남편의 몸을 풀어 놓고 숲속으로 사라졌다.

하지만 유천계는 이미 의식을 잃고 있었다. 피가 묻은 옷깃, 창백한 얼굴. 그러나 김씨는 흐느끼지도, 쓰러지지도 않았다. 그녀는 조용히 남편을 업고, 어둠 속을 뚫고 집으로 돌아왔다.

밤은 그렇게 지나갔다. 닭이 울고, 첫 햇살이 창가를 비출 무렵— 기적처럼 유천계는 미약한 숨을 내쉬기 시작했다. 김씨는 눈물 한 방울 흘리지 않고 남편의 맥을 짚으며 조용히 말했다.

"당신은 살아야 하오. 내가 지킬 테니."

그러나 그 밤으로 끝이 아니었다. 다음 날 밤, 다시 호랑이가 나타났다. 집 앞에서 길게 울부짖으며, 마당 안으로까지 성큼 다가온 것이었다. 하인들은 혼비백산했고, 아이들은 이불 속으로 숨어들었다. 그러나 김씨는 등불을 들고 문을 열고 나섰다. 손에는 지팡이 하나, 몸은 단정히 단속되어 있었다. 그녀는 마당 끝에 선 호랑이를 똑바로 바라보며 말했다.

"너도 천성이 있는 짐승인데, 어찌 사람을 해치려 하느냐? 하늘이 네 발톱을 주었지만, 하늘이 내 혀도 주었다."

호랑이는 으르렁대며 그녀를 노려보더니, 갑자기 마당 끝 배나무를 덥석 물어뜯고는 다시 어둠 속으로 사라졌다. 다음 날 아침, 놀랍게도 그 배나무는 시들어 말라 죽었다고 한다. 마치 호랑이의 독기가 배인 듯, 잎사귀가 하루아침에 누렇게 변했다.

이후로도 김씨 부인은 호랑이도 물리친 여장부로 안동 일대에 이름이 퍼졌다. 사람들은 "김씨 부인 같은 이는, 산짐승도 두려워하는 인물이라"고 칭송했고, 그 이름은 전설처럼 사람들 입에 오르내리게 되었다.

뜻으로 막는 이가 가장 강하고
사랑은 침묵으로 깊어지며
용기는 다짐에서 시작된다.

36. 봉화산의 하얀 호랑이 - 끝내 돌아오지 못한 아내

옛날, 경상도 고령 봉화산에는 영험한 호랑이 한 마리가 살고 있었다. 이 호랑이는 신령님께 간절히 기도한 끝에 인간으로 변해, 산골짜기 가난한 농부의 아내가 되었다. 농부는 호랑이 아내의 지혜와 도움으로 과거에 급제해 마침내 사또가 되었다.

하지만 출세한 후, 사또는 처음의 순정을 잊고 기생들과 어울리며 방탕한 생활에 빠져 버렸다. 결국 큰 병이 들어 앓아누웠고, 의원들도 손을 쓸 수 없을 지경이 되었다. 절망에 빠진 호랑이 아내는 다시 신령님께 도움을 청했다. 그러자 신령님은 말했다.

"남편의 병을 고치려면, 여인의 젖을 10년간 먹여야 하느니라."

그날부터 호랑이 아내는 하루도 빠짐없이 여인의 젖을 구해 남편에게 먹였다. 세월이 흐르자 가까운 마을에서는 젖을 얻을 곳조차 사라졌다. 그리하여 아내는 요술 방울을 사용해 다시 호랑이로 변신한 뒤, 멀리 산 넘고 들 넘어 젖을 구하러 다녔다. 그 모습을 눈치챈 기생 하나가 아내를 몰래 쫓아가, 그녀가 떨어뜨린 요술 방울을 물속에 던져 버렸다. 이제 단 두 번만 더 젖을 구해 오면 10년을 채울 수 있었는데— 아내는 사람으로 다시 돌아올 수 없게 된 것이다.

절망 속에서도 그녀는 포기하지 않았다. 신령님께 다시 빌었다.

"부디 단 한 번만, 사람의 모습으로 돌아가게 해 주십시오. 남편의 병을 고친 뒤, 다시 호랑이로 돌아가 산속에서 살겠습니다."

신령님은 그 마음을 가엾게 여겨 다시 인간의 모습을 허락해 주었다. 그렇게 호랑이 아내는 마지막 두 번의 젖을 구해 남편에게 먹였고, 마침내 사또의 병은 씻은 듯이 나았다. 그제서야 아내는 지난 10년의 이야기를 남편에게 조용히 들려주었다. 눈물에 젖은 사또는 그녀의 손을 붙잡고 애원했다.

"이제는 다시는 그대의 마음을 저버리지 않겠소. 부디 내 곁에 머물러 주시오."

그러나 아내는 조용히 고개를 저으며 말했다.

"저는 이제 다시 돌아올 수 없는 몸이 되었습니다. 부디 건강하게, 바르게 살아가시길 바랍니다."

그 말을 끝으로 아내는 다시 호랑이로 변해 봉화산 깊은 숲으로 사라졌다고 한다. 이후 사람들은 그 호랑이 아내를 '의리와 희생의 상징'이라 불렀고, 봉화산 자락에서는 지금도 가끔 하얀 호랑이의 울음소리가 들린다고 전해진다.

> 진정한 사랑은 말보다 오래 참고, 더 멀리 간다.
> 권세가 사람을 높이지만, 잊음은 사람을 무너뜨린다.
> 은혜는 갚지 못해 죄가 되며, 희생은 깨닫지 못하면 업이 된다.

37. 범과 소의 이루어질 수 없는 사랑

옛날, 경상도 영천의 채악산 중턱에 단 두 마리의 큰 짐승이 살고 있었다. 하나는 호랑이, 다른 하나는 소. 서로 종이 달랐지만, 고립된 산속에서 둘은 금세 친구가 되었고, 어느덧 마음까지 가까워졌다. 호랑이는 기름진 풀밭을 발견하면 소에게 알려 주었고, 소는 풀숲 속 토끼를 눈치채면 호랑이에게 슬며시 귀띔해 주곤 했다.

둘 사이의 우정은 깊어져 결국 사랑이 되었고, 결혼을 생각할 만큼 애틋한 사이가 되었다. 하지만 현실은 냉정했다. 호랑이와 소는 아무리 사랑해도 새끼를 가질 수 없었다.

서로에 대한 사랑이 깊어질수록 '다른 종'이라는 장벽은 점점 더 두 짐승을 괴롭혔고, 결국 둘은 시름시름 앓기 시작했다. 이 모습을 안타깝게 지켜보던 채악산 산신이 나타나 말했다.

"정녕 둘이 부부가 되어 자식을 얻고 싶으냐?"

두 짐승은 고개를 끄덕였지만, 서로를 위해 '다른 짐승'으로 변하고 싶은 마음은 없다고 말했다. 산신은 잠시 생각하더니 말했다.

"그렇다면 둘 다 말이 되어 살아 보는 건 어떠냐? 방법은 간단하다. 오늘부터 백 일 동안 오직 뱀만 먹고 다른 것은 절대 입에 대지 마라."

그리고는 호랑이를 살짝 따로 불러 귓속말을 했다.

"소를 조심하거라…"

그날부터 호랑이와 소는 백 일 계획을 시작했다. 호랑이는 육식 동물답게 비교적 쉽게 뱀을 사냥해 먹었지만, 풀만 먹고 살던 소에게는 뱀을 먹는 일이 고역이었다. 며칠, 몇 주가 지나도 소는 뱀을 삼키지 못했다. 그럴수록 호랑이는 초조해졌고, 애써 소를 위로하기도 하고 때론 화를 내기도 했다. 그러다 불현듯 떠오른 산신의 말.

"소를 조심하거라…"

호랑이는 불안에 휩싸였고, 결국 채악산을 떠나 구룡산 중턱의 마재라는 곳으로 이주하게 된다.

어느 날, 뱀을 사냥하러 나간 호랑이. 동굴엔 소만 홀로 남아 열에 들떠 누워 있었다. 마침 그 앞을 지나가던 또 다른 소가 눈을 휘둥그레 뜨며 물었다.

"너, 왜 이런 데 누워 있니?"

소는 자초지종을 이야기했고, 오길동에서 왔다는 그 소는 조심스럽게 말했다.

"그 호랑이… 널 사랑한다고는 하지만, 언제든 널 해칠 수 있어. 우리가 먼저 움직이지 않으면 큰일 나."

소 둘은 함께 호랑이를 막기로 약속했다. 잠시 후, 호랑이가 돌아왔고, 자신이 사냥한 뱀을 정성스레 소에게 내밀었다. 그러자 소는 눈을 감고 말했다.

"이젠 그만하자. 더는 견딜 수 없어. 우리, 헤어져."

호랑이는 지금껏 쏟아온 사랑과 고생이 물거품이 되는 듯해 눈앞이 캄캄해졌다. 분노와 슬픔이 한꺼번에 밀려와 소에게 달려들었고, 소 두 마리는 살아남기 위해 필사적으로 싸웠다. 치열한 혈투 끝에 호랑이는 숨을 거두고, 소도 극도로 지쳐 그만 오줌을 지려 버렸다.

그날 이후, 채악산을 오르는 고개는 '오줌길'이라 불리게 되었다.

소는 오길동으로 돌아갔고, 죽은 호랑이는 생전의 사랑을 잊지 못한 채 채악산 중턱의 범바위가 되어 굳어졌다. 그리고는 매일 밤, 바위틈에서 울었다.

"아아… 소야…"

그 울음이 들릴 때마다 마을의 소가 한 마리씩 죽는 기이한 일이 벌어졌다. 두려움에 떨던 마을 사람들은 마침내 신통한 점쟁이에게 물었고, 그는 말했다.

"범의 혼이 아직 한을 풀지 못했으니, 정성을 다해 제사를 지내세요."

그 뒤로 마을 사람들은 해마다 제를 올렸고, 그 후 범의 울음소리는 더 이상 들리지 않았다. 그리고 지금까지도 영천 오길동에서는 외양간이 채악산을 등지도록 짓는 전통이 이어지고 있다. 다시는 그런 비극이 일어나지 않기를 바라는 마음에서 말이다.

> 사랑에도 넘을 수 없는 벽이 있고
> 의심은 말없이 모든 것을 태우며
> 길 하나 달랐더라면, 비극은 멀었으리.

38. 호랑이와 벼락, 정기룡의 운명

임진왜란 때 상주를 지킨 명장 정기룡(鄭起龍, 1562~1622)은 어릴 적부터 남다른 기개로 이름을 날렸다. 열두 살의 정기룡은 동네 아이들 사이에서 장군처럼 존경받는 존재였다. 하루는 마을 뒷산에 올라 전쟁놀이를 하던 중, 갑작스레 하늘이 어두워지고 거센 바람과 함께 폭풍우가 들이닥쳤다.

아이들은 장난감을 버리고 바위굴 아래로 우르르 몸을 숨겼다. 그러자 갑자기 숲속에서 커다란 호랑이 한 마리가 으르렁거리며 모습을 드러냈다. 살기 가득한 눈으로 아이들을 노려보며 점점 가까이 다가왔다. 모두 겁에 질려 꼼짝도 못 하고 떨기만 했다.

하지만 정기룡만은 달랐다. 그는 천천히 바위굴 앞에 나서더니, 망설임 없이 말했다.

"이건 하늘이 내게 준 시험이다. 피하지 않겠다. 함께 싸우자!"

아이들은 겁에 질려 아무도 움직이지 못했지만, 정기룡은 혼자 돌을 움켜쥐고 호랑이에게로 달려들었다. 그런데 이상한 일이 벌어졌다. 그 순간, 호랑이는 마치 연기처럼 사라져 버린 것이다. 동시에 벼락이 천둥소리와 함께 바위굴을 강타했고, 그 안에 있던 아이들은 모두 그 자리에서 숨을 거두고 말았다.

정기룡은 깜짝 놀라 굴 밖으로 뛰쳐나왔고, 그는 홀로 살아남았다.

이후 정기룡은 깊은 슬픔과 죄책감을 안고 살아갔다. 동무들을 구하지 못한 슬픔은 그의 마음속에 오래 남았다. 하지만 마을 사람들은 이 사건을 다르게 보았다.

"호랑이는 산신령의 화신이었다. 그 아이만은 하늘이 살리려 한 것이다."

"호랑이는 시험이었고, 벼락은 하늘의 뜻이었다."

이후 정기룡은 "하늘이 낸 아이"로 불리며 이름이 알려졌고, 이후 훗날 임진왜란이 터졌을 때 상주에서 의병을 모아 왜군과 맞서 싸우는 선봉장이 되었다. 전쟁 중에도 그는 기민한 판단력과 두려움 없는 용기로 백성들의 신망을 얻었으며, 매번 전투에서 뛰어난 활약을 펼쳤다.

노년의 정기룡은 늘 말하곤 했다.

"진짜 장수란 목숨을 버리는 자가 아니라, 사람을 살리는 자다."

그가 젊은 시절, 바위굴 앞에서 홀로 호랑이에게 나아갔던 이야기와 그날의 벼락은 여전히 경상도 일대에서 전설처럼 전해 내려온다. 바위굴은 '벼락굴'로, 그 산은 '범산'이라 불리게 되었고, 지금도 마을 어른들은 아이들에게 그 바위 앞에서 절을 하며 기도를 올리게 한다.

용기는 두려움 속에서도 걷는 힘이고
운명은 맞설 때 길을 내며
지도자는 말이 아닌 발걸음으로 증명된다.

39. 말 많은 아내, 입을 닫게 한 호랑이

옛날, 경상도 영덕의 어느 산골 마을에 가난한 부부가 살고 있었다. 남편은 성실하고 말이 적었고, 아내는 정 많고 수다스러웠다.

어느 날, 남편은 땔감을 구하러 산에 올라갔다가 양지바른 바위 밑에서 이빨을 잡고 있는 커다란 호랑이를 보게 되었다.

놀란 그는 들키지 않으려 눈을 돌리고는, 땔나무를 반 짐만 지고 부리나케 집으로 달아났다. 그런데 그날 밤, 뒤뜰에서 쿵! 하는 소리가 나더니 크고 실한 멧돼지 한 마리가 쓰러져 있었다.

이상하게도 그다음 날, 그리고 그다음 날도 남편이 산에 다녀오면 어김없이 멧돼지가 한 마리씩 마당에 쓰러져 있었다. 아내는 이상하게 여겨 물었지만, 남편은 한동안 말을 아꼈다. 결국 며칠 뒤, 남편은 아내에게 털어놓았다.

"산에 호랑이가 한 마리 있는데, 내가 겁이 나서 못 본 척했더니, 은혜를 갚는 건지 매일 멧돼지를 보내 주더군요."

아내는 입을 다물 수가 없었다. 다음 날 아침, 우물가에서 이웃 여인들을 만나자마자 "우리 집에 멧돼지가 왜 자꾸 생기는 줄 아시오?" 하며 호랑이 이야기를 자랑삼아 풀어놓았다.

며칠 뒤, 남편은 평소처럼 산에 올라가 땔나무를 하다가 그 호랑이를 다시 마주쳤다. 하지만 이번에는 호랑이의 눈빛이 무서웠다.

"나는 네가 착해서 살려 주고, 돕기도 했는데— 왜 그 이야기를 사람들에게 떠벌렸느냐? 그런 입은 다시 열지 못하게 해야겠다."

겁에 질린 남편은 눈물을 머금고 말했다.

"그렇다면… 오늘만 살려 주십시오. 나무라도 집에 놓고, 아내에게 작별 인사만 하고 오게 해 주십시오."

호랑이는 잠시 말이 없더니, 측은한 눈빛으로 고개를 끄덕였다.

남편은 집으로 돌아와 새 옷을 갈아입고, 아내에게 "잘 살라"고 짧게 말하며 눈물을 훔쳤다.

아내는 깜짝 놀라 "왜 그러냐"고 붙잡았지만, 남편은 "이제 나를 기다리는 이가 있다"고만 대답하고는, 끝내 산으로 다시 올라갔다. 산길을 오르던 남편 앞에 토끼 한 마리가 다급히 튀어나왔다.

"제발 좀 살려 주십시오! 포수가 곧 따라옵니다!"

얼떨결에 남편은 호랑이와 토끼를 장작더미와 솔가지 밑에 숨겼다. 잠시 뒤 포수가 나타나 토끼를 찾자, 남편은 모른 척하며 "저쪽으로 갔다." 하고 포수를 다른 방향으로 돌려보냈다. 포수가 떠나자, 호랑이와 토끼는 장작 속에서 나와 고개를 깊이 숙이며 인사했다.

"자네는 말도 지키지 못했지만, 오늘은 용기와 선의를 보여 주었네. 앞으로 남의 이야기를 함부로 하지 말고, 욕심도 부리지 말게."

호랑이는 말끝에 덧붙였다.

"내가 한 달에 한 번씩 자네를 돌봐 주겠네. 이제 안심하게나."

그 말을 남기고, 호랑이와 토끼는 나란히 숲속으로 사라졌다.

이후로 그 부부는 다시는 말 많은 아내 이야기를 입에 올리지 않았고, 가난은 여전했지만 매달 작은 복이 찾아왔다. 마치 호랑이의 은혜처럼.

그리고 사람들은 말한다. "비밀은 금이고, 선행은 복이다." "호랑이도 마음을 열 수 있게 만드는 건, 진심뿐이다."

침묵은 때로, 생명을 지키는 가장 깊은 약속이고
작은 자랑 하나가, 큰 불행의 문을 연다.
진심은 언제나 말보다 먼저 마음에 닿는다.

40. 호랑이가 된 청송 효자

경상북도 청송, 산이 깊고 하늘이 가까운 부남면 이현리. 이 첩첩산중 마을에 박시리라는 이름의 젊은 농부가 살고 있었다. 비록 가난했지만, 그는 마음씨 곧고 성실하여 사랑하는 아내와 병든 어머니를 정성껏 돌보며 살았다.

낮에는 농사에 땀을 흘리고, 밤이면 어머니 곁을 지키며 한문 책을 읽던 박시리. 그러던 어느 날, 어머니가 중병에 걸려 자리에 눕게 되었다. 약을 쓰고 정성껏 간호했지만, 병은 점점 깊어져만 갔다. 절박한 마음에 그는 안동으로 향했다. 그곳에서 가장 유명한 의원을 찾아가 사정을 이야기하자, 의원은 고개를 저으며 말했다.

"이 병은 보통 약으론 고칠 수 없소. 단 한 가지, 개고기 백 마리를 먹이면 목숨을 건질 수 있소."

박시리는 하늘이 무너지는 것 같았다. 개 한 마리조차 살 돈도 없는 가난한 농부, 백 마리라니… 그는 망연자실한 채 발걸음을 돌렸다. 그날 밤, 꿈에 백발의 노인이 나타났다.

"네 효성이 하늘을 울렸구나. 이 책을 전하마. 아무도 없는 곳에서 읽고, 동쪽을 향해 절을 하거라. 그러면 너는 개를 구할 수 있을 것이다."

노인은 도포 자락에서 작은 책 한 권을 꺼내 주고는 사라졌다. 다음 날부터, 이상한 일이 벌어졌다. 새벽마다 마당에 커다란 개 한 마리가 죽어 있는 것. 놀란 박시리의 아내는 남편과 상의해, 그 개로 곰국을 끓여 시어머니께 드렸다. 그러자 차츰 어머니의 병이 나아지기 시작했다. 하지만 이상한 일은 계속되었다. 박시리는 밤마다 조용히 집을 나가고, 그다음 날이면 또다시 마당에는 개 한 마리가 있었다.

아내는 남편의 행동이 수상해, 어느 날 밤 몰래 따라나섰다. 자정 무렵, 남편은 들고 나온 책을 펼쳐 들고 동쪽을 향해 정성껏 두 번 절을 올렸다. 그러자 그는 순식간에 호랑이로 변했다. 놀란 아내는 숨을 죽이고 뒤를 쫓았다. 호랑이는 책을 입에 물고 부엌에 감춘 뒤, 사립문을 열고 산속으로 사라졌다.

'내 남편이… 호랑이가 되었어…'

믿을 수 없는 충격에 사로잡힌 아내는 곰곰이 생각하다가 두려움에 못 이겨 부엌에 숨겨진 그 책을 불태워 버렸다. 새벽, 호랑이는 큰 개 한 마리를 물고 돌아와 마당에 내려놓고 부엌으로 향했다. 그러나 책은 사라지고, 날은 밝아 오고 있었다. 절망한 호랑이는 아내가 한 짓임을 직감하고, 집 안으로 뛰어들어 그녀를 물어 죽이고 말았다. 그 후 방 안에서 가만히 눈물을 흘리다가, 힘없는 걸음으로 뒷산 너머로 사라졌다. 그날 이후로, 사람들은 밤이면 마을 어귀에서 호랑이 울음소리와 흐느낌이 섞인 듯한 소리를 들었다고 전한다.

"어머니, 용서해 주십시오… 저는 이제 다시 사람으로 돌아갈 수 없습니다…"

그 호랑이는 매달 병든 어머니가 계시던 집 근처를 돌다 해가 뜨기 전 사라졌고, 그 효자의 혼은 산에 깃들어 지금도 청송 뒷산을 지킨다고 사람들은 믿는다.

효는 그를 호랑이로 만들고, 사랑은 그를 짐승으로 쫓았다.

책이 불타고, 사람도 무너졌다.

그 울음은 지금도 청송 뒷산에 남아 있다.

41. 호랑이로 둔갑한 영천 청년

옛날 경상도 영천 오촌 마을, 깊은 산을 배경으로 한 그곳에 학문을 사랑하는 한 청년이 살고 있었다. 그는 어릴 적부터 산에 들어가 책을 읽고, 바위에 기대 글을 쓰며, 심지어는 둔갑술까지 배우게 되었다.

청년이 학문에만 몰두하던 어느 날, 집으로 돌아온 그는 어머니가 병들어 누운 모습을 보게 되었다.

"어머니…!"

청년은 당장 의원을 찾아가 사정을 이야기했다. 그러자 의원은 말했다.

"이 병은 개고기를 끓여 드셔야 낫는다."

하지만 청년은 너무나 가난했기에 개 한 마리 살 여유조차 없었다.

그는 고심 끝에 자신이 배운 둔갑술을 떠올렸다.

"내가 호랑이로 둔갑해 개를 잡으면… 어머니를 살릴 수 있지 않을까."

그날 밤, 청년은 숲속에서 둔갑술을 써 호랑이로 변신했고, 조심스레 한 마리 개를 잡아 집으로 돌아왔다. 그런데 마당에 다다랐을 때, 무언가 심상치 않은 광경이 보였다. 어머니가 불을 지피고 무언가를 태우고 있었다. 그것은 바로 청년의 둔갑술이 담긴 비밀 책이었다.

"내 아들이 이런 마법 같은 것에 휘말리지 않게 해야지…"

어머니는 아들의 장래를 걱정한 마음에 책을 태워 물을 끓이고 있었던 것. 그 순간 호랑이로 변한 청년은 다시 사람으로 돌아올 방법을 잃고 말았다.

청년은 입에 문 개를 마당에 내려놓고, 어머니를 잠시 바라보다가 뒷산으로 조용히 사라졌다. 그 후로 마을 뒷산에는 사람을 해치지 않고 눈물만 흘리는 호랑이 한 마리가 나타났다.

누군가 가까이 오면 멀찍이 피하며 밤마다 외롭게 마을을 내려다보았다. 어느 날, 이상한 일이 벌어졌다. 신리, 보림, 영양이라는 세 마을의 목수가 같은 꿈을 꿨다. 꿈속에서 한 청년이 나타나 "나는 영천의 호랑이입니다. 어머니를 위해 호랑이로 둔갑했으나, 다시 돌아오지 못하게 되었어요. 원수모기 소나무 아래 내 넋이 떠도니, 나를 위해 당집을 지어 위로해 주세요…" 하는 꿈이었다.

세 목수는 아침이 밝자 각자 달려가 서로의 꿈 이야기를 나눴고, 놀랍게도 내용이 똑같았다.

그들은 함께 영천 원수모기로 향했고, 그곳에서 소나무 아래 죽은 큰 호랑이를 발견하였다. 세 사람은 마음을 모아 작은 당집을 짓고, 그 호랑이 청년의 모습을 그려 모시게 되었다. 그 이후 마을 사람들은 "그 청년은 효자였고, 정이 깊었으며, 산신령의 분신일지도 모른다"고 말하며 당집에 제를 올리고, 정성껏 기도를 드렸다고 한다.

희생은 지나치면 슬픔이 되고
재주는 사랑 없이 빛을 잃으며
완전함은 결국 마음에 있다.

42. 의로운 소, 호랑이를 물리치다! – 구미 의우총

경상북도 구미시에서 25번 국도를 타고 선산읍 쪽으로 달리다 보면, 길가에 작은 무덤 하나가 조용히 자리를 지키고 있다. 바로 의로운 소, '의우(義牛)'의 무덤, '의우총(義牛塚)'이다. 도대체 소가 얼마나 의로웠길래 무덤까지 생겼을까?

조선 인조 임금 시절, 지금의 구미시 문수점이라는 마을에 김기년(金起年)이라는 농부가 살고 있었다. 그는 날마다 자기 손으로 밭을 갈며 살아가는 근면한 사람이었고, 특히 한 마리 암소를 애지중지 길렀다. 이 소는 단순한 가축이 아니라, 기년에게는 말없이 함께 일하는 친구 같은 존재였다. 그러던 어느 무더운 여름날, 기년이 그 소와 함께 밭을 갈고 있을 때였다. 갑자기 숲 속에서 우르르르!

덤불을 가르며 호랑이 한 마리가 뛰쳐나와 기세등등하게 소에게 덤벼들었다. 기년은 깜짝 놀라 "얍!" 하고 괭이를 휘두르며 소리를 질렀지만, 호랑이는 이번엔 기년에게로 방향을 틀어 덮쳐 왔다.

"이제 끝인가…"

기년은 필사적으로 두 손으로 호랑이를 붙잡고 버텼지만, 그 힘센 맹수를 막기란 역부족이었다. 그 순간!

"음메——!!"

바로 그 소가 커다랗게 울더니, 자신의 뿔로 호랑이의 배와 옆구리를 있는 힘껏 받아 버렸다. 호랑이는 피를 철철 흘리며 뒤로 물러났고, 결국 몇 걸음 채 못 가서 털썩— 하고 쓰러져 죽고 말았다.

기년은 다리 여러 군데를 물려 큰 상처를 입었지만, 간신히 정신을 차리고 소와 함께 집으로 돌아왔다. 그러나 상처는 너무 깊었고… 20일 뒤, 기년은 가족을 모아 마지막 말을 남겼다.

"내가 이렇게 살아남은 건 전부 저 소 덕분이다. 저 소는 내 생명의 은인이다. 내가 죽거든, 절대 팔지도 말고, 소가 늙어 죽거든 그 고기도 먹지 말고… 내 무덤 옆에 함께 묻어 주어라."

그리고 그는 조용히 눈을 감았다.

기년이 숨을 거둔 뒤, 그 소는 놀라운 행동을 보였다. 상처 하나 없었지만, 주인이 누워 있는 동안 논밭을 스스로 오가며 일을 했고, 기년이 세상을 떠나자, 먹지도, 마시지도 않고 사흘 동안 울부짖다가 스스로 생을 마감하고 말았다. 이 믿기 힘든 이야기는 곧 마을 사람들 사이에 퍼졌고, 선산의 부사 조찬한(趙纘韓)이 감동하여 그 사실을 돌에 새겨 '의우총'이라 불렀다.

세월이 흐르며 무덤은 퇴락했지만, 1994년, 구미시 선산에서는 의로운 소의 정신을 기리기 위해 무덤을 복원했다.

위치: 경상북도 구미시 산동읍 인덕리 104-1번지

봉분: 지름 약 2m

비석: 조선 시대에 새긴 '의우도(義牛圖)'가 화강암에 남아 있다.

이곳은 지금도 생명의 은혜, 동물과 인간의 깊은 정을 전하는 역사적인 교육 장소로 남아 있다.

"짐승도 은혜를 알고 목숨을 건다."라는 말을 떠올리게 하는 이 이야기. 사람보다 더 사람 같은 짐승, 그 의로운 소가 세상을 울렸던 그날의 이야기.

> 진심은 말보다 행동에 깃들고
> 은혜는 생명으로 깊어지며
> 우정은 지위가 아닌 마음으로 맺어진다.

43. 영험한 호랑이, 과거길을 달리다!

옛날 옛적, 경상북도 고령군 성산면 강정리에는 작은 마을, 강정마을이 있었다. 비옥한 들판 하나 없는 이 마을은 농사짓기 어려운 땅이 대부분이라, 마을 사람들 대부분은 가난하게 살아갔다. 그중에서도 가장 가난한 집에 한 청년이 살고 있었다.

이름도 널리 알려지지 않은 이 청년은 낡은 도포에 해진 짚신 하나로 하루하루를 살아 냈지만, 마음만큼은 누구보다 밝고 꿋꿋했다. 그는 낮이면 부모님과 함께 돌 많은 밭을 일구고, 밤이면 기름 한 방울 아껴 가며 책을 펼쳤다.

어두운 초가집에서 울려 퍼지는 청년의 낭랑한 독서 소리는 바람을 타고 마을 끝까지 퍼졌고, 이웃 사람들은 혀를 차며 감탄했다.

"아이고, 저 애는 배움이 몸에 붙었나 보네."

"기특한 젊은이로다. 복 받을 거야."

그의 소원은 단 하나였다.

"과거에 급제하여 부모님께 효도하고, 마을의 이름을 드높이겠다."

그리고 마침내, 과거시험을 보기 위해 한양으로 떠나는 날이 밝았다. 해가 뜨기도 전, 청년은 아침밥 대신 찬 보리밥 한 덩이를 허리춤에 넣고 집을 나섰다. 한양까지는 산을 넘고 강을 건너는 먼 길, 그는 쉬지 않고 걷고 또 걸었다. 하지만 과거일은 다가오고, 길은 끝없이 멀고 험했다. 며칠 밤낮을 거의 잠도 자지 못하고 걷던 청년은 결국 깊은 산길에서 지쳐 쓰러지고 말았다. 바람은 거세지고, 발밑에는 낙엽만 소복이 쌓여 있었으며, 기력은 이미 다 빠져나간 듯했다.

"여기서 이렇게 죽는 건가…"

청년은 점점 눈꺼풀이 무거워지는 것을 느끼며 바닥에 누우려던 찰나— 쿵… 쿵… 쿵…!

산이 흔들리는 듯한 소리와 함께 거대한 호랑이 한 마리가 나뭇가지 사이로 나타났다. 황금빛 눈동자에, 사람 키만 한 앞발, 그리고 뒤로 늘어진 기다란 꼬리. 청년은 숨조차 쉴 수 없었다.

'이젠 정말 끝이구나…' 하며 눈을 감았는데, 뜻밖에도 호랑이는 그 자리에 엎드려 조용히 눈을 내리깔고 있었다. 그리고는 앞발로 조심스럽게 등을 가리키며, "타라"는 듯한 시늉을 했다. 청년은 처음엔 망설였지만, 곧 두려움 대신 희망을 택했다. 마지막 기회다.

그는 호랑이의 등에 올라탔다. 그러자 호랑이는 산들바람처럼 뛰기 시작했고, 나무도 바위도 번개처럼 스쳐 갔다. 발밑 풍경이 순식간에 변해가는 가운데, 청년은 호랑이의 등을 껴안은 채 간절히 기도했다.

그렇게 호랑이의 등에 실려 한양에 도착한 것은 과거시험이 시작되기 딱 몇 시간 전이었다. 청년은 정신을 가다듬고 시험장에 들어섰고, 혼신의 힘을 다해 답안을 써 내려갔다. 며칠 뒤, 결과가 발표되자 온 시험장이 술렁였다. "이름 모를 시골 청년이 장원을 했다더라!" "글이 그리 순하고도 깊을 수가 없다네!"

바로 그 청년이었다. 강정리에서 올라온 가난한 선비, 호랑이의 등에 실려 하늘의 기회를 받은 사내. 그는 관복을 입고 고향으로 돌아왔고, 마을 사람들은 모두 놀라며 외쳤다.

"정말로, 영험한 호랑이의 은혜로구나!" "사람 같은 호랑이도 있나 보다!"

청년은 그 뒤로 부모님을 극진히 모시고, 고을의 일을 살피며 살아갔다. 가끔씩, 호랑이는 조용히 청년을 찾아왔다. 밤이면 울타리 너머에서 기다렸다가, 청년이 나오면 등을 대어 앉히고 함께 산길을 거닐었다. 사람과 짐승 사이의 말 없는 우정은 그렇게 이어졌다.

그러던 어느 날 밤, 늙고 지친 기색의 호랑이가 마지막 힘을 내어 청년을 찾아왔다. 그는 말없이 청년을 등에 태우고, 깊은 숲속 한 자리에 이르러 누웠다.

청년이 내려앉자, 호랑이는 숨을 고르며 청년을 바라보았다. 눈빛은 여전히 따뜻했고, 마치 작별을 고하는 듯했다.

잠시 후, 호랑이는 조용히 숨을 거두었다.

청년은 오래도록 움직이지 못했다. 그리고는 호랑이의 곁에 무덤을 만들어 주었고, 그 자리에 작은 돌탑을 쌓았다.

"사람보다 더 의롭고, 벗보다 더 깊은 정을 나누었소. 평생토록 잊지 않겠소."

지금도 경북 고령의 강정마을 뒷산 어귀에는, 그 전설이 서려 있다. 가끔씩 바람이 세게 불어오면 사람들은 말한다.

"그 바람에 호랑이 발소리가 실려 오는 것 같지 않소?"

영험한 호랑이와 한 선비의 우정, 그 따뜻한 이야기는 여전히 강정마을의 공기 속에 살포시 내려앉아, 지나가는 이의 마음을 다정히 두드린다.

등에 실어 준 건 호랑이였고, 날려 보낸 건 하늘이었다.

우정은 말보다 깊었고, 은혜는 생을 넘어 남았다.

그 바람 속엔 지금도, 발자국 소리가 들린다.

◆ 1921년 9월, 경북 봉화 친정가는 길에 맹호에 물려

경상북도 봉화군은 산이 매우 깊고 삼림이 무성함으로 종종 산짐승이 나오는데 지난 3일 오전 9시경에 춘양면에 사는 이승룡(20세)은 그의 형수와 함께 우구치리에 있는 형수의 친정을 가던 중 서벽리에서 우구치리로 가는 산길을 지나갈 때에 길가 산골에서 별안간 큰 호랑이가 뛰어나와서 이승룡의 머리와 가슴을 문 채로 골짜기 속으로 끌고 가는 것을 본 그의 형수는 몹시 놀랐던지 이승룡을 버리고 급히 산속으로 도망하였다. 어찌하여 둘은 간신히 무서운 호랑이의 입을 벗어나서 집으로 돌아왔으나 이승룡은 집에 돌아온 후 곧바로 절명하였는데 머리를 물리어 해골이 깨어지고 속 골이 들어 나서 그 참혹한 광경은 눈으로 볼 수 없었다 한다. 이 급보를 들은 서벽 주재소에서는 촌민 40여 명을 선발하여 산을 에워싸고 올라가다가 산 위에서 큰 호랑이를 만나서 총을 다섯 번이나 쏘았으나 결국 잡지 못하고 그대로 돌아왔으나 다시 기회를 보아 호랑이 토벌을 시작할 터이다. (1921.9.12. 동아일보)

44. 김 선비와 호랑이 굴에 간 손자

 옛날 옛날, 경상도 상주에 김 선비라는 어진 사람이 살고 있었다.
 그는 본래 강원도 깊은 산속에서 아들과 며느리, 셋이서 소박하게 살고 있었다. 그러나 세상일은 뜻대로 되지 않는 법. 어느 날 아들이 병으로 세상을 떠나고 말았다. 그때 며느리는 아이를 배고 있었는데, 다행히도 무사히 귀한 손자가 태어났다.
 "이 아이만은 꼭 살려 주소서…"
 손자가 태어난 날, 김 선비는 하늘을 향해 간절히 기도했다.
 "우리 김씨 가문이 끊기지 않도록 이 손자만은 제발 별 탈 없이 자라게 해 주소서…"
 그날부터 김 선비는 밥보다 손자를 먼저 챙기고, 잠보다 손자의 울음을 더 걱정하며 하루하루를 정성껏 보살폈다. 어느 여름밤, 선비는 문을 살짝 열어 놓은 채 바람을 쐬며 졸다가 문득 잠에서 깼다.
 그런데… 어라? 손자가 보이지 않았다! 촛불을 켜고 방마다 뒤지며 외쳤다.
 "손자야! 어디 있느냐! 우리 가문이 너 하나에 달려 있단다…!"
 그때, 선비는 기이한 흔적을 발견한다. 바로, 호랑이 발자국이 집 안에서 밖으로 나 있는 것이었다! 순간, 며칠 전 마을에서 들은 말이 떠올랐다.
 "뒷산 바위굴에 호랑이가 새끼를 낳았다더라…"

김 선비는 두려움을 떨치고, 손자를 찾기 위해 한밤중에 뒷산으로 달려갔다. 바위굴 앞에 다다르자 어린아이의 웃음소리가 들려왔다!

굴 안을 조심스레 들여다보니, 손자가 새끼 호랑이 셋과 함께 놀고 있었던 것! 그리고 어미 호랑이는 밖에 나가고 없었다. 선비는 곧장 굴 안으로 뛰어들어 손자를 품에 안고, 새끼 호랑이 셋을 단호하게 때려잡았다. 그리고 재빨리 집으로 돌아왔다.

선비는 아무 일 없었던 듯 며느리에게 말했다.

"아이가 좀 보채니 젖을 물려 주게."

며느리는 아무것도 모른 채 평소처럼 아들에게 젖을 물렸고, 손자는 평온하게 잠들었다.

그로부터 얼마 지나지 않아 어미 호랑이가 찾아와 울 밖에서 으르렁거리며 난동을 부렸다! 김 선비는 칼을 들고 마당으로 나가 크게 꾸짖으며 호통쳤다.

"네가 내 손자를 물어 갔으니, 내가 새끼를 잡은 건 당연한 일이다! 하늘이 보고 있다. 그만 물러가라!"

그렇게 사흘 동안 사람과 짐승이 대치하자, 마을 사람들이 포수를 불러 호랑이를 쫓아냈다. 그 일 뒤로 김 선비는 말했다.

"이곳은 더는 손자를 키울 땅이 못 된다."

그리고 가족을 데리고 상주로 이사를 갔다.

손자는 김 선비의 가르침 속에서 자라며 글재주도 뛰어나고, 마음씨도 어진 사람이 되었다고 한다.

호랑이는 새끼를 택했고, 선비는 가문을 지켰다.

생명을 향한 두 본능이, 산속에서 맞섰다.

그 밤, 짐승도 사람도 다 울고 있었다.

◆ 1925년 2월, 경북 영양 호환 발생

경북 영덕군 병곡면 영동리 이유관은 19일 오후 2시에 영양군 영양면 무창동에 사는 친구 장우술과 함께 금동산에서 사냥을 하다가 산중에서 범에게 물리어 중상을 당하여 생명이 위독하다. (1925.2.23. 조선일보)

45. 호랑이와 처녀가 머문 호산의 전설

경상북도 청도군 금천면에 가면, 언뜻 보면 호랑이가 앉아 있는 것처럼 생긴 산이 하나 있다. 그래서 그 산 이름도 아주 당연하게 '호산(虎山)', 호랑이 산이다.

그 호산 동쪽 아래에는 예전부터 '범골'이라 불리는 작은 마을이 있었다. 옛날 옛적, 그 범골엔 아홉 집만 모여 살았는데, 다들 화목하고 사이좋게 지냈다. 그중에서도 늙은 부부와 외동딸이 사는 집이 있었는데, 아버지는 매일 산에 올라 장작을 하고, 어머니는 들로 나가 나물을 캐며 조용히 살아갔다.

그런데 어느 여름날, 평소 같으면 마중 나왔을 딸이 집에 없는 것이었다. 이상하다 싶어 집 안을 뒤졌지만, 딸은 온데간데없이 사라져 버렸다. 그렇게 시간이 흘러 1년이 지났다. 어느 더운 여름날, 이웃 청년이 땀을 뻘뻘 흘리며 달려왔다.

"아주머니, 아저씨! 저기 산에서 1년 전에 사라진 따님을 봤어요! 그런데… 호랑이랑 같이 있었어요!"

부부는 놀라서 곧장 산을 올라갔다. 산 꼭대기엔 정말로 소복을 입은 딸이 호랑이와 나란히 앉아 산토끼를 구워 먹고 있었다. 딸을 본 두 사람은 눈물이 핑 돌며 달려갔다. 딸은 부모를 보더니 미안한 얼굴을 했고, 호랑이에게 무언가 속삭이더니 이렇게 말했다.

"엄마, 아빠… 저는 여기서 호랑이와 함께 살기로 했어요. 미안하지만, 이제 저를 두고 돌아가 주세요."

말릴 틈도 없이 딸은 고개를 돌렸고, 부모는 눈물을 쏟으며 산을 내려올 수밖에 없었다. 그 후로 몇 해가 흘렀다. 그러던 어느 날 밤, 바람이 윙— 불더니 갑자기 방문이 벌컥 열렸다. 놀라 뛰쳐나간 부부는 마당 한가운데 커다란 호랑이 한 마리가 앉아 있는 걸 봤다.

호랑이는 조용히 다가와 자기 등을 내밀며 타 보라는 시늉을 했다. 부부가 얼떨결에 등에 올라타자, 호랑이는 바람처럼 산을 올랐다.

산꼭대기에 도착하니, 딸이 소복을 입고 누워 있었다. 이미 세상을 떠난 듯 보였다. 곁엔 편지 한 장이 있었다.

"엄마, 아빠… 저는 이 산에서 호랑이와 함께 행복했어요. 저를 용서해 주세요. 제 시신은 이 산 꼭대기, 호랑이와 함께한 이곳에 묻어 주세요."

부부는 딸의 마지막 소원을 따라 그녀를 그 자리에 묻어 주었다. 그날 이후 사람들은 그 산을 호랑이가 지키던 산이라 하여 '호산', 그리고 그 마을은 처녀가 살았던 마을이라 해서 '범골'이라 불렀다.

행복은 스스로 택한 길에서 오고
사랑은 존중 속에서 자라며
자연과 인간의 조화는 삶을 일깨운다.

46. 홍범, 효심에 바친 호랑이의 슬픈 전설

경상북도 칠곡군 지천면 창평 2리, 사기점이라는 작은 마을에 홍씨 성을 가진 한 청년이 살고 있었다. 이웃 어르신들이 입을 모아 "요즘 보기 드문 효자"라 할 정도로, 그는 어머니를 향한 효심이 지극했다.

어머니는 오랜 병석에 누워 계셨고, 청년은 하루도 빠짐없이 진한 탕약을 달이고, 손발을 주무르며 정성껏 간호했다. 그러나 어머니의 병은 나아지지 않고, 날이 갈수록 기운은 더욱 쇠해져 갔다.

그런 어느 날 밤, 청년이 뜰에 쌓인 장작을 정리하고 있을 때, 짙은 안개 속에서 이상한 기운을 풍기는 노인이 나타났다. 그는 마치 바람을 타고 온 듯 조용히 다가와 말했다.

"자네 마음이 어질고 지극하니, 하늘이 감동하였네. 허나 이 병은 평범한 약으로는 고칠 수 없지. 반드시 수캐의 고환을 세 말 모아 먹이면 나을 것이네."

놀란 청년이 눈을 들어 보니, 도사는 주문이 적힌 종이 한 장을 내밀고 있었다.

"이 주문을 읽으면 호랑이로 변할 수 있네. 사람의 몸으론 그 고환들을 구할 수 없으니, 이 방법밖에 없지."

청년은 갈등하지 않았다. 오직 어머니를 살릴 수 있다면 어떤 모습이 되어도 좋았다. 그날 밤, 그는 조용히 마루 끝에 앉아 주문을 읽었다. 몸이 불덩이처럼 뜨거워지고, 사지가 뒤틀리더니 순식간에 크고 날렵한 호랑이로 변했다.

밤이면 청년은 날쌘 호랑이의 몸으로 숲속을 누비고, 냄새로 수캐들을 찾아 사냥했다. 이웃 마을에서는 갑작스레 개들이 실종되기 시작했고, 사람들은 수군거렸다.

"이상하다, 어찌 수놈 개만 없어지지?"

"혹시 산에 큰 짐승이 들었나…"

그럼에도 청년은 사나워 보이는 몸 아래, 여전히 인간의 마음을 간직하고 있었다. 사냥을 마친 밤이면, 다시 주문을 읽고 인간의 모습으로 돌아와 고환을 말리고 달여 어머니께 드렸다. 탕약을 마실 때마다 어머니의 안색은 조금씩 돌아왔고, 청년의 눈빛에도 희망이 피어났다. 하지만 이 모든 걸 조용히 지켜본 이가 있었다. 바로 그의 아내였다.

처음엔 그저 이상하다고만 여겼지만, 어느 날 밤 자신의 남편이 호랑이로 변하는 모습을 직접 목격하고는 공포에 휩싸였다.

"저건 사람이 아니야… 짐승이야. 이제 우리 가정도, 우리 삶도 끝이야…"

아내는 두려움과 절망 끝에, 마침내 돌이킬 수 없는 선택을 하고 말았다. 청년이 또다시 수캐 사냥을 나간 틈을 타 그 주문서를 불태워 버린 것이었다.

그날 밤, 사냥을 마치고 돌아오던 청년은 인간의 모습으로 돌아가려 했으나, 아무리 애를 써도 몸은 호랑이의 모습에서 풀리지 않았.

순간 모든 걸 직감한 그는, 멀리 집 쪽을 향해 슬픈 눈빛을 보냈다.

"아… 아내가… 이제, 다시 돌아갈 수 없구나…"

이후로 청년은 마을을 멀리할 수밖에 없었다. 그러나 마을 사람들은 그를 기억했다.

그 호랑이를 '홍씨 청년'의 이름을 따 '홍범'이라 불렀고, 놀랍게도 그 호랑이는 마을에 해를 끼치지 않았다.

오히려 마을을 지키듯 머물렀고, 농사짓는 사람들의 곁을 조용히 지나다니며 그저 어딘가 슬픈 눈으로 마을을 내려다보곤 했다. 마을 어르신들 중 몇몇은 새참을 먹을 때면 홍범을 위해 밥 한 덩이를 떼어 바위 위에 올려 두기도 했다. 그럴 땐, 호랑이는 마치 사람처럼 고개를 숙이며 눈빛으로 고마움을 전했다.

그러나 홍범의 눈엔 언제나 그리움과 원망이 섞여 있었다. 가장 사랑했던 사람에게서 받은 배신, 그리고 돌아갈 수 없게 된 삶.

그는 마을 어귀인 범지동 근처를 떠돌다가, 낯선 이가 마을로 들어오면 조용히 금락정이 있는 산꼭대기로 몸을 숨기곤 했다.

그렇게 수년이 흐르고, 홍범은 이 산 저 산을 떠돌며 사람을 해치지 않고 외롭게 살아갔다. 그러던 어느 날, 강원도의 깊은 산골에서 한 포수의 총에 맞아 생을 마감했다는 소문이 마을에 들려왔다.

홍범이 쓰러졌다는 곳엔 이상하게도 작은 꽃이 무리 지어 피어 있었다고 전해진다. 마을 사람들은 그 소식을 듣고 가슴 깊이 슬퍼했고, 몇몇은 그를 위해 작은 제단을 쌓기도 했다.

"짐승으로 살아야 했던 사람… 짐승보다 더 인간답게 살았던, 우리의 홍범…"

그의 이야기는 지금까지도 칠곡군 지천면 사기점 마을에 전설처럼 전해지고 있으며, 어느 흐린 날엔 마을 앞산에서 호랑이 울음 같은 바람소리가 들려온다고 한다. 그럴 때면 마을 사람들은 말한다.

"아직도 어머니를 그리워하며 우리 곁을 맴도는 게지…"

사람이기를 버리고, 아들을 택한 호랑이.
짐승의 가죽 아래, 더 인간다운 마음이 있었다.
그 울음은 아직도, 바람 되어 산을 돈다.

47. 갓골의 호환 – 사라진 딸, 그리고 호랑이의 최후

지금으로부터 약 90년 전, 칠곡군 왜관읍 봉계리 갓골이라는 작은 마을에서 있었던 실화이다.

갓골에는 채기준이라는 농부가 살고 있었다. 그는 가난한 살림 속에서도 꿋꿋하게 삶을 이어 가며, 서른이 넘어서야 마을 사람들 사이에서 '매남띠기'라 불리던 여성과 결혼해 세 식구가 정답게 살고 있었다. 딸도 하나 있었는데, 늦게 낳은 만큼 애지중지 키웠고, 어느덧 열여섯 살 꽃다운 나이가 되었다.

그러던 어느 날, 부부가 딸만 집에 남겨 두고 장에 다녀오니, 딸이 사라지고 만 것이었다. 눈이 빠지도록 주변을 샅샅이 찾아 보았지만, 흔적조차 없었다. 며칠 뒤, 마을 어귀 바위 위에서야 그 흔적이 발견되었다. 사람들은 호랑이에게 물려 간 흔적, 즉 호환의 징표를 보고 할 말을 잃었다. 채기준은 피눈물을 삼키며 마음을 다졌다.

"호랑이는 한 번 왔던 곳을 또 온다. 기필코 원수를 갚으리."

그는 낫 하나를 손에 들고, 호랑이가 다시 나타나기를 기다렸다. 몇 날 며칠을 뜬눈으로 밤을 지새운 어느 해 질 무렵, 갑자기 집 안에서 아내의 비명 소리가 들려왔다! 채기준이 달려가 보니, 황소만 한 호랑이가 집 문 앞에서 아내를 덮치고 있었다. 그는 미리 준비한 낫으로 호랑이를 향해 죽을힘을 다해 내리쳤고, 칼날은 호랑이의 배를 가르며 쓰러뜨렸다. 죽은 호랑이는 마을 사람들 앞에 끌려 나왔다. 그 거대한 가죽을 벗겨 보니, 길이가 처마 끝까지 닿았다고 한다. 채기준은 이 호랑이 가죽을 나라에 바쳤지만, 예상치 못한 일이 벌어졌다. 어떤 이는 말했다. "그건 산을 지키는 산신령의 현신이었는데, 그걸 죽였다고?" 결국 그는 형식적으로나마 곤장 세 대를 맞는 벌을 받게 되었지만, 그의 가슴속엔 단 하나, "내 딸의 한은 풀었다." 그 마음뿐이었다.

> 진정한 사랑은,
> 때로 모든 것을 버려 주는 일.
> 마음의 순결은 경계를 넘는다.

◆ **1932년 2월, 경북 영양군에서 대호를 포획**
경상북도 영양군 영양면 현동의 김교백은 사냥을 시작한 지 10년도 채 안되어 같은 군 일월면 오리동에서 다섯 마리째 맹호를 포획하였다는데 그 길이가 9척쯤이나 된다. (1932.3.5. 동아일보)

48. 호랑이와 구렁이 - 설두남과 뒤남 마을의 유래

조선 현종 시대, 지금의 경상북도 고령군 개진면에는 학식과 인품을 두루 갖춘 선비 이시훈이 살고 있었다. 넉넉한 인심으로도 이름난 그는 넓은 논밭을 일구며 사람들의 존경을 받았지만, 집안일을 도울 사람이 부족한 것이 늘 고민이었다.

그러던 어느 날, 인근 영산현 박씨 집에서 일하던 하인 하나를 보리 두 섬 값에 사 오게 된다. 그 하인의 이름은 설두남. 그런데 이 설두남, 보통 사람이 아니었다. 일손을 보태야 할 하인이건만, 두남은 주인의 일에는 그다지 관심이 없어 보였다. 밭을 갈아도 흙보다 통소를 더 많이 들고 있었고, 나무를 해도 도끼질보단 노랫가락이 앞섰다. 낮에는 산길을 오르내리며 사냥을 즐기고, 저녁이면 풍류를 즐겼다. 말하자면 '하인 행세를 한 풍류객'이었던 셈이다. 그러나 이시훈은 그를 나무라지 않았다. 오히려 사람됨이 해맑고 정직하다는 이유로 친아들처럼 따뜻하게 대해 주었다.

어느 해, 이시훈은 집 근처 금천가에 참외밭을 새로 일구고는, 밤마다 설두남을 원두막에 보내어 밭을 지키게 했다. 두남은 참외밭을 지키는 밤에도 통소를 놓지 않았다. 고요한 밤공기를 가르며 통소 소리가 멀리까지 퍼져 나가면, 달빛 아래 밭은 마치 한 폭의 풍경화처럼 평화로웠다. 그날 밤도 마찬가지였다. 통소 가락이 끝자락에 닿아 갈 무렵— 갑자기 절벽 건너에서 천둥 같은 굉음이 들려왔다. 바위들이 덜컹거릴 정도의 울림이었다.

놀란 두남이 고개를 돌리는 순간, 거대한 호랑이 한 마리가 울부짖으며 원두막 쪽으로 돌진해 오고 있었다! 두남은 얼굴이 하얗게 질려 소 안으로 몸을 숨겼다. 숨소리조차 죽인 채, 겨우 목만 내민 채 벌벌 떨며 지켜볼 수밖에 없었다. 호랑이는 원두막 주위를 몇 바퀴 돌며 눈을 번득이다, 결국 아무 일도 하지 않은 채 숲속 어딘가로 사라졌다.

"휴… 살았다…"

겨우 안도의 숨을 내쉬는 순간, 이번엔 등줄기를 타고 올라오는 서늘한 감촉이 느껴졌다. 허리 아래를 스멀스멀 감아 올라오는 것이 있었으니— 그것은 바로 커다란 구렁이였다!

구렁이는 삽시간에 두남의 몸을 칠성줄처럼 칭칭 감아 올라왔고, 숨이 턱 막힐 정도로 조여 왔다. 그 와중에도 정신을 놓지 않은 두남은, 허리에 차고 있던 손수건을 빼 구렁이의 머리를 덮었고, 이빨을 악물고 있는 힘껏 물어뜯었다. 피비린내가 번지고, 구렁이는 고통에 몸을 뒤틀었다. 그 틈을 타 두남은 겨우 몸을 빼쳐 원두막에서 뛰쳐나왔다. 혼비백산해 달려온 그는, 겨우 집에 닿자마자 쓰러지듯 문 안으로 들어갔다.

다음 날 아침, 놀란 마을 사람들은 시냇가 근처에서 믿지 못할 광경을 목격했다. 연못 한가운데서 갑자기 물기둥이 솟구쳤고, 그 안에서 어제의 그 구렁이로 보이는 괴물이 머리를 치켜든 채 물 밖으로 돌진하듯 튀어나왔다! 사람들은 비명을 지르며 뿔뿔이 도망쳤고, 구렁이는 분노를 품은 듯 들판을 휘젓다 어느 순간 숲속으로 사라졌다. 며칠 후, 그 연못 위에 죽은 구렁이 한 마리가 떠올랐다. 3일 동안 시체가 둥둥 떠 있었지만, 이후로는 흔적조차 남기지 않고 사라져 버렸다.

그날 이후, 설두남은 무언가에 홀린 듯한 사람이 되어 갔다.

말수가 줄고, 멍한 눈빛으로 정처 없이 걷기만 하다 병이 들어, 결국 오래 살지 못하고 세상을 떠나고 말았다. 이시훈은 무너지는 마음을 애써 추스르며, 그를 햇살이 잘 드는 양지바른 언덕에 정성껏 묻었다. 그리고는 그가 누운 자리를 기려, 사람들에게 말했다.

"이곳을 '뒤남'이라 부르자. 설두남이 지켜낸 그 밤과, 그 마음을 우리가 잊지 말자."

그렇게 탄생한 '뒤남'이라는 지명은 지금도 고령 개진면의 마을 이름으로 남아, 그 기이하면서도 슬픈 전설을 조용히 전하고 있다.

진심은

신분도 겉모습도 넘는다.

사람의 가치는 마음에 있다.

49. 호랑이와 백사 - 불집골 효자

옛날, 지금의 경상북도 영천시 자양면 신방동에는 마음씨 곱고 효심 깊은 청년이 살고 있었다. 강씨 성을 지닌 그는 마을에서도 소문난 효자였다. 그러나 어느 날, 그만 그의 아버지가 알 수 없는 몹쓸 병에 걸려 몸져 눕고 말았다.

청년은 밤낮으로 산과 들을 헤매며 약초를 구했고, "용의 비늘이 좋다"는 소문을 들으면 늪과 저수지를 샅샅이 뒤졌다.

하지만 아무리 발이 부르트도록 정성을 다해도 아버지의 병은 좀처럼 나아지지 않았다.

마침내, 약발도 끊기고 기력도 다한 아버지는 죽음을 눈앞에 두게 되었다. 청년은 하늘을 원망할 겨를도 없이, 매일을 새벽까지 눈물로 지새우며 아버지 곁을 지켰다. 그러던 어느 쓸쓸한 밤, 청년은 방안에서 조용히 앉아 있다가 이상한 낌새를 느꼈다.

문이 삐걱 열리더니, 싸늘한 기운과 함께 소복 차림의 여인이 조용히 들어섰다. 놀란 청년은 뒷걸음질을 쳤지만, 그녀는 부드럽고 또렷한 목소리로 말했다.

"내 한을 풀어 준다면, 당신 아버지의 병을 고쳐드리겠어요."

정신을 다잡고 여인을 살펴본 청년은, 그녀가 사람 같으면서도 이상하리만치 매혹적인 이목구비를 가졌다는 것을 깨달았다. 그녀는 백 년 묵은 백사(白蛇)라며, 자신의 정체를 밝혔다.

"나는 아직 하늘로 오르지 못한 백사입니다. 마지막 기회를 얻어 사람이 되려면, 누군가와 열 해를 함께 살아야 하죠. 당신이 나와 함께 지내 준다면, 그 보답으로 아버님의 병을 고쳐드리겠어요."

청년은 망설였다. 열 해를 사람 아닌 존재와 함께 산다는 것이 얼마나 괴로운 일일지 짐작조차 되지 않았다.

그러나 효심은 공포를 눌렀다. 그는 조용히 고개를 끄덕였다.

여인은 미소 지으며 소매 속에서 약 한 첩을 꺼내 내밀었다.

"지금 곧 달여드리세요. 곧 나으실 겁니다."

그 말처럼, 청년의 아버지는 약을 마신 후 거짓말처럼 병이 낫기 시작했다. 청년은 기쁨과 두려움이 교차하는 마음으로, 다시 나타날 백사를 기다렸다. 다음 날 밤, 그녀는 약속대로 다시 나타났다. 그녀는 청년을 산속 깊은 굴로 이끌었고, 그곳에서 본모습인 거대한 백사로 변해 청년의 몸을 감쌌다.

"열 해 동안 내 곁에서 살아줘서 고맙습니다. 이제 당신의 피를 마셔야 내가 온전히 사람으로 다시 태어날 수 있습니다."

죽음을 앞둔 청년은 담담히 눈을 감았다. 자신은 죽어도 아버지를 살렸으니, 그것으로 충분하다고 여긴 것이다. 그 순간 산이 울릴 듯한 벼락이 내려치고, 바위가 깨지는 굉음이 골짜기를 뒤덮었다.

백사의 몸이 벌벌 떨렸고, 그 틈을 타 청년은 정신을 잃었다.

이튿날, 소란한 소리에 달려온 마을 사람들은 깜짝 놀랐다.

깨진 바위틈 사이에는 작은 석불이 모셔져 있었고, 그 앞엔 커다란 호랑이 한 마리가 그 불상을 지키고 있었다.

사람들은 입을 모아 말했다.

"부처님께서 백사의 욕심을 벌하고, 청년을 구하여 불상으로 거듭나게 하셨구나. 저 호랑이는 그의 혼을 지키는 수호자일지니라…"

그 골짜기는 이후 '불집골'이라 불리게 되었고, 지금도 사람들의 입에 신비로운 전설로 전해진다.

효심과 사랑은 인간의 가장 깊은 힘이며, 그 힘은 종종 기적을 일으킨다.
변화와 성장은 불가피하며, 때로는 신비로운 힘에 의해 이루어진다.
수호자는 위험과 혼돈 속에서도 보호의 역할을 다한다.
전설적 사건은 그 지역에 대한 신앙과 신비를 강화시킨다.
도덕적 선택은 궁극적으로 인간의 운명과 신의 의지에 영향을 미친다.

50. 호랑이의 기도, 구슬령 옥녀사의 밤

경상북도 울진군 온정면의 서쪽, 깊은 산을 넘다 보면 구슬령(珠嶺)이라 불리는 높은 고개가 나타난다. 이 고개는 한때 백성들의 무역로였고, 영양으로 넘어가는 중요한 길목이기도 했다. 구슬령 꼭대기에는 지금도 전해 내려오는 전설의 장소, 옥녀묘(玉女墓)와 옥녀사(玉女祠)가 자리하고 있다.

오래전, 한 장사꾼이 해가 저문 뒤 그 고개를 넘게 되었다. 발 아래는 어둡고, 위로는 별빛조차 흐릿한 깊은 밤이었다. 장사꾼은 날이 새기도 전에 넘으려던 마음을 접고, 산꼭대기에서 하룻밤 묵기로 결심한다. 하지만 깊은 산중에 사람이 머물 곳이라곤 작은 사당 하나뿐이었고, 그곳이 바로 옥녀사였다.

그는 신에게 잠시 몸을 의탁한다는 마음으로 조심스럽게 사당 안으로 들어가 밤을 지새우기로 했다. 차가운 바닥 위에 몸을 눕힌 지 한참, 사방이 고요한 밤의 중심에서 기묘한 소리가 들려오기 시작했다.

"텁텁…… 투둑…… 흐흐르릉…….."

놀란 장사꾼은 사당 문틈으로 밖을 내다보았고, 그곳에서 그는 평생 잊을 수 없는 광경을 보게 된다. 한 마리의 거대한 호랑이가 사당 앞에 무릎을 꿇은 듯 엎드려 있었고, 마치 사람처럼 고개를 숙이고는 무언가를 간절히 기도하고 있었다.

공포에 질린 장사꾼은 사당 한쪽 상 위에 몸을 웅크리고 숨을 죽였다. 호랑이가 사당으로 들어오기라도 하면 끝이라는 생각뿐이었다. 그때, 사당 안 깊은 곳에서 엄숙하고도 위엄 있는 음성이 들려왔다.

"그 장사꾼은 나의 집에 머무는 손님이니라. 너 감히 그를 해치려 하느냐?"

그 소리는 사람의 음성 같으면서도 신령스럽고 깊었다. 순간 호랑이는 포효에 가까운 낮은 울음소리를 내더니, 사당 앞을 몇 번 뒹굴며 사라졌다. 이튿날 아침, 장사꾼은 해가 뜨자마자 사당 밖을 둘러보았다. 그리고 눈앞에 펼쳐진 풍경에 다시 한번 말문이 막혔다.

사당 앞의 흙바닥이 두 앞발로 깊게 파헤쳐져 있었고, 곳곳에 몸을 비빈 자국이 남아 있었다. 분명 호랑이가 밤새 몸부림치며 무언가를 애원하고 떠난 흔적이었다.

이 일 이후, 사람들은 구슬령의 옥녀사에는 신령이 깃들어 있다고 굳게 믿게 되었다. 누군가 그 사당을 지나는 날이면, 가벼운 절이라도 올리고 소원을 빌면 신이 돌봐 준다는 이야기가 입에서 입으로 전해졌다. 그리고 지금도 구슬령을 지나는 이들 중에는 그 옛날의 호랑이처럼, 조용히 사당 앞에 기도를 올리는 사람들이 있다고 한다.

두려움 속에도
믿음은 등을 지켜 주는
작은 등불이다.

V.
광주광역시 · 전라남도

푸른 바다와 풍요로운 들판이 어우러진 전라도 남쪽, 그곳에서도 호랑이는 빠지지 않았다. **월출산의 바위, 지리산 자락, 진도의 바닷길**마다 호랑이의 이야기가 전해 내려왔다.
이 지역 호랑이는 눈물과 희생, 감동의 상징이었다. **효부를 지켜 주고 약자를 보호**하며, 불의를 심판하는 존재였다. 전라도 전설 속 호랑이는 따뜻하면서도 장엄하고, 정의와 연민을 함께 품은 **인간적인 맹수**였다.

51. 호랑이도 감동한 광주 효부

아주 먼 옛날, 전라도 광주 대촌의 한 산자락 마을에 정 많고 살림은 넉넉하지 않지만 사이좋은 가족이 살고 있었다. 한 집에 연로한 아버지와 아들 부부, 그리고 갓난 손자까지— 네 식구는 비록 가난했지만, 매일같이 웃음이 끊이지 않았다.

특히 며느리는 천성부터 남다른 사람이었다. 살림은 궁핍했지만, 시아버지를 친아버지처럼 섬기며 한겨울에도 찬물 대신 따끈한 물을 데워 발을 씻겨 드릴 정도로 효심이 지극했다. 마을 어귀 우물가에서는 "그 집 며느리는 정말 복덩이야" 하는 소문이 돌 정도였다.

그러던 어느 날, 시아버지 앞으로 이웃 마을 친구의 환갑잔치 초대장이 도착했다. 하지만 초대장을 받아 든 시아버지는 말없이 고개만 떨군 채, 한숨을 내쉬었다.

"허허… 입고 갈 옷도 없고, 빈손으로 가서야 체면이 서겠냐."

그 모습을 본 며느리는 조용히 다가가, 밝은 목소리로 말했다.

"아버님, 걱정 마세요. 제가 다 준비해 드릴게요."

그녀는 곧장 방 안으로 들어가, 시집을 때 고이 싸 왔던 혼례 한복을 꺼냈다. 비단 한 조각, 바느질 한 땀마다 그 시절의 추억이 서린 옷이었지만, 망설임 없이 천을 풀어 시아버지의 외출복으로 재단하고 정성껏 바느질했다. 또한, 낮에는 아기를 업고 머슴일을 도우며 품삯을 모아 작은 부조금까지 마련했다. 그 모든 고생은 오직 시아버지의 기쁨을 위한 한 마음뿐이었다.

잔칫날, 시아버지는 곱게 차려입은 옷차림에 함박웃음을 지으며 마을을 나섰고, 잔칫집에서도 "아직도 효부가 있긴 하구먼!" 소리가 터져 나왔다.

하지만 돌아오는 길, 과음한 시아버지는 산비탈에서 발을 헛디뎌 미끄러져 넘어지고 말았다. 시아버지가 밤이 깊도록 돌아오지 않자, 며느리는 가슴이 철렁 내려앉았다.

"큰일 났다…!"

그녀는 망설일 틈도 없이, 아이를 강보에 꼭 싸서 등에 업고 한겨울 산비탈을 맨발로 뛰어 올라갔다. 눈은 어두웠고, 바람은 살을 에는 듯 차가웠지만, 그녀의 발걸음은 단 한 번도 멈추지 않았다.

그러다 마을 어귀 산비탈 너머에서 믿을 수 없는 광경을 목격하게 된다. 달빛 아래, 거대한 호랑이 한 마리가 시아버지 앞에 앉아 있었다. 그 눈빛은 위협이라기보다는 마치 누군가를 기다리는 듯, 조용하고 침착한 표정이었다. 며느리는 순간 온몸이 얼어붙었지만, 곧 침착하게 품속 아이를 풀어 강보에 싸서 호랑이 앞에 조심스레 내려놓았다. 그리고 조용히, 손짓과 눈빛으로 시아버지를 데려가겠다는 뜻을 전했다. 잠시 침묵이 흐른 뒤, 호랑이는 천천히 고개를 끄덕였다. 며느리는 이를 악물고 시아버지를 부축해 산을 내려왔다. 그날 밤, 집으로 돌아온 가족은 서로를 끌어안고 말없이 눈물만 흘렸다. 아이를 잃은 슬픔은 컸지만, 시아버지를 살릴 수 있었다는 안도감에 모두 조용히 밤을 지새웠다.

"자식은 다시 얻을 수 있지만, 부모님은 다시 모실 수 없어… 자네 그 마음, 나는 마음 깊이 존경해."

남편의 말에, 며느리는 고개를 숙이며 소리 없이 울었다. 그런데, 이튿날 새벽이었다. 변소에 가려던 시아버지가 마당 한쪽에서 이상한 기척을 느꼈다. 그곳에는 다름 아닌 어젯밤 호랑이 앞에 두고 온 손자아기가, 강보에 싸인 채 조용히 잠들어 있었다! 그 모습은 어디 다친 곳 하나 없이 말끔했고, 아기는 잠든 얼굴로 가볍게 숨을 내쉬고 있었다. 시아버지는 두 손으로 아기를 안고 방으로 들어와 부부를 깨웠고, 그들은 놀라움과 감격 속에 그 자리에서 부둥켜안고 오열하며 기뻐했다.
　"진심으로 베푼 사랑은, 맹수의 마음도 감동시킨다."
　광주 대촌에는 지금도 '호랑이도 감동한 효부의 고장'이라 불리는 전설이 조용히 전해지고 있다.

　호랑이도 머리 숙인 사랑,
　한겨울 맨발 위에 핀 기적.
　그녀는 단지 며느리가 아니라, 어머니였다.

52. 호랑이 앞에 무릎 꿇은 며느리의 눈물

지금으로부터 300년 전, 전라도 화순 동면 찰동 마을. 그곳에는 전씨 성을 가진 젊은 과부가 살고 있었다. 남편을 병으로 일찍 여읜 그녀는 아직 스무 살이 채 되지 않은 나이에 홀로 나이 많은 시아버지를 극진히 모시며 조용히 살아가고 있었다.

가난한 살림살이에 하루하루가 빠듯했지만, 그녀는 매 끼니 따뜻한 밥 한술을 정성껏 지어 아버지 앞에 내놓았고, 더운 여름날이면 마당 멍석에 눕는 시아버지 곁을 지키며 부채질을 멈추지 않았다.

마을 사람들은 종종 말했다.

"저 집 며느리는 사람이 아니여. 산신령이 보낸 사람일지도 몰라."

그러던 어느 무더운 여름 저녁. 하루 일과를 마친 시아버지는 땀에 젖은 옷을 벗고 마당 멍석 위에 드러누웠고, 며느리는 그 곁에 앉아 부채질을 하며 조용히 그의 숨소리를 들었다. 그녀는 어느새 졸음에 젖어, 부채를 손에 쥔 채 살짝 잠이 들고 말았다. 그 순간, 꿈속에서 어디선가 시아버지의 다급한 외침이 들려왔다.

"나 좀 살려다오! 나 좀 살려다오…!"

꿈결 속에서 시아버지는 안개 속으로 점점 멀어져 가고 있었고, 놀란 그녀는 벌떡 일어나 현실로 돌아왔다. 마당엔 시아버지가 없었다. 그리고 사립문 바깥으로 스치는 듯한 하얀 옷자락이 어둠 속으로 사라지는 것이 보였다. 심장이 철렁 내려앉은 그녀는 단숨에 대문을 박차고 뛰쳐나갔다.

달빛이 흐릿한 시냇가 너머에서, 그녀는 믿을 수 없는 장면을 목격했다. 거대한 호랑이 한 마리가 시아버지를 등에 업고 산 너머로 향하고 있었다! 전씨 부인은 덜덜 떨면서도 소리쳤다.

"호랑이야! 제발… 시아버지를 돌려줘! 내 아버지를… 제발…!!"

그 외침은 메아리쳐 산속으로 퍼졌지만, 호랑이는 뒤도 돌아보지 않고 시냇물을 건너 깊은 숲속으로 사라져 버렸다. 그녀는 냇가에 주저앉아 무릎을 꿇고 하늘을 향해 흐느끼며 통곡했다.

"부디… 이 며느리의 마음을 헤아려 주소서… 내 목숨을 가져가시고, 아버지만은 살려 주소서…"

그녀의 눈물과 외침은 적막한 골짜기를 뒤흔들 만큼 간절했고, 한참을 흐른 뒤, 숲속에서 '쿵—!' 하고 무언가 떨어지는 소리가 울렸다. 숲은 다시 조용해졌고, 며느리는 몸을 떨며 냇가에 그대로 주저앉아 있었다. 그러던 그때, 다시 나타난 호랑이는 조용히 걸어 나오더니 시아버지를 부드럽게 땅에 내려놓았다.

그 짐승은 단 한 번도 으르렁대지 않았고, 눈빛만은 이상하게도 슬퍼 보였다고 한다. 호랑이는 그녀를 한참 바라보더니, 마치 무언가를 전하고 싶다는 듯 천천히 고개를 숙이고는 숲속으로 사라졌다.

그녀는 황급히 시아버지에게 달려가 손을 붙잡고 눈물을 쏟으며 말했다.

"아버님… 아버님… 괜찮으세요?"

시아버지는 정신이 희미했지만, 다행히 큰 상처 없이 돌아왔다.

그날 이후, 전씨 부인의 효성은 마을 사람들에게 널리 알려졌고, 모두가 뜻을 모아 집 앞 냇가에 큰 돌을 세웠다. 돌에는 이렇게 새겨져 있었다.

"효부전씨지여 孝婦錢氏之閭(효부 전씨가 살던 고을)"

세월이 흐르며 비석은 사라졌지만, 그녀의 눈물이 떨어졌던 그 냇물은 지금까지도 흐르고 있으며, 사람들은 그곳을 '효자천', 혹은 '소자천'이라 부른다.

어느 여름날, 그 물소리를 가만히 들으면, 지금도 어디선가 들려오는 듯하다.

"나 좀 살려다오… 내 아버지를… 제발…"

절박한 마음은
하늘을 흔들고
기적을 부른다.

53. 호랑이와 3년을 함께한 효자

　오래전 전라도 진도 의신면에는 효심 깊은 청년이 살고 있었다. 어머니는 일찍 돌아가셨고, 남은 아버지를 모시며 정성을 다해 살던 그에게 슬픈 날이 찾아왔다. 아버지가 세상을 떠난 것이다. 장례를 마친 청년은 아버지의 무덤 곁에서 시묘살이를 결심한다.
　"살아 계실 땐 부족했으나, 떠나신 뒤엔 지극히 모셔야 하리라."
　그는 아버지 무덤 곁에 움막을 짓고 그곳에서 지내기 시작했다.
　시묘살이 첫날 밤, 고요한 밤공기를 가르며 낯선 기척이 들려왔다. 무덤 곁을 한 바퀴 돌고 멈춘 그 존재는, 호랑이였다. 커다란 덩치, 번뜩이는 눈. 처음엔 숨도 쉴 수 없을 만큼 두려웠지만, 호랑이는 그저 청년의 곁에 조용히 누웠다. 그리고 밤새 묵묵히 묘를 지키다, 해가 뜨기 전에 숲으로 사라졌다. 이후로도 호랑이는 매일 밤 무덤을 찾아와 청년 곁에 누웠고, 그와 함께 조용한 밤을 보냈다.
　아무 말도 하지 않고, 아무것도 바라지 않았다. 그저, 지켜 주듯 곁에 있을 뿐이었다.
　3년이 흘렀다. 마지막 밤이 다가왔고, 청년은 어느새 깊은 잠에 빠져들었다. 그때, 꿈속에 호랑이가 나타났다.
　"내가 지금 해남 어느 마을 덫에 걸려 있다. 너만이 나를 구할 수 있다. 그렇지 않으면… 나는 죽는다."

눈을 뜬 청년은 숨을 몰아쉬었다. 정신을 수습하자마자 상복도 벗지 못한 채 배를 빌려 해남으로 향했다.

마침내 마을에 도착했을 때, 꿈속 모습 그대로 호랑이는 커다란 덫에 갇혀 있었고, 포수들이 총에 불을 붙이며 쏘려는 찰나였다.

청년은 외쳤다.

"쏘지 마시오! 저 호랑이는 제 은인입니다! 제 아버지 곁을 3년이나 지켜 준, 제 친구입니다!"

포수들은 처음엔 의심했지만, 상복을 입고 손을 내저으며 달려오는 청년의 간절함에 주춤했다. 그들은 말했다.

"그렇다면, 저 짐승을 만질 수 있다면… 살려 주지."

청년은 아무 망설임 없이 호랑이에게 다가가 덫 너머로 손을 내밀고 등을 쓰다듬었다. 그 순간, 호랑이의 눈에서 커다란 눈물 한 방울이 흘렀다. 그리고 고개를 숙여 청년의 손등을 부드럽게 핥았다.

그 장면을 지켜보던 포수들은 말없이 총을 내렸다. 그 누구도 그 신비한 인연을 더 해치려 하지 않았다. 청년은 포수들에게 고개 숙여 감사를 표하고 호랑이와 함께 마을을 빠져나왔다.

험한 산길을 지나 진도로 돌아오는 길, 호랑이는 어느 순간, 숲속 어딘가로 조용히 사라졌다. 청년은 그 뒤에도 오래도록 호랑이를 위해 작은 제단을 차려 은혜를 기렸다고 전해진다.

호랑이와 함께한 3년의 시묘살이,
짐승도 울린 인간의 진심.
그 은혜는 숲보다 깊었다.

54. 월출산의 마지막 포효

전라남도 영암, 월출산 자락 아래에는 호동 마을이라는 평화로운 마을이 있다. 하지만 한때, 이 마을은 무시무시한 호랑이의 횡포에 시달리고 있었다. 소를 잡아먹고, 사람도 해쳤으며, 밤마다 울려 퍼지는 포효 소리에 아이들은 울음을 터뜨리고 어른들도 밤잠을 설쳤다. 그 무렵, 이 마을에는 '황명달'이라는 이름난 포수가 살고 있었다. 그는 지리산 근처에서도 호랑이를 사냥한 적이 있는 전설적인 사냥꾼이었다.

황 포수는 밤낮을 가리지 않고 월출산 깊은 산속을 오르내리며 호랑이의 흔적을 추적했다. 그의 실루엣이 바위 능선 위에 서 있을 때마다, 마을 사람들은 말하곤 했다.

"이제 곧 호랑이도 잡히겠지."

한편, 호랑이도 황 포수의 존재를 알게 되었다. 날렵하고 무서운 그 짐승도, 황 포수의 기운 앞에서는 어딘가 위축된 듯 사냥을 멈추고 산 너머로 피해 다녔다.

사냥이 여의치 않던 어느 날, 호랑이는 월출산 반대쪽으로 넘어가 멧돼지 한 마리를 잡고는 실컷 배를 채웠다. 그리고 고기 한 덩이를 물고 호동 마을 근처로 돌아오던 중, 우연히 마을 개 떼를 마주쳤다. 호랑이는 남은 고기를 개들에게 던져 주었다. 개들은 의외로 겁내지 않고, 호랑이를 향해 꼬리를 흔들며 고기를 먹었다. 그날 이후, 호랑이는 가끔 고기를 가져와 개들에게 나눠 주었고, 개들도 호랑이를 반기기 시작했다.

이 기묘한 광경을 황 포수는 숨어서 지켜보고 있었다. 처음엔 총을 쥐고 움켜쥐었지만, 개들과 어울리는 호랑이의 모습에서 '짐승'이 아닌, 자연의 한 이웃을 보게 되었다. 총을 내린 그는 더는 사냥을 하지 않았고, 호랑이는 사람을 해치지 않았다. 이후로 마을은 평화로워졌다.

농사짓는 이들은 논밭에서 안심하고 일할 수 있었고, 겨울이면 마을에서 호랑이에게 닭과 오리를 나누어 주기도 했다.

몇 년이 지나 호랑이 이야기가 사람들 입에서 잊혀질 무렵, 전씨 종가에 기묘한 바위 두 개가 나타났다. 하나는 호랑이 형상, 하나는 웅크린 개의 형상이었다. 마을 사람들은 그제야 깨달았다.

"호랑이가… 떠났구나. 마지막까지 마을을 해치지 않고, 친구들과 함께 갔구나."

그 바위는 지금도 남아 '범바위'와 '개바위'라 불리며, 그 근처의 우물은 '범골샘'이라는 이름으로 전해지고 있다.

> 사냥꾼은 총을 버렸고,
> 호랑이는 짐승이기를 그만두었다.
> 그리고 마을은 평화를 배웠다.

55. 호랑이와 장군의 길

 조선 중기, 전라남도 영암의 작은 어촌 마을 '몽해(夢海)'. 바닷물이 치마폭처럼 말아올라 잠든 이의 꿈속까지 스며들던 그곳엔, 신기한 꿈을 꾸고 눈을 뜨는 여인이 있었다. 그녀는 천안 전씨—훗날 조선의 명장 김완의 어머니가 될 사람이었다. 꿈속에서 그녀는 거대한 물결 위에 용과 호랑이가 나란히 뛰노는 광경을 보았다. 바다 너머에서 햇살처럼 떠오른 붉은 별 하나가 그녀의 품속으로 가라앉았다.
 "큰 인물이 태어나겠구나."
 이웃들은 꿈 이야기를 듣고 감탄했지만, 전씨는 말없이 배를 쓸어내렸다. 그리고 그 예지처럼, 그녀는 얼마 지나지 않아 김완이라는 아이를 낳았다. 아이의 첫 울음은 마치 먼 산을 울리는 범의 포효 같았고, 그의 눈빛은 또렷하고 깊어 어른들도 무심코 시선을 피하곤 했다.
 김완이 열다섯 살이 되던 해, 가문에 참극이 닥쳤다. 그의 아버지 김극조가 한덕수라는 탐관오리의 모함에 빠져 억울한 옥사를 당한 것이다. 김완은 분노와 슬픔 속에 아버지의 시신을 수습해 고향으로 향하던 길, 서호면 엄길리의 외진 숲길에서 길을 막고 선 한 마리의 호랑이를 마주쳤다.
 호랑이는 으르렁대지 않았다. 포효하지도 않았다.
 오히려 묵직한 눈빛으로 김완을 가만히 바라보더니, 천천히 고개를 숙여 목에 걸린 해진 끈을 드러냈다. 거기엔 말라붙은 피가 묻은 작은 인골이 매달려 있었다. 짐승의 눈엔 어딘가 애처로움이 서려 있었다.

김완은 두려움 없이 다가갔다. 호랑이는 미동 없이 그를 기다렸고, 소년은 조심스레 그 인골을 풀어내 주었다. 순간, 호랑이는 눈을 감고 고개를 숙였다. 그것은 감사를 전하는 짐승의 방식이었다.

그다음, 호랑이는 불쑥 그의 옷자락을 물었다. 그리고 북쪽을 향해 달리기 시작했다. 숲길을 가로지르며, 절벽을 넘고 개울을 건너며 쉼 없이 달렸다. 소년은 지친 기색 없이 그 뒤를 따랐다. 그렇게 달린 거리, 20리.

도착한 곳은 학산면 매월리. 이름도 없는 산속 깊은 골짜기였다. 호랑이는 가쁜 숨을 몰아쉬더니, 앞발로 땅을 파기 시작했다. 마치 무언가를 보여주려는 듯, 진흙과 낙엽을 걷어내자, 그 자리에 맑은 샘이 흘러나왔.

"이곳은…?"

당황한 김완 앞에서 호랑이는 천천히 몸을 웅크렸다. 주변을 둘러보던 김완의 눈에, 멀리서 해무를 뚫고 떠오른 학 한 마리가 보였다. 샘물을 빙 둘러싼 형상이 마치 '목마른 용이 물을 마시는 형상'—즉 갈룡음수(渴龍飲水)의 명당이었다.

그 순간 김완은 깨달았다.

"이곳에 아버지를 모셔야겠다."

그는 조심스럽게 아버지의 관을 그 자리에 안장하며 중얼거렸다.

"이 원한, 반드시 갚겠습니다. 그리고… 이 나라의 기둥이 되겠습니다."

세월이 흘렀다.

김완은 무예를 익히고, 글과 병서를 탐독하며 무장으로 성장했다. 수많은 전쟁터를 누비며 그는 강단과 용기를 바탕으로 이름을 알렸다.

그리고 1615년, 조선의 정국을 뒤흔든 큰 난이 일어난다.

이이첨이 조종한 '이괄의 난'. 반란군은 수도 한양을 위협했고, 나라가 위태로웠다.

그때, 말 위에 붉은 깃을 단 김완이 나타났다. 그는 번개 같은 기습으로 적진을 돌파하고, 분산된 반군을 압도적인 기세로 정리했다.

전투가 끝났을 때, 그의 갑옷은 피로 붉게 물들어 있었고, 그의 눈빛은 여전히 젊은 시절 그 호랑이를 마주했던 때처럼 또렷했다.

왕은 그 공을 크게 치하하며 그에게 '학성군(鶴城君)'의 작위를 내렸다. 백성들은 "하늘이 내린 장군"이라 불렀고, 후세의 무장들은 그를 영웅으로 삼아 닮고자 했다.

그리고 전해지는 이야기 하나.

그가 마지막으로 남긴 말은 이랬다고 한다.

"나는 장군이 되었지만, 그 길을 열어 준 건… 한 마리 호랑이였다."

그렇게, 김완의 이름은 조선 무인들의 역사 속에 길이 남게 되었고, 몽해 마을엔 여전히 바닷물처럼 전해지는 전설이 하나 남았다.

억울하게 스러진 죽음일지라도
진실하고 굳은 뜻 앞에서는
언젠가 반드시 정의로 되돌아온다.

◆ 1921년 11월, 전남 보성 사냥개 두 마리가 호랑이 세 마리를 포획

전라남도 보성군 노동면 거석리에 사는 조봉춘은 사냥개 두 마리를 길

러 산짐승을 사냥하며 산다. 금년 11월 초순 사냥을 나가서 화순군 도양면 차동 뒷산에 이르자 사냥개 두 마리가 맹렬히 쫓아가더니 산봉우리에서 개소리가 비상히 들렸다. 조봉춘이 쫓아가 본즉 두 마리 개와 싸움하던 호랑이가 사람 오는 것을 보고 달려드니 조봉춘은 최후의 수단으로 가졌던 창을 던졌더니 공교롭게 호랑이 눈알에 맞아 비명을 지르고 뛸 적에 개 두 마리가 더욱 용기를 내어 호랑이 목과 불알을 깨물어 드디어 죽게 되었다. 그 호랑이를 차동 경찰관 주재소에 가지고 가서 180원에 팔았다. 사냥개가 작년에도 그와 같은 방법으로 범 두 마리를 잡았는데 즉 합하면 세 마리의 호랑이를 잡은 개이더라. (1921.12.1. 동아일보)

56. 호랑이 마을의 바닷길 - 뽕할머니와 진도의 기적

옛날, 진도 앞바다에 호랑이들이 들끓던 호동(虎洞)라는 마을이 있었다. 그곳은 사람보다 호랑이가 더 많다고 할 정도로 살기가 어려운 땅이었다. 그러던 어느 해, 호랑이들의 습격이 극심해지자 마을 사람들은 도망칠 수밖에 없었다. 앞에 있는 모도(毛島)라는 섬으로.

"나는 괜찮으니 어서들 가거라."

그러나 뗏배 한 척, 자리가 모자랐다. 사람들은 눈물로 가장 늙은 뽕할머니를 마을에 남겨 두고 도망쳐야 했다. 그날 이후, 빈 마을에 남겨진 뽕할머니는 매일 '뿔치바위'에 올라, 용왕님께 기도했다.

"바다를 열어 주소서, 내 자식들 얼굴만 다시 보게 해 주소서…"

몇 날 며칠, 바위에서 기도를 이어 가던 어느 밤 꿈에 용왕님이 나타났다.

"2월 그믐사리에 내가 바다 위에 무지개를 드리우겠다. 그 무지개를 따라 섬으로 가거라."

2월 그믐, 바닷바람이 세차게 불던 날, 뽕할머니는 기력을 짜내 바닷가로 나갔다. 그리고 무릎 꿇고 울면서 기도했다. 그러자 갑자기 바닷물이 갈라지며 길이 열렸다. 뻘밭이 드러나고, 바다 한가운데 무지개처럼 빛나는 길이 생겨난 것이다. 그러나 이미 지친 뽕할머니는 그 길을 따라갈 힘이 없었다.

그 무렵, 섬에 피신한 마을 사람들도 물이 부족해 다시 호동으로 돌아올

궁리를 하던 중이었다. 그때였다.

"바다가 열렸다!"

갑자기 수평선에서 바닷물이 갈라졌고, 섬과 육지 사이에 길이 생겨났다. 사람들은 신의 뜻이라 믿고 호랑이를 쫓기 위해 꽹과리를 치며 길을 건넜다. 도착해 보니, 거기엔 숨이 넘어가는 뽕할머니가 있었다. 할머니는 눈물을 흘리며 말했다.

"바닷길이 열려 너희들 얼굴을 봤으니 나는 여한이 없구나…"

그날 밤, 뽕할머니는 세상을 떠났고 하늘로 올라가 '영등신(靈登神)'이 되었다. 마을 사람들은 그 기적을 잊지 않고 다시 마을로 돌아와 새롭게 정착했다. 그래서 '되돌아온 마을'이라 하여 회동(回洞)이라 불리게 되었다. 그리고 지금도 그 바닷길은 매년 한 번씩 갈라진다.

사람들은 그것을 "진도의 모세의 기적"이라 부른다.

가장 작고 약한 이의 눈물이
가장 크고 강한
구원의 불꽃이 된다.

57. 황어굴의 비밀 - 호랑이 여인과 신씨 선비

오래전 전라도 화순의 깊은 산속, 적벽굴에 신장보라는 선비가 학문을 닦고 있었다. 그의 아내는 하루 세 번, 머나먼 장항리에서 밥을 짓고 걸어와 신씨의 공부를 뒷바라지했다. 그 정성이 하늘을 감동시켜 바위틈에서 쌀이 솟고, 선녀가 내려와 밥을 지어 주었다.

어느 날, 신씨의 친구가 놀러 왔다가 비가 쏟아져 하룻밤 묵게 되었다. 하지만 바위는 딱 한 사람 몫의 쌀만 낼 뿐. 신씨는 젓가락으로 바위틈을 쿡쿡 찔렀다.

"조금만 더… 친구 몫만 더 나와라…"

그 순간, 바위에서는 쌀 대신 붉은 피가 흐르고, 선녀는 아무 말 없이 사라져 버렸다. 신씨는 그 죄를 깊이 뉘우치며 더더욱 학문에 매진했다.

어느 날 밤, 젊고 아름다운 여인이 굴 앞에 찾아왔다.

"이 밤중에 갈 곳이 없어… 잠시만 이곳에 머물게 해 주세요."

신씨는 명분을 찾지 못해 굴 안에 머무르게 하였다. 하지만, 여인의 고운 자태에 신씨는 욕망에 눈이 멀고 말았다.

그 순간— 산이 울리고, 호랑이의 울음소리가 요동쳤다. 신씨의 눈과 귀는 멀어 버리고, 정신은 사라졌다.

그 여인은 산신이 보낸 시험이었고, 신씨는 자신의 미천한 마음과 탐욕을 깨달았다. 결국 그는 굴 앞의 차디찬 계곡물에 몸을 던져 자결하였다.

얼마 후, 굴 앞 물속에서 황금빛 물고기가 헤엄치는 것이 보이기 시작했다. 사람들은 "죄를 씻은 선비의 영혼이 황어가 되어 돌아온 것"이라 하였고, 그곳을 황어굴이라 불렀다. 지금도 물결이 잔잔한 날이면, 노란빛 물고기 한 마리가 굴 앞을 서성이는 모습이 보인다고 한다.

> 뉘우침이 없는 지혜는
> 길을 잃은 횃불과 같아,
> 진정한 앎이라 말할 수 없다.

◆ 1923년 12월 전남 장성에 호환

전남 장성군 서삼면 축임리에 범 덫을 쳐 놓고 저녁이면 사냥을 나가고 새벽이면 돌아온다는데 일전에는 그 동리 기형도의 집에서 기르는 개가 그 집앞에서 죽어있는 것을 발견하였다 하여 그 맹호의 출몰할 시간 중에는 사람들이 모두 공포스러워 출입을 금하고 있다. (1923.12.3. 조선일보)

58. 은혜 입은 호랑이가 파 준 우물

옛날 전라도 화순에 장수 황씨와 그의 부인 남원 윤씨가 살고 있었다. 비록 자식은 없었지만, 두 사람의 금슬은 누구보다 깊었다.

그러던 어느 날, 황씨가 병으로 세상을 떠났고, 윤씨는 남편의 뒤를 따르려는 마음으로 천도제를 지냈다. 그날 밤, 염불소리 속에 깜빡 잠이 든 윤씨의 꿈에 한 선녀가 나타났다.

"스스로 목숨을 끊는 건 큰 죄업이오. 이 몸을 바쳐 중생을 도우며 불법을 실천하세요."

깨어난 윤씨는 슬픔 대신 자비와 공덕의 삶을 결심했다.

윤씨는 삯바느질로 어렵게 생계를 이어 가면서도 굶주린 자에게 곡식, 헐벗은 자에겐 옷, 길 가던 나그네에게는 잠자리와 따뜻한 물 한 바가지를 베풀었다. 어느 날, 감옥 근처를 지나가던 윤씨는 나무 아래에 지친 죄수들이 쉬고 있는 모습을 보았다. 안타까운 마음에 인근 샘에서 물을 떠다 한 사람 한 사람에게 나눠 주었다.

그날부터 그녀는 감옥 옆으로 이사를 가고, 매일 죄수들에게 물을 날라 주는 일을 삶의 업으로 삼았다.

세월이 흘러 윤씨는 늙고 쇠약해졌다. 더는 샘까지 걸어갈 힘조차 없을 무렵— 예불을 마치고 돌아오던 새벽, 이빨 빠진 늙은 호랑이가 길가에 쓰러져 있었다. 윤씨는 겁먹기는커녕, 물과 닭 한 마리를 호랑이에게 내어 주었다. 호랑이는 물을 마시고 닭고기를 먹은 뒤 고개를 숙이며 숲으로 사라졌다.

다음 날 아침, 윤씨는 집 마당에서 놀라운 광경을 보게 된다. 닭 한 마리와 개 한 마리가 놓여 있었고, 마당 나무 아래 누군가 땅을 판 흔적에서 맑은 물이 콸콸 솟아오르고 있었다.

이 소식을 들은 마을 사람들은 그 자리에 우물을 파고 나그네, 죄수들의 목을 축이게 하였다. 그 우물은 "옥거리 샘"이라 불리며 지금까지도 윤씨와 호랑이의 자비로운 인연을 전해 주고 있다.

이 땅 위의 모든 숨결은,
그 크고 작음을 막론하고
존중받아야 할 존귀한 존재다.

◆ 1925년 3월, 전남 순천에서 권총으로 대물 표범을 사살

지난 16일 오전 11경 전라남도 벌교포에 사는 사냥꾼 강전십일(일본인 43세)은 순천군 외서면 채룡리 북편 산등성이에서 몸길이가 넉 자, 꼬리가 석 자 되는 표범 한 마리 시가 약 백원 되는 것을 5연발 권총으로 쏘아 잡아서 즉시 벌교 읍내로 운반하였다. (1925.3.24. 조선일보)

59. 산신의 총을 얻어 호랑이를 잡은 화순 포수

 전라남도 화순군 북면 임곡리. 그곳에는 이군찬이라는 기골 장대한 사내가 살고 있었다. 어릴 적부터 담이 크고 의협심이 강했던 그는, 마을에서 누구보다 용감하고 정의로운 인물로 통했다. 힘없는 백성이 괴롭힘당하는 모습을 보면 못 본 척 지나치지 못했고, 억울한 일을 당한 이웃을 위해 앞장서 싸움을 마다하지 않았다.

 그 무렵, 지리산 자락에는 호랑이 떼가 날뛰며 사람들을 해치고 가축을 물어 가는 일이 끊이지 않았다. 호랑이를 잡겠다며 산에 오른 사냥꾼들도 하나둘 돌아오지 못했고, 마을에는 울음소리가 그칠 날이 없었다. 그러던 어느 날, 이군찬은 굳게 결심했다.

 "내가 지리산의 호랑이들을 모조리 없애, 백성의 한을 풀어 주겠다."

 그가 사냥 준비를 마치고 있을 때쯤, 수수한 옷차림의 노인 하나가 불쑥 찾아왔다. 그 노인의 눈빛은 맑고도 묘하게 깊었다. 노인은 말없이 낡은 총 한 자루를 내밀었다.

 "이걸 갖고 가시오."

 그날 밤, 군찬은 이상한 꿈을 꾸었다. 꿈속에서 그 노인이 다시 나타나, 느릿한 목소리로 말했다.

 "나는 산청의 진의옥이라 하오. 지리산에서 수많은 호랑이를 잡았지만, 결국 호랑이에게 물려 억울하게 죽었소. 내가 건넨 이 총, 보통 물건이 아니오. 반드시 지리산의 맹수들을 이 총으로 제거해 주시오. 호랑이가 가까이 오면, 그 총이 스스로 신호를 줄 것이오."

며칠 후, 이군찬은 총을 메고 지리산 깊은 곳으로 들어갔다. 해가 저물 무렵, 그는 산 아래 여막(여행객들이 머무는 작은 숙소)에서 하룻밤을 묵기로 했다. 그 방에는 이미 열댓 명의 나그네들이 누워 잠에 들어 있었고, 어둠 속에서 가느다란 숨소리만이 들릴 뿐이었다.

그런데 한밤중, 이군찬의 총에서 갑자기 '딱… 딱…' 하는 이상한 소리가 나기 시작했다. 처음엔 바람 소리인가 했지만, 그것은 명확한 금속성의 신호음이었다.

그 순간— 문이 열리며 희고 아름다운 얼굴을 한 젊은 여인이 조용히 방 안으로 들어왔다. 그녀는 꿈결처럼 한 청년의 가슴 위에 붉은 꽃 한 송이를 살며시 꽂았다. 그리고는 말없이 밖으로 나갔다.

그 모습을 지켜보던 군찬은 몸을 일으켜 자세를 가다듬었다.

잠시 후— 창문 너머 어둠 속에서 커다란 호랑이 한 마리가 모습을 드러냈다. 그 눈빛은 번뜩였고, 노린 먹이를 향한 집요한 기세가 방 안까지 흘러들었다.

군찬은 숨을 죽이고 총을 겨눴다. 그리고 정확히 한 발을 쏘았다.

탕! 하는 총성이 울리고, 호랑이는 괴성을 지르며 마당에 쓰러졌다.

호랑이가 숨을 거두는 그 순간, 공중에서 여인의 절절한 곡소리가 들려왔다.

"오랜 원한, 이제야 풀렸구나…"

그 목소리는 마치 호랑이에게 희생된 여인의 원혼이 복수를 이루고 떠나는 듯한 애절한 음성이었다. 여인의 모습도, 붉은 꽃도 이내 사라지고 없었다.

그날 이후, 이군찬은 산신이 준 총을 들고 지리산 곳곳을 누비며 맹수들을 하나둘씩 제거했다. 그가 호랑이 한 마리를 쓰러뜨릴 때마다, 또 하나의 원혼이 편히 눈을 감는 듯한 평온함이 산속을 감쌌다. 수많은 백성이 그 덕분에 목숨을 구했고, 나라에서는 그의 공을 기려 그를 오위장(五衛將)으로 증직하였다. 사람들은 이군찬을 '호랑이 사냥꾼'이라 부르지 않았다. 대신 이렇게 불렀다.

"호환(虎患)을 없앤 이 포수(李 砲手)."

그가 사용했던 산신의 총은 훗날 흔적 없이 사라졌지만, 화순 사람들의 기억 속엔 지금까지도 남아 있다.

진정한 용기는
두려움 너머로 한 걸음 내딛는
조용한 결심에서 태어난다.

60. 쉰질바위와 성윤문 - 호랑이의 예언

임진왜란이 일어나기 전, 순천 해룡면 남가리에는 호암산이라 불리는 작은 산이 있었다. 그 산에는 무려 쉰 길이 넘는 거대한 바위가 있었는데, 사람들은 그것을 '쉰질바위'라고 불렀다. 그 마을 소년들 사이에서 쉰질바위는 전쟁놀이의 마지막 보루였다. 누가 저 바위를 점령하느냐에 따라 승패가 갈렸기 때문이다.

그중에서도 가장 눈에 띄는 아이는 성윤문(成允文). 훗날 임진왜란 때 권율 장군 휘하에서 활약할 인물이었지만, 그때는 그저 씩씩하고 정의감 넘치는 소년일 뿐이었다.

어느 날, 성윤문과 아이들은 평소처럼 호암산에서 군사놀이를 벌이고 있었다. 바로 쉰질바위를 두고 양편으로 나뉘어 치열하게 싸우던 중, 갑자기 하늘이 검게 변하고 비가 쏟아졌다. 아이들은 바위 아래로 모여 비를 피했다. 그런데 그 순간— 쉰질바위 앞에 커다란 호랑이 한 마리가 모습을 드러냈다. 아이들은 겁에 질려 숨을 죽였다.

그러나 이상하게도, 호랑이는 아이들을 공격하지 않고 묵묵히 바위 앞에 앉아 있을 뿐이었다. 두려움 속에서도 아이들은 이상한 내기를 시작했다.

"옷을 하나씩 던져 보자. 호랑이가 누구 걸 고르면 그게 먹잇감일 거야."

한 아이, 두 아이… 하나씩 웃옷을 벗어 바깥으로 던졌지만 호랑이는 꼼짝도 하지 않았다. 마지막으로 성윤문이 웃옷을 던졌다.

그 순간— 호랑이가 벌떡 일어나 그 옷을 물고 산 아래로 달려가기 시작했다. 성윤문은 스스로 말없이 일어났다.

"내가 선택받았으니, 나가겠다."

그는 아이들을 뒤로한 채 호랑이를 따라 몇 걸음 내디뎠다. 그때— 벼락이 쉰질바위를 내리쳤고, 바위는 무너져 내렸다. 바위 밑에 숨어 있던 아이들은 모두 그 자리에서 목숨을 잃었다. 성윤문만이 기적처럼 살아남았다.

성윤문은 이 사건을 계기로 삶의 무게와 책임을 깊이 깨달았다고 전해진다. 훗날 그는 권율 장군의 휘하에서 큰 공을 세웠고, 나라를 지키는 참된 무장으로 이름을 남기게 된다. 마을 사람들은 그날 호랑이는 산신의 모습이었고, 성윤문을 통해 앞날의 사명을 지닌 자를 구분했던 것이라 믿게 되었다. 쉰질바위는 그 후에도 운명과 선택의 상징으로 남게 되었고, 지금도 호암산 아래엔 아이들의 안타까운 숨결과 성윤문의 용기가 바람처럼 전해진다.

쉰질바위가 무너질 때,
호랑이는 운명을 물고 달렸다.
한 아이만이, 그 부름에 응했다.

61. 호랑이가 지킨 시간, 신선의 바둑돌

해남군 옥천면 송산리 남촌. 맑은 물이 도는 아담한 들판과 솔숲이 어우러진 작은 마을에 배 씨 성을 가진 형제가 나란히 살고 있었다. 형은 말수가 적고 우직한 사람이었고, 동생은 활달하고 재기 넘치는 성격이었다. 성격은 달랐지만 두 형제는 누구보다 사이가 좋았고, 함께 지게를 메고 산에 나무하러 가는 일이 일상이었다.

어느 늦봄의 날, 해는 높이 떠 있었고 솔잎 사이로 바람이 부드럽게 지나갔다. 산짐승들의 울음소리도 고요해진 숲 깊은 곳, 형제가 우연히 들어선 골짜기에는 기묘한 기운이 감돌았다. 그 한가운데—

햇빛을 받아 반짝이는 평평한 너럭바위 하나 위에, 하얀 도포를 입은 두 사람이 말없이 바둑을 두고 있었다. 그 광경은 마치 꿈결 같은 정경이었다.

하얀 수염이 가슴까지 내려온 이들은 바둑에만 몰두하고 있었고, 그 주위로는 시간이 느릿하게 흐르는 듯한 착각이 들 만큼 정적이 감돌았다. 형제는 나무하러 왔다는 것도 잊고, 숨소리조차 죽인 채 바둑판 위를 오가는 수를 바라보았다. 하늘은 어느새 황금빛으로 물들었고, 바위 위 바둑돌이 놓일 때마다 은은한 울림이 들리는 듯했다.

그리고 문득— 정신을 차린 형이 먼저 입을 열었다.

"우리… 내려가야 하지 않겠어?"

동생도 고개를 끄덕이며, 아쉬움을 뒤로하고 마을로 내려갔다. 하지만 그들을 기다리던 것은 낯익은 마을이 아니었다.

마을은 여전히 그 자리에 있었지만, 집 앞에는 처음 보는 사람들이 나와 있었고, 마당에는 초라한 초가마루 위에 제상이 차려져 있었다. 형제는 의아한 마음으로 집 안으로 들어갔다. 그러자 제상 앞에 앉아 절을 하던 자식들이 형제의 얼굴을 보고 놀라 눈물을 터뜨렸다.

"아버지…? 아버지—!"

형제는 말을 잇지 못했다. 그들이 산에 오른 날로부터 무려 3년이 흘러 있었던 것이다. 가족들은 호랑이에게 잡아먹혔을 것이라 생각하고 매년 제사를 지내고 있었고, 그날도 마침 3주기 제삿날이었다.

그 소문은 곧 마을 전체로 퍼졌고, 사람들은 입을 모아 말했다.

"형제가 사라진 그날, 산속에서 이상한 호랑이 울음소리가 들렸지."

"그건 분명 신선이 변한 호랑이의 울음이었을 거야."

어떤 이는 이렇게 덧붙였다.

"신선이 두 형제의 마음을 시험하려고, 시간을 접어 둔 거지. 바둑 한 수가 곧 삼 년이었다는 말이야."

그날 이후, 형제가 바둑을 보았던 너럭바위는 '신선바위'라 불리게 되었고, 그들이 돌아와 말없이 다시 가족과 함께 살았던 집터 앞 바위는 '형제바위'라 불리게 되었다.

신기하게도, 아이를 얻지 못한 부부가 삼 년 정성을 다해 형제바위에 기도하면 꼭 자식을 얻게 되었다는 이야기가 마을에 퍼졌다.

그 바위는 어느덧, 삶과 시간의 길목을 지키는 신령스러운 장소가 되었다. 사람들은 지금도 말한다.

"신선의 바둑 한 수는 인간 세월 삼 년이고, 그 바둑판을 지키던 호랑이는 사람을 해치지 않고, 오히려 삶을 되돌려 주었지."

지금은 바위만 덩그러니 남았지만, 그곳에 발을 들이면 누구나 시간이 멈춘 듯한 고요를 느낀다고 한다.

혹시— 다음 바둑 한 수가 시작되지 않았기 때문일지도 모른다.

> 신선의 수는 찰나였고,
> 형제의 마음은 시간을 울렸으며,
> 호랑이는 문턱을 지키는 신이었다.

62. 호랑이를 탄 효자, 신대유의 밤길

조선 정조 대, 전라남도 영암군 농덕리. 어린 시절부터 총명하고 바른 품성을 지닌 소년 신대유(申大裕, 1780-1850)가 살고 있었다.

그는 가난했지만 글 읽기를 좋아하였고, 무엇보다 어머니를 향한 효심이 지극하였다. 어머니는 오랜 병으로 몸져누웠고, 대유는 낮에는 나무를 해 오고, 밤이면 등불 아래 글을 읽으며 과거를 준비했다.

어머니는 누워 있으면서도 아들에게 공부를 독려하곤 했다.

그러나 병세는 날이 갈수록 깊어졌고, 끝내는 정신이 흐려져 "죽순이 먹고 싶다…"며 겨울 산에서 날 수 없는 음식을 찾기에 이르렀다.

산은 눈으로 덮였고, 대나무숲은 얼어붙은 듯 침묵했다. 신대유는 막막한 마음에 눈물을 흘리며, 자신의 약지를 잘라 어머니의 입에 넣었다. 그리고는 마지막 희망을 품고 산속으로 들어갔다. 온몸은 추위에 떨고, 마음은 천근 같았지만 발을 멈추지 않았다.

그때— 어디선가 바람 사이로 목소리가 들려왔다.

"저쪽 큰 대나무 아래, 죽순 세 개가 있다."

그 말을 따라간 신대유는 굵은 눈을 헤치고 땅을 파냈다. 정말로, 땅속에서 푸른 죽순 세 개가 솟아 있었다. 죽순을 삶아 어머니께 드리자 어머니의 병은 기적처럼 나았다. 그는 눈물 속에 웃으며 과거길에 올랐고, 장원 급제의 기쁨을 누릴 수 있었다.

과거 발표가 난 그날 밤— 신대유는 꿈을 꾸었다. 꿈속에서 어머니가 나타나 손짓했다. 불길한 예감에 급히 고향으로 돌아가려 했지만, 길은 멀고도 멀었다.

그때, 어디선가 큰 호랑이 한 마리가 나타났다. 호랑이는 조용히 다가와 등을 그 앞에 내밀었다. 망설일 겨를도 없이 호랑이 등에 올라탔다.

"훠이—!"

호랑이는 천 리를 하룻밤에 달렸고, 신대유는 아침 해가 떠오르기 전 고향 집 마당에 발을 디뎠다.

어머니는 장원급제한 아들의 품에 안겨 눈을 감았다. 그 품은 따뜻하고, 그 품은 끝없는 사랑이었다. 그는 무덤 옆에 삼년상을 지냈다. 그 뒤로도 효심을 잊지 않고 살았으며, 그의 자식 역시 뼛속까지 효를 이어받았다. 이에 마을 사람들은 그 집안 앞에 삼효각(三孝閣)과 삼효비(三孝碑)를 세워 효의 덕을 기렸다.

호랑이도, 하늘도

그 소년의 효심 앞에 길을 열었다.

그 밤, 달보다 먼저 고향에 도착한 마음.

---

63. 두 호랑이와 두 포수의 마지막 화살

한때 조선을 떠들썩하게 만든 명사수, 강 포수와 김 포수. 이들은 설악산에서 내장산까지 누비며 수많은 호랑이와 멧돼지를 잡은 전설의 사냥꾼이었다. 그러던 어느 날, 두 사람은 "월출산의 호랑이 가죽은 무늬가 선명하고 값이 열 배다."라는 이야기를 들었다. 그 말을 듣자마자 두 포수는 마지막 사냥이라 결심하고, 월출산을 향해 길을 떠났다.

월출산 기슭에 이르자 모래톱 위에 멍석만 한 호랑이 발자국이 선명하게 찍혀 있었다. 게다가 한 마리가 아니라 두 마리였다. 두 사람은 그 자리에 앉아 입을 굳게 다물고 약속하였다.

"이 두 마리만 잡고, 우리는 총을 내려놓자."

이들은 호랑이의 길목과 은신처를 면밀히 살폈고, 호랑이를 유인할 지점까지 정해 놓았다.

며칠 후— 십 리를 사이에 두고 서로 노려보는 두 호랑이를 보게 되었다. 그들 사이에는 멧돼지 떼가 있었고, 두 호랑이는 서로 먼저 차지하려 하며 으르렁거리고 있었다. 하지만 번번이 멧돼지를 놓치고 호랑이들끼리 싸우는 상황만 되풀이되었다. 그래서 강 포수와 김 포수는 멧돼지를 잡아 호랑이의 길목에 묶어 두었다.

그날 낮— 멧돼지 앞에 다시 나타난 두 마리 호랑이. 두 포수는 등을 맞대고 활을 겨누었다.

그 순간— 해가 어두워지고, 바람이 거세게 불고, 천둥과 번개가 하늘을 갈랐다. 그리고 호랑이들은 멧돼지가 아니라 두 포수를 향해 달려왔다! 두 포수는 몸이 굳어 움직일 수 없었지만, 호랑이들은 두 사람을 지나 서로에게 달려들었다. 강 포수와 김 포수는 산신령 앞에 무릎 꿇고 기도하였다.

"신령님, 이 두 대호를 저희 손으로 붙잡게 해 주소서!"

간절한 기도가 끝나자, 활을 힘껏 당기며 두 사람은 화살을 날렸다.

바로 그때— 하늘이 다시 울리고, 번개가 두 호랑이 위로 내리꽂혔다. 그 순간, 두 마리 호랑이는 그대로 돌이 되어 산이 되었다.

그 뒤로 강 포수와 김 포수는 그날을 마지막으로 사냥을 그만두었다.

산 아래 사람들은 두 호랑이 돌산 사이에 남겨진 커다란 화살줄 모양의 바위를 보며 감탄했다.

그래서 해마다 정월 초닷새(5일)와 음력 11월 칠석날에는 이 전설을 기리는 줄다리기 대회가 열렸다. 줄다리는 두 호랑이의 전쟁이었고, 백성들의 기원은 늘 같았다.

"부디, 우리를 지켜 주소서."

진심의 기도는
하늘을 감동시키고
기적을 불러온다.

VI.
전북특별자치도

전북의 산과 들, 방장산과 위봉사, 무주와 고창의 골짜기에도 호랑이 발자국이 깊게 남아 있다.

전북의 호랑이는 권력에 맞서 싸우는 **정의의 화신**이자, 때로는 나라를 다시 세우는 **영웅적 존재**였다. 효자와 충신의 이야기, 희생과 슬픔 속에서 호랑이는 인간 곁을 지키며 길을 비춰 주었다. 이곳의 전설은 호랑이를 단순한 맹수가 아닌 산신의 사자(使者)로 묘사한다.

64. 천명고개 호랑이 할머니와 더벅머리 총각

전라도 남원에는 '천명고개'라 불리는 고개가 있었으니, 고개가 어찌나 험했는지 사람이 천 명은 모여야 넘어갈 수 있다는 말이 전해졌다. 그 고개 아래엔 작은 주막집이 있어, 이 고개를 넘으려는 사람들로 늘 북적였다.

어느 날, 다 떨어진 솜바지를 입은 더벅머리 총각 하나가 주막에 나타났다. 총각은 주막에 우두커니 앉은 사람들에게 물었다.

"왜들 고개를 안 넘고 이러고만 계시오?"

사람들은 고개를 가리키며 말하였다.

"저 고개는 천 명이 모여야 넘을 수 있는 곳이오. 한 명이 넘으면 호랑이 할멈에게 죽는다고…"

총각은 히죽 웃으며 말했다.

"허허, 고개가 사람을 잡는 것이 아니오. 내 혼자 넘어 보겠소!"

고개를 반쯤 넘자, 바위 위에 하얀 머리 노파가 앉아 총각을 부르며 말했다.

"총각, 총각. 나와 장기 한 판 두세."

총각이 가까이 가자, 노파는 웃으며 조건을 걸었다.

"이긴 사람이 상대를 데려가는 거요."

총각은 좋다고 하고 장기판을 폈다. 그러나 장기판 위의 말은 총각에게 불리하게 굴러가기 시작했다. 바지엔 바람이 숭숭 들고, 날씨는 푹푹 찌고, 생각은 안 떠오르고…

총각은 그만 다 떨어진 바지를 고쳐 앉으며 자신도 모르게 '그것'을 만지작거렸다.

그러자 그의 바지 속에서 뭔가가 점점 커지기 시작했다.

노파는 눈이 휘둥그레져 물었다.

"그거… 그게 뭐고?"

총각은 태연하게 말하였다.

"이거 말입니까? 이게 바로… 호랑이 잡는 조총이외다."

그 말에 노파는 얼굴이 사색이 되더니, 우르르르 달아나기 시작했다. 도망치던 노파는 계곡 아래에서 또 다른 하얀 머리 노파를 만났다.

"방금 어떤 청년이 조총을 꺼내 보이더니, 진짜 호랑이 잡는 조총이라더라!"

그러자 계곡 노파는 자신의 치마를 걷으며 말했다.

"그 조총 맞다! 내가 그 조총에 맞아 여기가 이 지경이 되었다!"

도망치던 호랑이는 이를 듣고 깜짝 놀라 물속으로 풍덩 뛰어들어, 두 번 다시 모습을 보이지 않았다.

이후 사람들은 더 이상 천 명을 기다리지 않고도 고개를 넘을 수 있었고, 더벅머리 총각의 용기와 재치 덕분에 고개엔 다시 사람의 발자국이 이어졌다. 사람들은 이 전설을 전하며, 총각의 이름은 잊었지만 그의 조총(?) 이야기는 웃음과 경외로 후대에 남았다.

고개를 넘지 못하게 하는 건 호랑이가 아니라, 두려움이다.

65. 호랑이가 되어 버린 사나이, 김용담 전설

옛날 진안군 부귀면 황금리에 김용담이라는 효심 깊은 사나이가 살고 있었다. 어머니가 병을 앓자, 사람들은 "황구를 여러 마리 먹으면 병이 낫는다"는 말을 전해 주었다. 용담은 어머니를 살리기 위해 산속으로 들어가 산신께 제를 올리고 간절히 기도하였다. 며칠 뒤, 그는 신비한 책 한 권을 받았다. 그 책엔 사람이 호랑이로 둔갑하는 비밀 주문이 적혀 있었다.

김용담은 책의 주문을 외우며 짚을 열십자 모양으로 깔고 물동이를 놓고 기도하였다. 그 순간, 그의 몸이 변하더니 호랑이가 되었다. 이후 그는 밤마다 호랑이 모습으로 변신해 황구들을 몰래 잡아 와 어머니께 약을 지어 드렸다. 아무것도 모르는 아내는 밤마다 비린내 풍기는 남편을 수상히 여겨 뒤를 밟다가 남편이 호랑이로 변하는 모습을 몰래 보고는 경악했다.

"사람이 호랑이로… 저게 무슨 일이람…"

그녀는 남편이 다시는 호랑이가 되지 못하게 하려는 마음으로 책을 불태워 버렸다. 그러나… 그 책은 단지 호랑이로 변하는 방법만 있는 책이 아니라 사람으로 되돌아오는 주문까지 함께 담긴 책이었다.

책이 불타고, 김용담은 영원히 호랑이 모습으로 남게 되었다. 며칠 동안 굶주리던 그는 차츰 짐승, 그리고 사람을 잡아먹기 시작했다.

그러나 그는 특히 젊은 여자만을 골라 잡아먹었다.

"내가 이렇게 된 건… 여자 때문이야…"

김용담의 원망은 아내가 책을 불태운 일에서 시작되어 모든 여자를 향한 증오로 번져 갔다.

젊은 여성들이 계속 사라지자 진안 관아는 사태의 심각성을 깨닫고 '용담 범'을 잡으라는 명령을 내렸다. 그러나 사냥꾼들도 무서운 호랑이 앞에서는 감히 활을 쏘지 못했다.

그때, 윗마을의 이서방이 자신이 만든 날이 선 대창을 들고 나섰다. 그는 맨몸으로 호랑이를 향해 돌진해 찔렀고, 호랑이는 괴성을 지르며 심연재 쪽으로 도망쳤다. 결국 호랑이는 심연재에서 사로잡혀 생을 마감하였다.

김용담은 어머니를 위해 기도하며 시작된 효심이 결국 자신도, 가족도, 마을 사람들도 불행하게 만들고 사람을 잡아먹는 괴물로 전락한 채 죽고 말았다. 마을 사람들은 그가 지나간 길, 그가 죽은 자리를 기억하며 "호랑이는 사람의 탈을 쓴 괴물도 된다"는 말을 전하게 되었다.

> 사랑은 가장 숭고한 감정이지만,
> 그 눈이 가려지고 귀가 달히면
> 사람의 얼굴로 짐승의 본성을 감추게 된다.

66. 산속 호랑이 정승

옛날, 전라도 고창군 무장면. 깊은 산속, 약초를 캐던 한 부인이 느닷없는 산통을 겪었다. 해는 이미 넘어갔고, 나뭇가지엔 눈까지 소복이 쌓여 있었다. 온몸이 식어가는 와중에도 부인은 마침 바위 밑 움푹 팬 곳에서 나뭇가지를 모아 불을 피우고, 떨리는 손으로 자신의 옷을 찢어 바닥을 정리했다. 그곳에서 그녀는 기적처럼 건강한 사내아이를 낳았다.

그 시각, 산 아래에서 부인을 찾던 남편은 산속에 떠오른 어슴푸레한 불빛 하나를 발견했다. 망설일 틈도 없이 불빛을 향해 뛰었다. 그런데 도착한 곳은 다름 아닌 호랑이의 굴이었다. 믿기 어려웠다. 그곳은 추위와 어둠이 감돌던 산속과 달리, 마치 부잣집 안방처럼 따뜻하고 환했다. 굴 입구는 바람 한 점 스미지 않고, 안에서는 향기로운 온기가 뿜어져 나왔.

그 순간, 등 뒤에서 낯선 목소리가 들렸다. "거기는 범굴이오. 조심하시오." 놀라 뒤돌아보니, 근처 약초꾼들과 산짐승을 잘 아는 노인이 서 있었다. 그러나 그 노인은 곧장 일꾼 셋과 미역, 쌀, 솥단지를 꺼내 주며 말했다.

"그 호랑이는 악귀가 아니니 겁먹지 마시오. 도와주러 온 것이오."

남편은 그것을 들고 다시 굴로 올라갔다. 놀랍게도, 굴 입구에 호랑이가 앉아 있었다. 그런데 무섭게 으르렁대는 대신, 개처럼 꼬리를 흔들며 남편을 안으로 이끌었다. 남편은 얼어붙은 채 눈만 깜빡였지만, 이내 용기를 내어 안으로 들어갔다. 호랑이는 조용히 누워 굴 깊은 곳을 가리켰고,

그 안엔 부인이 아이를 품에 안고 있었다.

남편은 솥에 불을 지피고 미역국을 끓였다. 쌀밥 냄새가 퍼졌고, 부인은 정성스레 지은 밥과 국을 먹고 기력을 조금씩 회복했다. 호랑이는 가만히 구석에 앉아 부부를 지켜보았고, 그날 밤 굴 안에는 사람도 짐승도 말없이 잠들었다.

날이 밝자, 호랑이는 아무 흔적도 없이 사라졌다. 부부는 감사의 인사를 속으로 되뇌며, 전날 캐 둔 약초와 갓 태어난 아이를 품에 안고 산을 내려왔다. 그런데 기이한 일이 벌어졌다. 그 약초를 달여 어르신들에게 건넸더니, 눈이 맑아지고, 병이 낫는 이가 생겼다. 약초는 단숨에 소문을 탔고, 부부는 하루아침에 이름난 약장수가 되었다.

세 식구는 사람들로부터 받는 감사와 돈으로 점차 넉넉한 삶을 살게 되었다. 아이는 씩씩하고 지혜로웠고, 남편은 사람들을 치료하며 산속에서 얻은 인연을 잊지 않았다.

그러던 어느 날 밤, 세 살이 된 아이가 잠든 사이—

굵은 발자국 소리가 집 앞에 들려왔다. 호랑이였다. 그 호랑이는 조용히 안방 문을 열고 들어와 부인의 옷자락을 살짝 물었다. 놀란 부부는 아이를 꼭 안고, 호랑이를 따라나섰다.

호랑이는 말없이 앞장서 걸었고, 부부는 그 뒤를 따랐다. 걸음을 멈춘 곳은 바로 부인이 아이를 낳은 곳에서 뒤로 조금 올라간 큰 봉우리. 호랑이는 하늘을 향해 한 번 울더니, 그 자리에 조용히 앉아 눈을 감았다.

그 자리는 훗날 '산신의 음덕(蔭德)'이 깃든 명당으로 알려졌고, 부부는 그곳에 묘를 썼다. 자리를 잡은 그 산 아래에서 자란 그 아이는 총명하고 인자하여 백성들의 칭송을 받았고, 훗날 과거에 장원급제하여 정승에 올랐다.

  사람들은 "범이 낳고, 산이 키웠다"고 말했으며, 그 아이가 남긴 이름은 한 고을에 길이 남았다.

> 은혜란 되갚으라 강요하지 않지만
> 그 순간의 떨림과 고마움은
> 오래도록 가슴에 남아 세월을 건넌다.

◆ 1925년 6월 전북 고창에 백주에 대호 5세 아이를 잡아먹어

지난 6월 24일 전북 고창군 대산면 대장리에 거주하는 박민병은 그의 모친과 같은 동네 김영문의 논에 가서 품앗이 모내기를 하고 오후 6시경 집에 돌아온즉 웬일인지 자기의 아우 당년 5세의 아이가 온데간데없어 그 근방을 탐색하여보았으나 역시 종적이 묘연함으로 온 동네가 일제히 원근 산골짜기를 뒤져보는 중 과연 저수지 변에 맹호에 물려 죽은 아이의 시체를 발견했다. 근래에 이 지방에 호환이 심하여 주민들이 전전긍긍하고 있다. (1925.7.6. 조선일보)

67. 호랑이로 둔갑한 남편의 최후

전라도 고창 성송. 그곳에 살던 정 생원이라는 사내는 요즘 마을 사람들 사이에서 수상쩍은 눈초리를 받곤 했다. 그는 밤이면 어김없이 집을 나섰고, 해가 뜨기 무섭게 조용히 집으로 돌아오곤 했다. 아내는 남편의 몸에서 풍기는 기묘한 짐승 냄새를 느끼면서도 차마 무엇이라 묻지도 못한 채, 속으로만 의심을 키웠다.

그러던 어느 날 밤, 정 생원이 평소처럼 외투를 두르고 말없이 집을 나섰다. 그 뒤를, 아내는 살금살금 따라나섰다. 깊은 밤의 정적 속.

정 생원은 짚더미가 쌓인 외딴 마당으로 들어가더니 그 틈에서 낡은 책 한 권을 꺼내 들었다. 달빛 아래, 그는 조용히 주문을 중얼거리기 시작했다. 그러자 그의 몸이 서서히 일그러지고, 살과 뼈는 뒤틀리며 굵은 털이 솟아올랐다. 얼마 지나지 않아, 그는 더 이상 인간이 아니었다.

우렁찬 숨소리, 날카로운 송곳니— 그는 호랑이가 되어 있었다.

호랑이가 된 정 생원은 산속을 헤매며 짐승들을 사냥했고, 그 피 냄새와 짐승의 냄새가 그의 몸에 밴 채로 새벽녘 집으로 돌아왔다. 책을 다시 펴고 주문을 되뇌자, 사람의 형체로 조용히 되돌아갔다.

이 모든 광경을 숨죽이며 지켜본 아내는 두려움과 놀라움에 사로잡혔다. 그리고… 다음 날, 남편이 외출한 사이에 그 주문이 담긴 책을 불에 태워 버렸다.

정 생원이 돌아왔을 때, 책이 사라졌다는 사실을 알게 되자 그의 얼굴은 일그러졌고, 눈에는 사람이 아닌 짐승의 광기가 어렸다.

"왜 그랬느냐… 왜 내 길을 끊었느냐…"

그는 아내를, 자식들을… 그 누구도 남기지 않았다. 피비린내 가득한 집을 뒤로한 채, 그는 다시는 인간으로 돌아오지 못하고 호랑이의 모습으로 산속으로 사라졌다.

그로부터 몇 달 후, 봄기운이 퍼지자 부녀자들이 나물을 캐러 산에 올랐다. 그러다 굴 하나 앞에서, 그들은 믿기 힘든 광경을 마주했다. 굴속 깊은 곳, 호랑이 한 마리가 마치 사람처럼 앉아 있었다.

그 눈매, 그 턱선, 그 자세는 분명…

"저 호랑이… 정 생원 아냐?"

공포에 질린 부녀자들은 나물 바구니를 내던진 채 달아났고, 그 말은 삽시간에 마을 전체로 퍼졌다. 그러나 다음 날, 기이한 일이 벌어졌다. 도망쳤던 부녀자들의 집 앞마다 자신이 놓고 온 나물 바구니가 고스란히 돌아와 있었던 것이다. 호랑이는 바구니를 물고 하나하나 집 앞에 내려놓은 뒤, 말없이 산 너머 영광의 굴수산으로 자취를 옮겼다. 그 호랑이는 마침내, 이름난 사냥꾼 장 포수의 총에 맞아 쓰러졌다는 이야기가 지금도 고창의 어른들 입에서 전해지고 있다.

정 생원, 그 사내는 사람이었는가, 짐승이었는가. 그의 이야기는 지금도 산 안개 속에서 속삭이듯 흐르고 있다.

사랑했던 사내는,

호랑이 가죽 아래 숨은 또 다른 얼굴이었다.

책은 불타고, 그는 짐승으로 남았다.

◆ 1925년 2월, 전북 고창 방장산에서 대호 포획

전북 정읍군 소성면 동계리에서 사는 유명한 포수 신용환은 지난 17일에 고창군 방장산에서 큰 호랑이 한 마리를 잡았는데 살상은 총으로 잡은 것이 아니라 사냥개 두 마리가 호랑이를 몰아서 잡은 것이더라.

(1925.2.23. 조선일보)

68. 고창 방장산 호랑이의 은혜

고창 읍내 모양산성 아래, 조용한 골목길 끝에 작은 약방 하나가 있었다. 긴 세월 동안 병자들의 숨결과 눈물이 섞인 곳. 어느 날, 낯선 남녀 한 쌍이 문을 열고 조심스레 들어섰다. 두 사람은 커다란 모자를 눌러쓴 채, 얼굴을 반쯤 가리고 있었다. 당시 모자를 그렇게 깊게 눌러쓰는 이들은 대부분 스님이었기에 약사는 그저 속세를 떠난 스님의 내방이라 여겼다.
"무슨 약을 드릴까요?" 약사가 조심스레 물었다. 그러자 남자가 말했다.

"아내가 오래 앓고 있어요. 아무것도 먹지 못해요. 백약이 무효라 하오."

"혹시 체하신 겁니까?"

"모르겠습니다. 그냥… 도와주십시오."

약사는 이상했다. 스님에게 아내가 있다니? 게다가 모든 약이 무효라면서 또 약을 달라니? 의심과 당혹 속에 망설이던 그때—

그 남자가 으르렁— 굵은 울음소리와 함께 눈앞에서 호랑이로 변해 버렸다! 커다란 앞발이 약사의 어깨에 척 하고 올라왔다.

"약을 내놓아라! 아니면…"

놀란 약사는 도망칠 겨를도 없이 등에 업혀 산 너머 방장산 중턱까지 끌려갔다. 도착한 곳은 어두컴컴한 굴 앞. 그제야 호랑이는 다시 사람의 모습으로 변해 굴속으로 들어갔다. 굴 안에는 얼굴이 핼쑥한 젊은 여인이 기절한 듯 누워 있었다. 약사는 정신을 가다듬고 진맥을 시작했다. 하지만 맥이 이상했다.

의심 끝에, 그는 여인의 입 안 깊숙이 손을 넣어 몸속을 더듬었다.

그때 손끝에 걸려든 단단한 무언가— 은장도 끝에 꽂힌 비녀 하나.

그것이 바로 병의 원인이었다. 약사는 집으로 내려가 비녀를 제거할 약과 연고를 만들어 들고 다시 굴로 돌아왔다. 약을 먹인 지 사흘째, 여인은 눈을 떴고 수호랑이는 약사에게 무릎 꿇고 절하며 백배 사은을 표했다.

"당신은 우리 아내의 목숨을 살렸다. 반드시 은혜를 갚겠다."

그렇게 약사를 다시 약방 앞까지 업어다 주고, 수호랑이는 숲속으로 사라지며 한마디를 남겼다.

"언젠가 다시 오겠소."

그 후로 세 해가 흘렀다. 그날도 평소처럼 약방 문을 닫으려던 찰나, 두 남녀가 큰 부대 하나씩을 짊어지고 약방 앞에 도착했다.

약사는 눈을 크게 떴다. 그들이었다. 방장산에서 만난 그 호랑이 부부.

"약사님, 그 은혜를 갚고자 합니다."

호랑이는 말없이 부대 두 개를 풀었다. 그 안에는 향이 짙고 뿌리가 황금빛인 산삼이 가득 들어 있었다. 그것도 가마니로 두 개.

"이 산삼, 방장산 깊은 곳에서 저희가 직접 캔 것이오. 가져가시오."

약사는 감격에 말을 잇지 못했다. 그날 이후 약방은 단번에 소문이 퍼졌고, 산삼 하나가 백 냥을 호가하던 시절, 황약방은 하루아침에 백억 대 부자가 되었다. 그러자 약사는 조심스레 물었다.

"제가 무엇으로 대접하면 좋겠습니까?"

호랑이는 고개를 살짝 기울이며 말했다.

"개 두 마리면 충분하오."

그리하여 약사는 집에서 키우던 개 두 마리를 내주었다. 호랑이 부부는 그 개들을 물고는 숲 속으로 조용히 사라졌다. 그 후로도 황약방은 잘되었고, 약사는 부자로 오래오래 살았다. 지금도 고창 모양산성 근처에서는 "은혜는 반드시 갚는 법"이라며 호랑이의 이야기를 전한다.

> 바람처럼 흘러간 은혜도 꽃이 되어 돌아온다.
> 말 없는 짐승의 눈빛엔 충심이 깃들고,
> 기억된 사랑이 기적을 부른다.

69. 호랑이의 아내, 아기장수의 아버지

전라도 무주의 깊은 산중, 구천동의 한 사찰. 그곳에는 오 수좌라 불리는 승려가 있었다. 수좌란, 수도승 중에서도 상좌에 오른 자.

설법을 맡고, 주지 스님을 대신할 수 있는 높은 지위. 하지만 오 수좌는 범상한 승려가 아니었다. 그는 경전을 외우기보다 장풍과 기문둔갑에 능했고, 좌선보다는 술과 여색을 멀리하지 않았다. 그의 주먹은 바위를 부수고, 그의 눈빛은 산짐승도 움찔하게 했다.

그런 어느 날, 절 근처 숲속에서 한 마리 호랑이가 마을을 위협한다는 소문이 돌았다. 오 수좌는 한 치의 망설임도 없이 짚신만 신고 숲으로 들어갔다. 잠시 후, 맨손으로 호랑이를 때려잡은 오 수좌의 모습이 피로 얼룩진 법복과 함께 산 아래로 내려왔다.

그 후 얼마 지나지 않아 그는 무풍현 삼거리에 사는 한 과부에 대한 이야기를 듣는다. 절세의 미모, 사람을 홀릴 듯한 눈빛, 밤마다 사라졌다가 새벽에 돌아온다는 괴이한 소문들.

호기심에 이끌린 오 수좌는 과부의 집을 찾았고, 두 사람은 육체적 관계를 맺게 되었다.

그러나 그는 몰랐다— 그 과부가 바로 자신이 죽인 호랑이의 아내였다는 것을. 시간이 흘러, 그들 사이에 한 사내아이가 태어났다.

그 아이는 범상치 않았다. 좁쌀을 병정으로 둔갑시켜 군대를 훈련시키고, 장난감 검을 휘두르며 허공을 가르면 바위가 갈라졌다.

　마을 사람들은 "이 아이는 하늘이 내린 장수다"라며 수군댔다. 그러나 오 수좌와 호랑이 과부는 두려움에 떨었다.

　자신들의 죄와 금기를 깨고 태어난 아이. 장차 이 아이가 세상의 균형을 흔들게 될지도 모른다는 예언 같은 속삭임. 그들은 결국, 스스로 낳은 아이를 죽이기로 결심했다. 하지만 그 결정을 눈치챈 아이는 작은 눈망울로 부모를 바라보며 말했다.

　"제가 이 세상에 온 이유는… 왜적의 침입을 막기 위함입니다. 지금 저를 죽이면, 나라는 피바다에 빠질 것입니다. 하지만 원하신다면… 죽는 방법도 알려 드릴게요."

　그리하여 부모는 양 겨드랑이에 짚단을 꽂아 아이를 죽였다. 그 순간— 하늘이 갈라지고, 검은 구름이 몰려오며, 천둥과 번개가 산을 뒤흔들었다. 사람들은 이 기이한 날씨를 두고 수군댔다.

　"저 아이는 아기장수였어… 어머니 손에 죽은 유복자… 유 장군이었어."

　그리고 세월이 흘러, 임진왜란이 발발했다. 백성들은 말했다.

　"만일 유 장군이 살아 있었다면… 왜적 따위는 감히 조선을 넘보지 못했을 것이다."

　죄책감과 참회 속에서 오 수좌는 굴 속으로 숨어 들어갔다. 그날 이후 그를 본 이는 아무도 없었다. 지금도 무풍현 일대에는 이 전설을 따라 지명이 남아 있다. 용소, 말거리, 투구봉, 쇠머리, 뼈재—

　모두 아기장수가 태어나 승전하리라는 전설을 품고 있다.

호랑이의 피, 승려의 뫼,

그 사이에 태어난 한 아이는

조선이 버린 영웅이 되었다.

◆ 1926년 3월, 전북 금산군 강포수가 대호 포획

전북 금산면 중도리 383번지 사는 강성운(48세)이란 포수는 22일 오후 5시경에 진안군 주천면 확골 산중에서 큰 호랑이를 잡았는데 길이가 6자 9치 중량이 9관이나 되었다. (1926.3.26. 동아일보)

◆ 1931년 5월 전북 전주 맹호 출몰로 주민생활위협

전주군 우림면 효자리에는 지난 6일 밤에 맹호 한 마리가 나타나 정광윤 육경원 이순거의 집에서 기르던 돼지 한 마리씩을 몰아갔다. 이로 인하여 인근 주민들은 밤에는 문을 굳게 잠그고 외출도 삼가는 형편이다. (1931.5.10. 조선일보)

70. 비녀 뽑은 호랑이, 나라를 다시 세우다

조선이 태조의 손에서 태종으로 넘어가고, 권력이 칼끝처럼 날카로워진 시절. 유정현(柳廷顯)이라 이름난 인물이 있었다. 고려 말, 정몽주의 사람으로 몰려 귀양을 갔지만, 그의 재능은 결국 태종의 눈에 들었고, 1416년, 그는 영의정의 자리에까지 올랐다.

그러나 그의 후손들에게는 다시 한번 가혹한 시련이 다가왔다.

1456년, 수양대군이 조카 단종의 왕위를 찬탈하고 스스로 세조가 되자, 이를 막으려 했던 성삼문, 박팽년, 유성원 등은 역적으로 몰려 목숨을 잃었다. 세조는 그들과 같은 문중이었던 유정현의 후손들까지 귀양을 보냈다.

그리하여 유정현의 가문은 초라한 옥천 땅에서 20년 넘게 귀양살이를 해야 했다. 굴욕 속에서도 책을 놓지 않았던 유씨 일가. 그중에서도 한 아이는 유독 총명하고 심지가 단단했다. 하지만 귀양살이 중인 집안엔 과거 시험의 길조차 허락되지 않았다.

아이의 부모는 병으로 세상을 떠났고, 그는 홀로 마흔이 넘도록 혼인도 못 한 채 초야에서 학문과 자기 수양에만 힘썼다. 사람들은 그를 '유 총각'이라 부르다 나중엔 '유 선비'라 일컬었다.

그러던 어느 해, 조정에서 대대적인 정변이 일어났다. 연산군이 폐위되고, 중종이 즉위하면서 드디어 유씨 가문의 귀양이 풀렸다.

그러나 세상을 향한 열망은 이미 사라졌고, 유 선비는 그간 억눌렸던 마음을 달래기 위해 금강산과 구월산을 떠돌며 세상 구경에 나섰다.

해가 기울 무렵, 유 선비는 구월산 기슭에서 한 마리 호랑이와 마주쳤다. 본능적으로 버드나무 가지를 꺾어 들었지만 호랑이는 공격하지 않았다. 그 눈엔 눈물이 맺혀 있었고, 입을 벌린 채 신음하듯 울고 있었다. 유 선비가 조심스레 다가가 살펴보니— 목구멍 깊숙이 비녀 하나가 걸려 있었다.

그는 두려움도 잊고 손을 깊숙이 넣어 그 비녀를 빼 주었다. 호랑이는 고개를 숙이며 고맙다는 듯 유 선비를 등에 태우고 산길을 달려갔다. 잠든 사이, 호랑이는 그를 작은 움막 앞에 내려놓고 조용히 산속으로 사라졌다. 그곳에는 한 노인과 딸이 살고 있었다.

유 선비는 그들에게 머물며 밭을 갈고, 책을 읽으며 조용한 나날을 보냈다. 그리고 그는 자신이 눕혀졌던 자리에 버드나무 가지를 꽂고 움막을 짓고 살기 시작했다. 노인이 세상을 떠난 뒤, 그의 딸과 혼인하여 가정을 이루었고, 풍요로운 밭을 일구며 성실히 살았다.

세월이 흐르자 그의 소문은 산 아래로 퍼져 사람들이 하나둘 그곳에 정착하기 시작했다. 그는 아이들을 가르치고, 글을 가르치며, 한 마을의 스승으로 살았다.

그가 세운 마을은 훗날 '버들뫼', 혹은 '유리(柳里)'라 불렸다.

그가 꽂았던 버드나무 가지가 자란 산은 '버드산'이라 불리게 되었다. 그리고 후대에 이르러 그의 14대 손인 유최영의 가문에서는 진사 아홉 명, 효자와 열녀 다수, 그리고 사유정(四柳旌)이라는 정려각까지 세워졌다.

사람들은 말한다. "호랑이의 목에 걸린 비녀를 빼낸 것은, 단순한 은혜가 아니었노라. 그건, 망국의 한을 이겨 내고 다시 나라의 뿌리를 일으켜 세운 행위였노라." 유 선비는 자신의 학문과 덕으로 몰락한 가문을 다시 세웠고, 그 정신은 오늘날까지 유씨 가문의 뿌리로 남아 있다.

> 은혜는 칼이 아닌
> 뜻으로 이어져야
> 그 향기가 오래 남는다.

71. 호랑이와 지네, 그리고 한 효자의 집

옛날 옛적, 전라도 순창 산골마을에 이름 높은 효자 하나 있었으니, 그 이름은 한해오라 하였다. 그는 늙고 병든 아버지를 하루도 곁에서 떨어지지 않고 정성껏 간병하였으며, 그의 아내 또한 효부 중의 효부로서 밤낮으로 시부모의 병수발을 다하였다.

어느 추운 겨울날, 아버지가 말했다.

"물고기가 먹고 싶구나…"

그 말에 해오는 꽁꽁 언 강을 두드려 보며 물고기를 구하려 애썼으나 어디에서도 한 마리 물고기조차 찾을 수 없었다. 해오는 두 손을 모아 하늘에 정성을 다해 기도하였다.

그 순간— 어두운 구름이 몰려오고, 천지를 뒤흔드는 장대비가 쏟아졌다. 범람한 물이 해오의 집까지 밀려들었고, 그 물살을 타고 커다란 잉어 한 마리가 집 안으로 들어왔다. 해오는 그것이 하늘의 응답임을 깨닫고 정성껏 아버지께 잉어를 대접하였다.

며칠 후, 아버지는 딸기를 먹고 싶다고 하였다. 그 한겨울에 딸기라니… 그러나 해오는 포기하지 않고 매일같이 산과 들을 헤맸다.

그러던 중, 강천산 입구에서 정체 모를 젊은 여인을 만난다.

"딸기를 구하러 가시나요?"

그녀는 해오에게 신선봉 꼭대기에 딸기가 많다는 말을 남기고 사라졌다. 그러나 산 정상 어디에도 딸기는 없었다. 빈손으로 집에 돌아온 해오는 놀라운 소식을 듣게 된다. 아버지가 말했다.

"딸기, 잘 먹었다. 어떤 여인이 네가 보냈다며 가져왔더구나."

그 여인이었다. 마당 한켠에 서 있는 그녀는 공손히 인사를 하며 집안일을 돕고 싶다고 말했다. 조건은 단 하나—

"삼 년간 내가 머무는 방을 절대 들여다보지 마십시오."

그녀는 살림을 도맡았고, 덕분에 해오는 오롯이 아버지 병구완에만 전념할 수 있었다. 아버지의 병세는 차츰 나아져 갔다.

하지만 삼 년이 채 한 달도 남지 않았을 때, 해오는 여인의 방에서 이상한 빛이 새어나오는 것을 보게 된다. 호기심에 방문을 열어 본 해오. 그곳에는 여인이 아닌, 벽에 붙은 커다란 지네가 있었다.

지독한 독기 속에 방은 빛났고, 그제서야 해오는 여인의 말이 떠올랐다. 후회했지만 이미 때는 늦었다. 다음 날, 여인은 말했다.

"한 효자님의 집에서 인간으로 환생하려 하였지만, 단 하루를 남겨 두고 제 모습을 보셨으니 더 이상 이 집에 머무를 수 없어요."

그녀는 자신이 하늘의 죄를 받아 지네로 태어난 천상인이라 고백했다. 하늘에서의 벌을 피하기 위해 천벌이 내릴 수 없는 집, 즉 '효자의 집'을 찾아 머물렀다는 것이다. 여인은 강천사 쪽으로 떠났고, 산 어귀에 다다르자 청천벽력이 내리쳐 그녀는 벼락에 맞아 죽고, 그 자리의 바위는 두 쪽으로 쪼개졌다.

아버지가 끝내 세상을 떠나자, 한해오는 광암리 산자락에 아버지 묘를 마련하고 삼 년간 시묘살이를 하였다. 밤이 되면, 호랑이 한 마리가 묘 옆에 조용히 앉아 효자와 함께 밤을 지새우곤 했다.

그러던 어느 날, 그 호랑이는 오지 않았다. 그날은 순창 장날이었고, 장꾼들이 웅성거리며 말했다.

"우물에 호랑이가 빠졌대!"

한해오는 부리나케 달려가 마을 사람들이 우물 위에 대문짝을 얹고, 그 위에 큰 돌을 얹은 것을 보았다. 곧 포수를 불러 죽이겠다는 사람들이었다. 해오는 외쳤다.

"그 호랑이는 매일 밤 제 곁을 지켜 주던 벗입니다. 제발 살려 주십시오!"

사람들의 만류에도 그는 혼자 남아 우물을 덮은 대문짝을 치웠고, 호랑이를 구해 주었다. 호랑이는 눈빛으로 감사를 표하더니 해오를 등에 태우고 묘소까지 바람처럼 내달려 그를 다시 시묘살이 자리에 데려다 놓았다.

하늘은 그의 효심에 잉어를 내려 주었고, 신선도 그에게 몸을 의탁했으며, 짐승까지도 그의 곁을 지켰다. 그의 효심은 인간계를 넘어, 신계와 야생까지 울린 진실된 울림이었다.

이 모든 전설은 지금도 전라북도 순창군 팔덕면 광암리에 전해진다. 그곳 바위엔 벼락 맞아 갈라진 흔적이 남아 있고, 호랑이와 함께한 시묘살이의 자취가 마을 사람들의 입에서 입으로 전해져 내려온다.

진심 하나에
신이 무릎 꿇고,
짐승이 눈물을 삼킨다.

72. 호랑이가 된 아들, 위봉사의 별빛 아래

　전라도 완주군 운장산 기슭, 깊은 산중에 살던 김만수라는 청년은 세상에서 둘째가라면 서러울 정도로 지극한 효자였다. 그의 어머니는 연로하셨으나 입맛은 까다로워 고기반찬이 없으면 식사를 거르며 투정을 부리곤 했다. 김만수는 산골 마을에서 마땅한 고기를 구하기 힘들어 날이 갈수록 고민이 깊어졌다.

　어느 날, 김만수는 운장산 자락의 위봉사를 찾았다. 그곳엔 신통력을 지닌 도사 스님이 있다는 소문이 자자했다. 사연을 들은 스님은 도술서 한 권과 둔갑술 주문을 전해 주며 말하였다.

　"이 책의 주문을 외우면 너는 짐승으로 변할 수 있다. 단, 원래 모습으로 돌아올 때는 반드시 이 책을 펴고 주문을 되새겨야 하느니라."

　김만수는 고맙게 책을 받아 집으로 돌아왔다. 그날 밤, 그는 조용히 마루 끝에 앉아 주문을 외웠고, 커다란 호랑이로 둔갑하였다.

　산으로 달려간 그는 산돼지 한 마리를 사냥해 어머니께 고기반찬을 대접했다. 그 모습은 사람의 것이 아니었지만, 마음은 지극한 효심 그대로였다.

　며칠 밤이 지나도 김만수는 밤이면 사라지고, 아침이면 산짐승 고기를 들고 돌아왔다. 이상하게 여긴 아내는 그가 둔갑하는 모습을 몰래 지켜보다, 모든 비밀을 알게 되었다. 아내는 공포와 두려움에 사로잡혀 남편이 숨겨 둔 둔갑술 책을 불태워 버렸다. 그날 밤, 사냥을 마친 효자범 김만수는 다시 사람이 되려 했지만, 책이 없으니 주문을 되뇔 수 없었다. 그리하여 그는 영원히 호랑이의 모습으로 남게 되었다.

모든 진실을 알게 된 어머니는 아들의 희생에 깊이 뉘우치며 3년 동안 고기를 끊고, 위봉사에서 천일기도를 올렸다. 김만수의 아내 또한 효자범이 잡아 온 고기를 동네 사람들과 나누며 속죄의 마음을 전했다. 천일이 지나 어머니는 다시 위봉사를 찾았고, 스님은 새로운 주문이 담긴 두루마리를 건넸다. 그날 밤, 어머니는 기도 끝에 산속에서 호랑이로 살아가는 아들을 찾았다. 그리하여 마지막 주문이 낭랑하게 울려 퍼지고, 하늘에는 별빛이 쏟아졌으며, 호랑이의 모습은 서서히 사람의 형상으로 되돌아갔다.

그리하여 김만수는 다시 사람의 모습으로 돌아와 어머니를 모시며 여생을 살았고, 그 효심은 위봉사의 전설이 되었다. 지금도 위봉사에는 '효자범'의 전설이 전해지고, 그가 묵었던 기도처와 그가 뛰놀던 산자락의 발자국이 남아 있다고 한다.

진심은

언젠가 돌아온다.

별빛처럼, 느리지만 분명하게.

73. 해와 달이 된 오누이 이야기

옛날 옛날, 깊은 산골짜기에 아이 셋과 함께 사는 어머니가 있었다. 하루는 어머니가 남의 일을 도와주고 돌아오는 길에 산고개를 넘다가 무서운 호랑이를 만났다.

호랑이는 날카로운 이빨을 드러내며 말했다.

"떡 하나 주면 안 잡아먹지."

어머니는 떡을 하나 건넸고, 호랑이는 그것을 먹고는 사라졌다. 다시 고개를 넘는데 또 호랑이가 나타나 말했다.

"이번엔 옷을 벗어 주면 안 잡아먹지."

어머니는 떨리는 손으로 옷을 벗어 주었고, 호랑이는 그것을 입고 또 사라졌다. 세 번째 고개를 넘었을 때, 호랑이는 더는 참지 못하고 어머니를 잡아먹고 말았다. 호랑이는 어머니의 옷을 입고 아이들이 있는 집으로 향했다. 문 앞에 다다라 말했다.

"얘들아, 엄마다. 문 좀 열어 다오."

하지만 아이들은 곧 이상함을 느꼈다.

"엄마 목소리가 아닌걸요."

호랑이는 찬바람을 쐬어서 목소리가 변했다고 둘러댔다. 아이들은 손을 내밀어 보라고 했고, 거칠고 털이 많은 손을 보고 다시 의심했다. 호랑이는 밭을 매다 와서 그렇다고 둘러댔다.

결국 아이들은 막내 동생을 밖으로 내주었고, 호랑이는 부엌으로 데려가 잡아먹고 말았다.

그 뒤 오빠와 여동생은 호랑이가 무를 깎아 먹는 소리를 들으며 의심을 품고 뒷마당 샘가에 있는 커다란 나무 위로 몰래 올라갔다. 호랑이는 아이들이 없어진 것을 알고 찾아다니다가, 우물 속에 비친 아이들의 모습을 보고 물었다.

"야야, 너희 어떻게 물속에 들어갔니?"

아이들은 웃음을 터뜨렸고, 호랑이는 위를 올려다보다가 나무 위에 있는 아이들을 발견했다. "어떻게 올라갔니?" 묻자 오빠는 말했다.

"참기름 바르고 올라왔지."

호랑이는 부엌에서 참기름을 찾아 손에 바르고 올라가려 했지만, 미끄러져 번번이 실패했다. 그러자 동생이 말했다.

"도끼로 나무를 콕콕 찍으며 올라왔지."

이번엔 호랑이는 도끼를 들고 나무를 찍으며 올라오기 시작했다. 점점 가까워지자, 두 아이는 하늘을 향해 간절히 기도했다.

"하늘이시여, 우리를 살려 주시려면 새 동아줄을 내려 주시고, 죽이시려면 썩은 동아줄을 내려 주소서."

과연, 하늘에서 반짝이는 새 동아줄이 내려왔고, 오누이는 그것을 타고 하늘로 올라갔다.

호랑이도 하늘을 향해 외쳤다.

"죽이시려면 새 동아줄, 살려 주시려면 썩은 동아줄을 내려주소서!"

하늘에서 내려온 것은 썩은 동아줄. 호랑이는 그것을 타고 올라가다 동아줄이 끊어지며 옥수수밭으로 떨어져 죽었다. 그 피가 튀어 옥수숫대 끝이 지금도 붉다는 전설이 전해진다.

하늘에 오른 오누이는 오빠는 해, 여동생은 달이 되었다. 그러나 동생은 밤에 귀신도 나오고 무섭다고 하며 역할을 바꾸자고 했지만, 오빠는 말했다.

"한번 정해진 일은 바꿀 수 없는 법이야."

이후로 남자는 양(陽), 여자는 음(陰)이라는 이치가 생겼다고 한다.

지혜와 용기는 위기 상황에서 자신을 구할 수 있는 강력한 무기가 된다.

고난과 희생이 지나면 결국 정의가 승리한다는 교훈을 담고 있다.

신앙과 기도는 절망적인 순간에도 구원의 손길을 이끌어 낼 수 있다.

자신의 역할에 충실하며, 운명은 바꿀 수 없다는 삶의 교훈이 전달된다.

불사의 **존재**는 인간의 내면적인 갈등을 극복할 수 있는 상징으로 등장한다.

74. 산에서 온 새끼 호랑이와 망태기

전라도 순창 깊은 산골, 봄이 오면 마을 사람들은 망태기를 들고 산으로 향했다. 겨울을 지낸 장독대는 비어 있었고, 배는 고팠다. 고사리며 취나물, 산에서 나오는 것이 곧 밥이었고 돈이었다.

그날도 그랬다. 한 아주머니가 망태기를 들고 산길을 올랐다. 바람은 산나무 사이를 훑고 지나가며 겨울의 기운을 말끔히 씻어냈고, 아주머니는 땅바닥을 더듬으며 나물을 찾고 있었다.

그런데 어디선가 '뽀시락, 뽀시락' 소리가 들려왔다. 사람 소리도, 짐승 소리도 아닌 기묘한 소리였다. 아주머니는 호기심에 조심스레 소리가 나는 쪽으로 다가갔다.

작은 바위 너머, 쇠뜨기로 엮은 작은 집 하나가 눈에 들어왔다. 그리고 그 앞에서 호랑이 새끼 세 마리가 장난을 치며 놀고 있었다. 까만 줄무늬가 선명한 그 몸짓은 마치 고양이처럼 귀엽고 천진난만했다. 아주머니는 저도 모르게 웃으며 속삭였다.

"아이구, 이쁘다…"

그 순간, 놀란 새끼 두 마리는 재빨리 굴속으로 사라졌고, 남은 한 마리는 어리둥절한 눈으로 아주머니를 바라보았다. 아주머니는 망설임도 없이 망태기에 새끼를 담아 어깨에 둘러멨다.

"이 아이는 내가 키워야겠네…"

하지만 그날 밤, 무언가 기이한 일이 벌어졌다.

처음엔 문살에 모래 뿌리는 소리처럼 사르르한 소리가 들렸다. 뭔가 이상해 창문을 살짝 열어 본 순간, 아주머니는 숨이 멎는 듯했다.

그것은 부엌으로 들어가 꼬리를 물에 적신 후 아궁이의 재를 묻혔다. 그리고는 그 꼬리로 방문에 재를 휙휙 뿌리기 시작했다. 확실했다. 새끼를 잃은 어미 호랑이였다.

"어멋…"

겁에 질린 아주머니는 몸을 움츠렸고, 호랑이는 눈이 이글거리며 장독대로 향했다. 크고 단단한 항아리들을 내리치고 깨부쉈다. 독이 깨질 때마다 땅이 울렸다. 그 모습을 본 남편이 마루에서 소리를 질렀다.

"아, 썩을 여편네야! 대체 뭘 건드려서 이 난리를 만드냐! 호랑이나 데려가라!"

그 말이 끝나자마자 호랑이는 짖고 있던 집 개를 순식간에 덥석 물고는, 해가 뜰 무렵 사라졌다. 그 이후로도 밤이면 호랑이는 나타났고, 꼬리로 재를 뿌리고, 장독대를 또 깨부쉈다. 이대로는 마을이 뒤집힐 판이었다. 결국, 아주머니는 마음을 굳혔다. 이른 새벽, 호랑이 새끼를 망태기에 넣어 그 쇠뜨기 집 앞 굴가에 조용히 내려놓았다.

"미안허이… 내가 욕심을 부렸구만…"

그날 밤, 호랑이는 오지 않았다. 다음 날도, 그다음 날도 마을은 조용했다. 그 후로 그 마을 사람들은 아무리 귀여워도, 아무리 탐이 나도, 산에서 만나는 짐승은 건드리지 않았다.

산에는 산의 법이 있다는 걸 똑똑히 배웠기 때문이다.

탐욕은 사랑조차 무겁게 만든다.

75. 호랑이 대통령과 어치재의 수호자

전라북도 순창군 동계면 구미리, 그 동북쪽 깊은 산중에 용궐산이 우뚝 솟아 있다. 한때 호랑이들이 터를 잡고 살던 그 산은, 수백 년 전만 해도 해가 지면 누구도 함부로 넘지 못하는 땅이었다.

그 용궐산 허리에 조용히 자리한 절 하나, 이름하여 용유사. 그리고 그 절의 주지 스님은, 사람들 사이에 '호랑이 대통령'으로 불렸다.

그의 이름은 전해지지 않았다. 다만 사람들은 그를 "그분"이라 불렀고, 맹수가 그의 그림자만 보아도 꼬리를 내렸다는 소문이 마을을 넘어 고을마다 퍼졌다.

그 시절, 동계면에서 임실군 강진면으로 넘어가는 고갯길 하나가 있었으니, 이름하여 어치재.

고갯마루엔 수령이 500년을 넘긴 느티나무 한 그루, 아래에는 다리를 벌린 듯 기묘한 형상의 괴목이 서 있었다. 사람들은 이를 각각 음목과 양목이라 불렀다. 음과 양이 교차하는 이 고갯길은 마치 다른 세계와 맞닿은 통로 같았고, 밤이면 호랑이의 울음소리가 산골짜기를 울렸다.

그래서 이 고개를 넘으려는 사람들은 세 사람 이상이 모여야 했다. 혼자 넘는 일은 곧 생명을 내놓는 일이었다. 용유사의 스님들조차 밤이 되면 발길을 멈추었고, 혼자 돌아오다 짐승에게 쫓겨 달아난 일이 한둘이 아니었다.

그런 어느 날 밤, 용유사의 주지 스님은 홀로 어치재를 올랐다.

"도에서 물러서면 어찌 백성을 이끄랴…"

스님은 일부러 고갯길 중간, 음목 아래에 자리를 틀었다. 그리고는 고요히 앉아 기다렸다. 달빛 아래 괴목의 그림자는 마치 짐승처럼 일렁이고, 밤바람은 산을 훑듯 지나갔다. 그 순간, 스님의 배를 가로지르던 고요가 무너졌다.

"…큰일이군."

갑작스레 밀려오는 인간적인 급박함—대변이었다. 스님은 짐짓 태연히 길 옆으로 몸을 옮겨 일을 보았다. 그러나 그 순간, 등 뒤에서 들려온 짙은 숨소리.

"크르릉…"

고개를 돌리자, 황소만 한 호랑이 한 마리가 스님의 바로 등 뒤에 서 있었다. 어두운 눈동자에 달빛이 번뜩였고, 짧은 숨결은 땅을 울렸다. 그러나 스님은 놀라지 않았다. 오히려 태연히 중얼거렸다.

"하필 지금이냐, 이놈아."

그리고는 맨손으로 호랑이의 앞다리를 붙잡고, 자신의 무릎 사이에 끼워 고정한 채 볼일을 마쳤다. 스님이 자세를 고쳐 잡자, 호랑이는 움찔했으나 움직이지 않았다. 그 힘은 단순한 체력의 문제가 아니었다. 뭔가 더 깊고, 무서운 것이 있었다. 볼일을 마친 스님은 호랑이를 음목의 갈라진 가지 사이에 끼워 둔 채, 무심히 산길을 내려갔다.

"거기 있어라. 내일 데리러 오마."

이튿날 아침, 마을 사람들은 입을 다물지 못했다. 고갯길 괴목 사이에, 전날 그 무시무시한 호랑이가 끼어 있었다. 기진맥진해 눈만 깜박이는 호랑이는 도망치지도, 포효하지도 않았다. 마을은 소란스러웠고, 이 맹수를 어떻게 할 것인지 사람들마다 의견이 갈렸다.

그때였다. 용유사 주지 스님이 내려왔다. 그는 군중 앞에 섰고, 아무런 무기 없이 호랑이에게 다가가 괴목에서 끌어내렸다. 그리고는 조용히 말했다.

"이 세상은 너희만의 것이 아니다. 말 없는 미물이라 해도 사람을 해친다면, 나 하나로 족하다. 하지만 살려 주겠다. 다시는 이 고갯길에 나타나지 마라. 너희의 자리는 여기가 아니다."

그 말이 끝나자 호랑이는 스님의 발치에서 몸을 일으켰고, 뒤도 돌아보지 않고 숲속으로 사라졌다.

사람들은 숨죽여 바라보다 불안에 찬 목소리로 물었다.

"스님, 저놈이 또 나타나면 어쩌겠습니까?"

스님은 빙그레 웃으며 말했다.

"다시는 오지 않을 것이다. 믿지 못하겠거든 시험해 보라."

그러더니 밧줄 하나를 가져오게 했다. 자신의 다리에 묶고는 말했다.

"끌어 보게. 움직이나."

장정 열여섯이 줄을 잡고 안간힘을 썼지만, 스님의 다리는 꿈쩍도 하지 않았다. 그제야 사람들은 깨달았다. 이 스님은 단순한 수행자가 아니었다. 그는 이 산의 정령이자, 짐승의 대통령이었으며, 사람과 산 사이의 경계를 지키는 진짜 어른이었다.

그날 이후, 어치재 고갯길에 맹수는 나타나지 않았다. 사람들은 혼자서도 고개를 넘었고, 달빛 아래 괴목은 여전히 그 자리에 서 있었다. 하지만 가끔, 바람이 세차게 불고 숲이 크게 요동치는 밤이면 사람들은 조용히 말했다.

"지금쯤, 그 호랑이가 또 인사하러 온 건 아닐까?"

힘은 무기 아닌 마음에서 솟고
어른은 다스림 아닌 지킴에 있다.
두려움 속 한 걸음, 세상을 흔든다.

76. 무주 산골의 복수 화신 호랑이

전라도 무주의 첩첩산골. 해가 뉘엿뉘엿 지는 늦가을의 어느 날, 가난한 나무꾼이 깊은 산골짜기에서 땔나무를 하던 중이었다. 겨울을 앞두고 나무 한 짐이라도 더하려는 마음에 그는 늦게까지 산을 헤맸다. 어스름이 내려앉을 무렵, 지게에 나뭇짐을 한가득 실은 그는 천천히 마을로 발길을 돌렸다. 하지만 그는 알지 못했다. 그 지게 뒤를 조용히, 조심스럽게 따라오는 작은 그림자의 존재를.

어미를 잃고 길을 잃은 새끼 호랑이 한 마리가, 따스한 체온을 좇듯 나무꾼의 뒤를 졸졸 따라오고 있었다. 집에 도착한 나무꾼은 녹초가 된 몸을 간신히 끌고 부엌으로 향했다. 그가 지게를 힘껏 뒤로 던지는 순간, 쿵 하는 묵직한 소리와 함께 무언가가 깔리는 소리가 나기도 했지만, 그는 배고픔과 피로에 정신이 팔려 알아차리지 못했다. 얼굴에 땀을 훔치며 밥상을 차리던 그때였다. 마당 어귀에서 기이한 낌새가 느껴졌다. 문틈으로 내다본 순간, 그의 눈앞에는 믿기 어려운 광경이 펼쳐졌다.

달빛 아래, 거대한 호랑이 한 마리가 조용히 집 앞에 서 있었다.

마치 분노를 품은 망령처럼 호랑이는 으르렁거리며 문을 박차고 들이닥쳤고, 나무꾼은 혼비백산하여 문지방을 붙잡고 버텼다. 필사적으로 발버둥 쳤지만, 맹수의 힘은 인간의 기력을 초월했다. 결국 호랑이는 그를 마당으로 끌어내더니 한 번에 내동댕이쳤다. 순식간에 생명이 꺼졌고, 호랑이는 그를 먹지도 않고 그대로 사라졌다.

마을 사람들은 이 기이한 죽음을 두고 숙덕거렸다. 왜 호랑이는 그를 해치기만 하고 먹지 않았을까?

며칠 뒤, 장례를 준비하던 중 나뭇간에서 이상한 것을 발견했다. 땔나무 더미 아래, 숨이 끊긴 채 웅크리고 있던 새끼 호랑이 한 마리. 정황상, 나무꾼이 지게를 부리는 순간, 뒤를 따라온 새끼가 나뭇짐에 깔려 죽은 것이 분명했다. 그리고 그 모든 장면을, 어미 호랑이는 숨어서 지켜보고 있었던 것이다.

어미는 새끼에게 접근하지 못한 채, 멀찍이서 나무꾼을 미행했다. 틈을 엿보다가 눈앞에서 벌어진 비극을 지켜본 것이다. 새끼가 깔려 죽는 순간, 어미 호랑이의 눈에서는 불꽃이 일었다.

그녀는 복수의 화신이 되었고, 그날 밤, 아이를 잃은 어미의 분노는 나무꾼을 향해 거침없이 쏟아졌다.

그날 이후, 무주 산골의 사람들은 '호랑이의 복수' 이야기를 전설처럼 입에서 입으로 전해 내려왔다. 생명을 앗은 자에게 반드시 되갚는다는 산신령 같은 존재, 그 호랑이는 무주의 산신이자 복수의 화신이 되었다.

가벼이 여긴 생명, 언젠가 무게로 되돌아오고
자연의 뜻은 비껴 가도, 끝내 제 길을 찾아온다.
억눌린 눈물은, 조용히 분노로 피어난다.

77. 호랑이도 감동한 김제 김효자 이야기

옛날, 전라도 김제 땅에 김효자라 불리는 사내가 살았다. 가진 건 초라한 옷 한 벌과 해진 삿갓뿐이었지만, 그 마음 하나는 세상 누구보다 귀했다. 굽은 부모님을 지극정성으로 모셨고, 자신보다 어른 밥상을 먼저 차렸다.

어느 날, 김효자는 산에 올라 땔감을 모으고 있었다. 해가 기울 무렵, 골짜기 어딘가에서 우렁찬 호랑이의 울음소리가 산을 찢었다.

"어흐으응—!"

등골이 서늘해졌다. 그는 낫을 움켜쥐었다. 언제 어디서 뛰쳐나올지 모를 맹수를 상대로, 쥐어짜낸 용기 하나로 맞설 준비를 했다.

하지만… 그 소리는 싸우려는 포효가 아니었다. 슬펐다. 처절했다. 애달팠다. 김효자의 발걸음은 산 아래 움푹 팬 굴 쪽으로 향했다. 그리고 그는 그곳에서 황소만 한 호랑이를 마주했다.

입을 활짝 벌리고, 움직이지도 못한 채 괴로움에 몸을 떨고 있었다. 눈에는 눈물까지 맺혀 있었다.

"무슨 일이냐, 너도 아프냐…"

가까이 다가가 살펴본 김효자는 깜짝 놀랐다. 목 깊숙한 곳에 커다란 가시 한 개가 박혀 있었던 것이다. 잠시 망설였지만, 그는 호랑이의 입안으로 손을 집어넣었다. 날카로운 송곳니, 피비린내 나는 숨결. 그 틈을 뚫고 손을 밀어 넣어, 마침내 가시를 뽑아냈다!

호랑이는 잠시 멍하니 그를 바라보다가, 이내 앞발을 접고 고개를 숙였다. 꼬리를 살랑이며 감사를 전했다.

그날 이후, 둘은 떼려야 뗄 수 없는 사이가 되었다. 호랑이는 그림자처럼 김효자를 따랐다. 부모님이 외출하시면 등에 태워 모시고, 산짐승을 사냥해 고기까지 가져다주었다. 사람들은 말했다.

"저건 하늘이 내린 효자요, 호랑이조차 감동케 한 인간이라오!"

그러던 어느 날, 김효자가 부모님 반찬거리를 사 들고 마을 어귀를 지나는데, 멀리서 소란스러운 고함이 들려왔다. 사람들의 고성, 그리고…어디선가 익숙한 호랑이의 울음소리! 김효자는 가슴이 철렁 내려앉았다. 미친 듯이 달려간 그 자리엔, 함정에 빠져 있는 호랑이, 그리고 돌과 몽둥이를 든 마을 사람들이 있었다.

"저놈이 사람 잡아갔다!"

"아이를 해친 살쾡이로다!"

"잡아서 죽여야 해!"

하지만 김효자의 눈에는, 발버둥치며 울부짖는 자신을 따르던 호랑이만 보였다. 사람들의 말은 들리지 않았다. 그는 크게 외쳤다.

"멈추시오! 그 호랑이는 내 친구요! 나의 은인이오!"

하지만 군중은 흥분했고, 이성은 멀리 달아났다.

말이 통하지 않자, 김효자는 그 함정 안으로 몸을 던졌다!

"김효자 미쳤나!"

"물려 죽을 셈이야?!"

순간, 사방이 정적에 잠겼다. 함정 속에서 으르렁거리던 호랑이가 고개를 들었다. 그리고… 눈가에 맺힌 물방울. 꼬리를 흔들며, 강아지처럼 김효자에게 다가가 머리를 비볐다. 사람들은 그제야 깨달았다. 저것은 짐승이 아닌 충직한 벗이었다. 그리고 김효자는, 짐승보다 더 깊은 인정과 믿음을 품은 사내였다. 그날 이후, 누구도 그 호랑이를 해치려 하지 않았다. 김효자가 가는 길에는 언제나 커다란 호랑이 한 마리가 조용히 뒤를 따랐다.

서로를 믿고, 의지하며 그렇게 세월이 흘렀다. 그리고 어느 날, 김효자가 숨을 거두자— 호랑이는 사람들 앞에 마지막으로 고개를 숙인 뒤, 영영 모습을 감추었다. 그 후로도 김제 땅 사람들은 이야기한다. 하늘은 진짜 효자에게 짐승조차 감동하게 한다고.

그리고 그 효자의 곁엔 언제나, 한 마리 호랑이가 함께했다고.

> 서로를 아끼는 마음이
> 칼보다 강하고,
> 운명보다 깊다.

78. 호랑이로 변신한 허 생원

옛날, 전라도 순창 깊은 산골에 허 생원이라는 선비가 살았다.

세상 물정엔 어두웠지만, 글공부에 미쳐 밤낮으로 책만 읽던 사내였다. 특히『주역』에 심취하여 그 원리를 꿰뚫고자 했다. 하늘과 땅의 이치, 인간과 짐승의 경계조차 넘나들고 싶었다. 그 열망은 마침내 금기를 깨뜨렸다. 허 생원은 어느 날, 마침내 터득했다.

변신술.

마음먹으면 호랑이가 되었고, 여우가 되고 싶으면 여우가 되었다.

한밤중, 그는 짐승의 형상으로 마을을 누볐다. 그리고… 이따금 다른 짐승들—진짜 호랑이, 여우까지 데리고 집에 돌아왔다.

식구들이 기절할 듯 놀랄 때면, 그는 어리둥절한 척, 아무것도 모르는 척, 낮처럼 굴었다. 그러나 날이 갈수록 괴이한 밤의 소동은 점점 도를 넘었다. 견디다 못한 아내는 어느 날 밤, 잠든 척하고 남편의 행적을 지켜보았다.

어두운 방 안, 허 생원은 조용히 일어나더니 낡은 책 한 권을 꺼냈다. 『주역』이었다. 그는 똑바로 책을 읽더니— 눈 깜짝할 새 호랑이로 변했다! 털이 번뜩이고, 눈빛은 번개 같았다. 거대한 몸집이 방문을 밀치고 밖으로 사라졌다. 한밤중의 산속으로, 날짐승과 짐승들의 왕국으로. 그리고 새벽녘. 첫 닭이 울 무렵— 호랑이는 다시 돌아왔다. 이번엔 책을 거꾸로 읽었다. 그러자 사람의 모습으로 되돌아갔다. 그 모든 것을 목격한 아내는 숨을 삼켰다. 다음 날, 그녀는 남편에게 애원했다.

"제발, 그만두세요. 당신은 사람이에요. 사람으로 사시라고요…"

하지만 허 생원은 웃으며 고개를 저을 뿐, 그 밤에도 다시 책을 펼쳤고, 다시 짐승이 되었다. 절망한 아내는 결국 결심했다. 책을 태워 버리기로. 그날 밤, 허 생원이 호랑이로 변해 사라지자, 그는 남편이 늘 읽던 그『주역』책을 꺼내 불에 던졌다.

불길은 활활 타올랐고, 금단의 비밀은 연기와 함께 사라졌다. 그리고, 새벽. 허 생원—아니, 호랑이가 돌아왔다. 피곤하고 낯선 눈빛.

그는 책을 찾았다. 책장이든, 방구석이든, 어디에도『주역』은 없었다. 그제야 허 생원의 눈에 불안이 어렸다. 그리고… 절망. 그 거대한 몸이 떨렸다. 그는 울었다. 호랑이의 모습으로, 사람의 마음으로.

"나는… 돌아갈 수 없구나…"

슬픈 눈물방울이, 땅바닥을 적셨다. 그는 문밖으로 나가, 마을 어귀 커다란 바위 위에 올랐다. 몇 날 며칠을 그 위에 앉아 울었다.

사람으로 돌아오지 못한 허 생원은 어디론가 사라지듯 멀어졌다. 짐승의 껍데기를 뒤집어쓴 채, 인간의 심장을 품은 채, 그렇게 사라졌다. 그 뒤로 사람들은, 그 바위를 '주역 바위'라 불렀다.

그 바위 위에는 지금도 비 오는 밤이면, 커다란 짐승의 울음소리가 들린다고 한다. 그 울음은, 사람이 되고 싶었던 한 사내의 마지막 통곡이었다.

욕망이 지나치면, 끝내 나를 잃고

삶의 시작은, 나의 자리를 지키는 데 있다.

길은, 멈추고 돌아설 때 비로소 보인다.

79. 호랑이 눈썹을 뽑은 사나이

옛날, 전라도 진안 깊은 산골에 가난한 부부가 살았다. 해 뜨면 일하고, 해 지면 지쳐 쓰러졌지만… 쌀독은 늘 비었고, 마음은 점점 메말라 갔다. 그 남자는 어느 날, 쓸쓸한 뒷산에 올라가 이렇게 중얼거렸다.

"차라리 죽는 게 낫겠구나…" 그때 문득 떠오른 소문 하나.

"백인재 고개를 죽을 각오로 넘으면 팔자가 바뀐다더라."

그 말에 모든 걸 걸었다. 밤이 되자, 그는 홀로 배낭 하나를 메고 백인재 고개를 향해 발걸음을 옮겼다. 안개가 자욱한 산길, 으슥한 고갯마루에 이르렀을 때— 커다란 무언가가 앞을 가로막았다.

"어흥…!"

바로 호랑이였다. 심장이 멎는 듯했지만, 그는 두 눈을 부릅떴다.

죽을 각오였기에 두려울 것도 없었다. 그러자 호랑이가 입을 열었다.

"나는 사람을 잡아먹지 않는다. 허나, 사람의 탈을 쓴 개나 닭은 먹는다."

남자는 어리둥절한 눈빛으로 호랑이를 바라보았다. 호랑이는 자신의 커다란 눈에서 긴 속눈썹 한 가닥을 뽑아 그에게 건넸다.

"이걸 눈에 대고 보면 진짜 사람인지, 개나 닭인지 판별할 수 있다. 그리고… 당신 부인. 미인이긴 하나— 닭이다."

그 말에 정신이 번쩍 든 남자. 눈썹을 품고 집으로 돌아왔다. 밤이 되자, 그는 호랑이의 속눈썹을 살며시 눈에 댔다. 그리고 아내를 바라보았다.

Ⅵ. 전북특별자치도

…닭이다. 진짜였다. 아름다운 얼굴 아래, 붉은 볏과 노란 부리가 아른거렸다. 그는 말을 잃었다. 그리고 마음을 다잡았다.

　진짜 사람과 함께 살리라. 며칠 후, 마을로 지나가던 등짐장수 부부를 만났다. 속눈썹으로 보니, 남편은 수탉, 아내는 사람이었다. 남자는 둘을 집으로 불러 하루 묵게 했다.

　그리고 밤, 조용히 계획을 실행했다. 아내와 수탉을 짝지었다.

　그리고, 이튿날— 둘을 내쫓았다. 그리고 등짐장수의 아내에게 진실을 말했다.

　"당신은 사람이오. 나는 호랑이 눈썹으로 그걸 알았소. 나와 함께 살아 주시겠소?"

　놀란 그녀는 처음엔 망설였지만, 그의 진심에 마음을 열었다. 두 사람은 함께 살았고, 하는 일마다 기이하게 잘되었다. 장사가 대박을 치고, 논밭마다 황금이 쏟아졌다. 부자가 되었다. 몇 해가 흘렀다. 어느 날, 남자는 문득 옛 부인이 떠올랐다.

　'그녀는 지금 어떻게 살고 있을까…'

　미련인지, 후회인지 모를 감정에 이끌려 그녀의 집을 찾았다. 그런데 놀랍게도— 그녀 또한 부자가 되어 있었다! 그녀와 함께 살고 있는 이는 바로… 그날 내쫓았던 등짐장수 수탉이었다. 이야기를 들어 보니, 땅을 갈다가 황금 항아리가 나왔단다. 그 덕에 그들도 복을 받았고, 누구보다 행복한 삶을 살고 있었다. 그날 밤, 넷은 함께 모여 모든 사연을 털어놓았다. 속이 후련해진 네 사람은 서로의 마음을 헤아렸고, 이내 한 집에서 함께 살기로 결정했다.

　그 후로 마을 사람들은 그들의 집을 '사람의 눈과 호랑이의 눈이 만난 집'이라 불렀고, 그 눈썹은 사람을 알아보는 지혜의 상징으로 전해졌다고 한다.

사람됨은 겉이 아니라, 마음에 깃들고
진실을 마주할 용기, 삶의 방향을 바꾸며
이해의 눈빛 속에, 비로소 행복이 피어난다.

VII.
대전광역시 · 충청남도

충청남도와 대전은 넓은 평야와 완만한 산세로 이루어져 있지만, 호랑이의 그림자는 짙게 드리워져 있었다. **논산, 예산, 당진, 천안**의 산과 들에는 호랑이 전설이 지금도 남아 있다. 이 지역 호랑이는 인간의 **약속과 신의**를 시험하며, 효자·효부의 눈물과 희생을 통해 도덕적 기준을 세웠다. 충남·대전의 전설은 호랑이를 단순한 맹수가 아니라, 사람과 신을 잇는 다리로 그려낸다.

80. 아기를 돌려준 호랑이

옛날, 대전 유성구 지족동 골짜기에는 늙은 아버지를 모시고 사는 젊은 부부가 살고 있었다. 날마다 해가 지면, 지팡이에 의지한 아버지는 천천히 산길을 걸어 집으로 돌아왔다. 하지만 그날따라 어둠이 짙게 깔렸는데도 아버지는 돌아오지 않았다. 며느리는 초조했다.

"혹시 넘어지신 건 아닐까… 혹은…"

갓난아기를 등에 업고, 등잔불을 들고 산길로 나섰다. 바람은 차고, 숲은 고요했으며, 달빛조차 희미하게 떨리고 있었다. 얼마나 걸었을까. 골짜기 바위 아래에서 아버지를 발견했다. 낮잠을 자는 듯 고요히 누워 있는 모습. 그러나… 그 곁에, 호랑이 한 마리가 있었다. 황금빛 눈동자, 위풍당당한 몸집. 호랑이는 아버지를 지켜보듯 옆에 조용히 앉아 있었다. 그 순간, 며느리는 발이 얼어붙었다.

'…지금은 자고 있으니 괜찮지만, 아버지가 깨어나면— 저 호랑이가 덮칠지도 몰라…'

그녀는 숨을 죽였다. 그러다, 문득 결심했다.

"아버지를 살릴 수 있다면, 내 아기를 잠시 호랑이에게 맡기겠다."

그녀는 조심스럽게 아기를 풀숲 위에 눕히고, 아버지를 깨워 집으로 돌아왔다. 내색은 하지 않았지만, 그녀의 가슴속에는 불안과 후회가 출렁이고 있었다.

그리고… 그 밤, 아기를 찾으러 다시 달려갔을 때— 아기는 사라지고 없었다.

"내 아이…!"

집으로 돌아온 그녀는 남편과 함께 이불을 뒤집어쓰고 소리 없이 울었다. 눈물은 베개를 적셨고, 마음은 텅 비어 버렸다.

'아버지는 무사하시니… 그걸로 다행이야… 하지만… 다시는 내 아이를 볼 수 없을까…'

그렇게 지쳐 눈을 감으려던 그때— 샘터 쪽에서 아기의 울음소리가 들려왔다.

"우에에—"

그녀는 문을 열고 달려 나갔다. 샘물 가에는, 갓난아이가 강보에 싸인 채 작은 돌 위에 조심스레 올려져 있었다. 아이는 다치지 않았고, 오히려 포근하게 감싸져 있었다. 호랑이의 발자국은 그 곁에 남아 있었지만, 아무 해코지도 없었다. 그녀는 아이를 품에 안고 하염없이 울었다. 그리고 그 밤, 마을의 전설 하나가 태어났다.

"호랑이는 착한 사람, 효심 깊은 사람을 해치지 않는다. 오히려 그 마음을 알고, 도와주는 신령한 존재다."

지족동 사람들은 지금도 이 이야기를 아이들에게 들려준다. 호랑이는 산짐승이 아니었다. 진심을 아는 존재였고, 때로는 아기를 지켜 주는 수호신이기도 했다.

두려움은 진심 앞에 무너지고
수호자는 뜻밖의 얼굴로 다가오며
믿음은 기적의 문을 연다.

81. 호랑이가 가장 무서워하는 '이리온'

옛날 옛날, 충청도 예산의 한 산골 마을, '한갓골'이라는 이름의 작은 마을에 가난하지만 성실한 부부가 살고 있었다. 두 사람은 날마다 숯을 굽고 장에 내다 팔며 어렵게 살았지만, 그러던 어느 날, 땀 흘린 끝에 드디어 작은 송아지 한 마리를 살 수 있게 되었다. 그 송아지는 그들에겐 보물 같은 존재였다.

하지만 이 소문은 마을에 퍼졌고, 한 도둑과 뒷산에 사는 호랑이까지 송아지를 탐내게 되었다. 밤이 깊고 어둠이 내려앉은 어느 날, 먼저 찾아온 건 호랑이였다. 살금살금 외양간에 다가가려던 그때—

집 안에서 들려온 엄마의 외침!

"애야, 밖에 호랑이가 온다! 울면 호랑이가 데려가~!"

호랑이는 깜짝 놀랐다.

'아니, 저 여인이 어찌 내 존재를 알았지? 내가 조용히 왔는데…?'

하지만 아기는 울음을 멈추지 않았고, 엄마는 방으로 들어와 아기를 품에 안고 젖을 물렸다. 그 순간— 아기는 뚝 그치고 조용해졌다.

"이리 온~"

그 단어에, 아기는 울음을 그쳤다. 호랑이는 그 말을 듣고 오싹했다. '저 무서운 소리에 아기가 울음을 멈추다니… 이리온이란 놈이 분명 나보다 무서운 녀석임에 틀림없다!' 그때였다. 외양간에 또 누군가가 들어왔다.

바로, 송아지를 훔치러 온 도둑이었다. 어둠 속에서 송아지를 더듬던 도둑은 숨어 있던 호랑이를 실수로 툭 치고 말았다. 놀란 호랑이는 벌떡 일어나며 뛰었고, 그 충격에 도둑은 호랑이의 등에 휙 올라타고 말았다!

"이게 뭐야?! 이리온이 내 등에 탔다!"

호랑이는 도둑을 '이리온'이라 착각한 채 산속을 죽기 살기로 도망쳤다. 도둑은 자신이 호랑이 등에 탄 줄도 모르고 "으아아악!" 소리치며 매달려 있었다. 얼마나 달렸을까. 고목나무 아래에 멈춘 호랑이는 도둑이 나무에 매달리는 틈을 타 그 자리에 숨었다. 그때, 여우 한 마리가 다가왔다.

"호랑이 아저씨! 왜 그렇게 허겁지겁 도망치시죠? 송아지는요?"

호랑이는 숨을 헐떡이며 말했다.

"무슨 송아지야! 이리온이 날 잡으러 온 거야! 내 등에까지 탔었어!"

여우는 어이없다는 듯 웃으며 말했다.

"아이고, 아저씨! 그건 그냥 사람이었죠. 지금 저기 고목나무 속에 숨어 있어요."

호랑이는 숨을 고르며 여우에게 말했다.

"그럼… 여우야, 내가 아래에서 지킬 테니 너는 위에서 감시해 줘. 그 이리온 놈이 나오면 잡아먹을 거야!"

여우는 나뭇가지 위로 올라가 도둑을 감시하기 시작했다. 시간이 흐르고, 피곤해진 여우의 긴 꼬리가 축 늘어져 나무 밑으로 내려왔다. 도둑은 재빨리 초립끈으로 올가미를 만들어 그 꼬리를 확 잡아당겼다.

"나 죽어~!!!"

여우가 비명을 지르자, 호랑이는 깜짝 놀라 다시 한번 도망쳤다.

"으악! 그게 바로 이리온이었어!!!"

그렇게 호랑이는 도둑에게 또 쫓기는 신세가 되었고, 결국 여우는 도둑에게 붙잡혀 털가죽만 남기고 쫓겨났다. 그 뒤로 산골 사람들은 이렇게 말했다.

"호랑이가 무서워하는 건 사람이 아니라 '이리온'이라는 말이야."

"호랑이도, 말귀 못 알아듣는 도둑도 결국 사람의 말 한마디에 놀라 도망가는 법이지."

말 한마디에 세상이 흔들리고,
오해가 만든 두려움도 용기 앞에 물러서며,
실수 위엔 웃음을 얹어야 삶이 노래가 된다.

82. 호랑이도 감동한 당진 효부

옛날 옛적 충청도 당진 고을에 마음씨 고운 부부가 살고 있었다.

살림은 넉넉지 않았지만, 두 사람은 늙은 부모님을 모시며 정성껏 살았다. 그러던 어느 해, 어머니가 먼저 세상을 떠났고 시아버지만 남게 되었다. 그런데 그 며느리의 효성이 참 지극했다. 밥이며 옷이며 잠자리까지, 시아버지께 한 치 소홀함이 없었다.

어느 날 아침, 시아버지가 장에 간다며 집을 나섰는데— 해가 서산 너머로 뉘엿뉘엿 지도록 돌아오질 않았다. 마침 남편은 외출 중이고, 집에는 며느리와 아기만 남아 있었다. 걱정이 된 며느리는 아기를 둘러업고 시아버지를 마중 나섰다. 한참을 걷고 또 걷다 보니, 고갯마루에서 깜짝 놀랄 광경이 펼쳐졌다. 커다란 호랑이 한 마리가 술에 취해 비틀거리는 시아버지를 노려보고 있었고 시아버지는 아무것도 모르고 비틀비틀 걸어오고 있었다. 그 순간, 며느리는 깊이 고민했다.

'시아버지를 살려야 해. 어떻게든…' 그녀는 자신의 아기를 호랑이 앞에 내려놓고, 그 틈에 시아버지를 둘러업어 숨도 쉬지 않고 집으로 달려 내려왔다. 집에 돌아온 남편이 아기가 보이지 않자 물었다.

"아기는 어디 갔어?"

놀란 며느리는 눈물만 흘리며 "옆집 할머니가 데려갔다…"라고 둘러댔다. 그러나 남편의 추궁이 이어지자 며느리는 결국 꿇어앉아 울먹이며 모든 이야기를 털어놓았다. 남편은 말없이 며느리를 끌어안으며 그 깊은 효심에 감동했다.

술에서 깬 시아버지는 "내 손주는 어디 갔느냐?"고 물었지만, 두 사람은 또다시 "지금 곤하게 자고 있습니다." 하며 방으로 모셔 들였다. 다음 날 아침, 시아버지가 또 아이를 찾자, 며느리는 더는 속일 수 없다는 생각에 밥상을 차려 드리고는 몰래 산으로 향했다.

'호랑이는 산신령의 화신이라 하더라. 그래도 마음이 있다면… 뼈라도 남겨 두었을지도 모르지…' 그렇게 어제의 고갯마루에 도착했을 때— 소나무 아래 하얀 천에 싸인 아기가 쌕쌕 잠을 자고 있는 게 아닌가! 놀라움과 기쁨에 며느리는 아이를 안고 조심스레 얼굴을 들여다보았다. 그런데— 아기의 입가에는 젖이 맺혀 있었다.

'산신령께서… 아니, 호랑이가 젖까지 먹였나…'

며느리는 눈물로 감사의 절을 올리고 아기를 품에 안고 집으로 돌아왔다. 집에 돌아온 남편은 살아 돌아온 아기를 보고 아내에게 절을 하며 눈물을 흘렸다. 시아버지도 그 사연을 들은 뒤 "내 며느리는 참 귀한 사람이다." 하며 감탄을 금치 못했다.

그 후로 이 며느리는 당진 고을의 효부로 이름이 널리 퍼졌고, 사람들은 그 집을 '호랑이도 감동한 집'이라 불렀다.

진심 어린 효성은, 시련도 무릎 꿇게 하고
사랑과 헌신은, 자연조차 마음을 열게 하며
가족을 위한 희생은, 끝내 기적이 되어 돌아온다.

83. 최 장사와 호랑이의 바위

옛날, 충청도 홍성 용봉산 산골마을에는 힘이 천하장사처럼 센 최 장사가 살고 있었다. 그는 농사도 짓고, 수군 병사로 나라를 지키는 일도 맡아 모두에게 믿음직한 사람이었다.

그런데 어느 날부터 최 장사의 모습이 마을에서 보이지 않았다. 사람들은 궁금해하며 수군영 쪽을 바라보았다.

"왜구가 해미 쪽으로 쳐들어왔다 하더니… 최 장사도 전쟁터에 나간 걸까?"

며칠 뒤, 지친 얼굴로 돌아온 최 장사는 마을 사람들에게 이렇게 말했다.

"모두 출전하고… 나는 마지막까지 수군영을 지키라는 명을 받았소."

그는 깊은 밤, 출전하라는 새 명령을 받고 기쁜 마음으로 길을 나섰다. 하지만— 어두운 숲길, 그 앞을 커다란 호랑이 한 마리가 막아서고 있었다.

"이놈! 나라가 위급한데 왜 내 앞을 가로막느냐!"

최 장사는 몹시 화가 났다. 하지만 호랑이는 눈만 깜빡일 뿐, 이상하게도 공격하지 않았다. 마치 무언가 말하려는 듯, 그저 길을 막고 앉아 있기만 했다. 최 장사는 그 호랑이를 막무가내로 처치하고 전투에 나섰다. 그 전쟁에서 그는 충청수사와 함께 큰 공을 세웠지만, 결국 전투 중 장렬히 전사하고 말았다.

그날, 오천 마을 선림사 근처에서는 천둥과 번개가 몰아치고, 갑자기 커다란 바위 하나가 땅에서 솟구쳤다. 사람들은 놀랐다.

　어디선가 호랑이 울음소리가 들렸다. 그 뒤로 마을에는 뜻밖의 죽음과 불행한 일들이 줄줄이 이어졌다. 마을 사람들은 두려워하며 말했다.

　"혹시 산신령이 노하신 게 아닐까…?

　호랑이는 신이 보낸 존재였고, 최 장사를 살리러 온 것이었는지도 몰라…"

　그래서 마을 사람들은 용봉산 바위 앞에 제사를 지내기 시작했다.

　그 바위는 지금도 "최 장사 바위" 또는 "호랑이 바위"라고 불리며, 그곳에 제를 올리면 불행이 멈추고 복이 깃든다고 전해지고 있다.

　　진정한 충성은 때로 신비로운 수호자의 도움을 받는다.
　　운명은 뜻밖의 모습으로 다가와 우리를 시험하고 지킨다.
　　고난 뒤에는 반드시 평화와 복이 찾아온다.

84. 호랑이와 약속한 선비

옛날, 충청남도 예산군 대술면 방산리에 가난하지만 심지가 곧은 젊은 선비가 살고 있었다. 그는 형편이 어려운 형을 위해 메밀 석 되만 받고 집을 나와 살 곳도, 땅도 없이 시작했다. 하지만 그가 한 가지 결코 포기하지 않은 게 있었다.

"비록 가진 건 없어도, 아버지 제삿날만큼은 내가 손수 준비해야지."

제삿날이 다가오자, 선비는 예산 장터까지 걸어가 겨우겨우 제사 음식을 마련했다. 그날따라 해는 일찍 지고, 20리 넘는 귀갓길은 어둠 속에서 산짐승 소리와 싸우며 걷는 험난한 길이었다.

그리고… 새터 마을 아래 깊은 숲길에서, 덜컥! 눈앞을 가로막은 건… 금빛 눈이 번뜩이는 거대한 호랑이! 선비는 순간 피가 얼어붙는 듯했다. 숨조차 쉴 수 없을 만큼 두려웠다. 하지만 그는 떨리는 목소리로 말했다.

"호랑이야… 혹시 나를 해치려는 것이냐?"

호랑이는 눈을 마주치며… 천천히, 무겁게 고개를 끄덕였다. 그때 선비가 외쳤다!

"부디 잠깐만 시간을 주렴! 오늘은 돌아가신 아버지의 제삿날이니 제사만 지내고 다시 오겠다!"

호랑이는 한참을 선비를 바라보더니, 놀랍게도 천천히 옆으로 비켜섰다. 선비는 숨도 못 쉰 채 고개를 숙이고, 제사상을 든 채 빠르게 사라졌다. 그날 밤, 선비는 정성껏 제사를 올리고 가족들에게 조용히 말했다.

"나는… 약속을 지켰으니 다시 그곳으로 가야 하오."

가족들은 울며 말렸다.

"당신이 죽으면 아버지가 더 슬퍼하셔요!"

하지만 선비는 고개를 저으며 말했다.

"약속을 어긴다면, 나는 아들이기를 포기하는 것이오. 내 목숨이 아버지에 대한 도리보다 앞설 순 없소."

다음 날 아침, 선비는 아무런 무기도 없이 그 무서운 숲길을 다시 걸었다. 그 자리에 도착하자 호랑이가 조용히 나타났다. 선비는 눈을 감고 말했다.

"내 제사를 마쳤다. 약속을 지켰으니, 이제 네 뜻대로 하라."

그 순간! 호랑이는 선비에게 다가오더니— 바람처럼 몸을 돌려 아랫마을 쪽으로 달려가 개 한 마리를 물고 산속으로 사라져 버렸다! 선비는 믿을 수 없는 마음으로 무사히 집으로 돌아왔다.

이 이야기가 마을에 퍼지자 사람들은 감탄했다.

"세상에… 제사 하나 지내려고 호랑이와도 약속을 하다니! 저런 효심과 신의는 어디서도 보기 어렵다네!"

그 뒤로 사람들은 그를 '효자 선비', '약속의 사람'이라 불렀고, 그의 이야기는 오래도록 사람들의 입과 마음에 남게 되었다.

약속을 지키는 마음,
그것이 가장 큰 용기이자, 가장 깊은 덕이다.
사람과 자연의 신뢰 속에, 세상은 비로소 아름다워진다.

85. 호랑이와 사냥꾼 그리고 까치의 약속

 충청도 연무읍 안심리 근처에 '작촌'이라 불리는 작은 마을이 있었는데, 오늘날 사람들은 이곳을 '까치말'이라고 부른다.
 왜 그런 이름이 붙게 되었을까?
 그건, 한 사냥꾼과 호랑이, 그리고 한 마리의 까치가 남긴 놀라운 전설 때문이다. 그 마을에 김씨 성을 가진 사냥꾼이 살고 있었다. 그는 산짐승을 한 발의 화살로 잡을 만큼 명사수였고, 덕분에 누구보다 풍족하게 살아갔다.
 하지만… 어느 날, 그는 깊은 산속 사냥에 나섰다가 눈처럼 흰 송곳니, 무섭게 번뜩이는 눈, 등줄기를 서늘하게 만드는 으르렁— 거대한 호랑이를 마주하게 되었다! 그는 곧장 활을 들어 쐐엑—! 화살 한 발을 쏘아 호랑이의 앞다리를 꿰뚫었다! 그러나 호랑이는 멈추지 않았다. 피를 흘리며 더욱 분노한 채 으르렁! 소리를 내며 덤벼들었다!
 사냥꾼은 숨도 못 쉬는 전투 끝에, 호랑이의 두 다리를 무력화시키고 간신히 도망치듯 산을 내려왔다. 그날 밤— 어둠 속에서 들려오는 낯선 소리. 부스럭… 크르릉… 으르르르릉! 그는 불을 밝히고 창밖을 보았다. 집 주위를 돌며 으르렁대는 건— 낮에 맞붙었던 바로 그 호랑이가 아니었다.
 더 크고 더 야성적인 기운… 그리고 사냥꾼은 깨달았다.
 "…이건 분명… 어미 호랑이다."

놀란 그는 문을 단단히 걸어 잠그고, 새벽이 되어서야 겨우 긴장을 풀었다. 다음 날, 그는 두려움을 꾹 참고 다시 산속으로 향했다. 그리고 그곳에서 믿을 수 없는 장면을 목격했다. 호랑이 새끼 다섯 마리가 작은 까치 새끼를 둘러싸고 부리를 물어뜯으며 놀고 있었던 것이다!

"이런 짐승 같은 짓을…!"

그는 몽둥이를 들고 달려가 까치를 구해내고 새끼 호랑이들을 쫓았지만, 그 순간! 어미 호랑이가 모습을 드러냈다! 그는 숨이 멎는 줄 알았다. 그러나 다행히도, 어미 호랑이는 싸우지 않았고, 아이들을 데리고 숲속으로 사라졌다. 사냥꾼은 다친 까치를 품에 안고 집으로 돌아와 약초를 달여 다리 상처를 정성껏 치료했다. 그리고 작은 둥지를 만들어 집 앞의 나뭇가지에 매달아 두었다.

그날 밤— 까치 어미가 돌아왔고, 작은 부리로 다친 새끼에게 조심스럽게 먹이를 건넸다. 사냥꾼은 그 모습을 보며 눈을 감았고, 꿈속에서 산신령이 나타났다.

"네 손으로 쏘아 떨어뜨린 생명이 많구나. 이제는 산의 생명을 거두는 일을 그만두고, 땅을 일구는 삶을 살아라."

다음 날, 사냥꾼은 활을 꺾었다. 그리고 산 대신 들로 나아가 농부로서의 삶을 시작했다. 그 후 그는 평생 단 한 번도 사냥을 하지 않았고, 마을 사람들은 그를 존경하며 따랐다.

그가 세상을 떠난 후에도— 그의 집 앞 나무에는 해마다 수많은 까치들이 둥지를 틀었고, 마을 사람들은 그 고마운 조류를 따라 마을을 '까치말'이라 부르게 되었다.

생명의 가치를 깨닫는 순간,
삶은 고요한 빛을 따라 새 길을 걷고
자연과의 조화 속에서, 평화는 비로소 숨을 쉰다.

86. 백제의 마지막 불꽃 – 남매와 호랑이의 전설

백제 말엽, 나라의 기운이 사그라들고 적의 군사들이 국토를 짓밟기 시작하던 그때. 지금의 부여군 규암면, 작은 마을에 특별한 남매가 살고 있었다. 누나와 남동생. 이 둘은 사람들과는 조금 달랐다.

둘 다 호랑이를 너무나 좋아했고, 마치 놀이처럼 서로 말하며 전쟁을 내기로 삼곤 했다.

그러던 어느 날, 세상은 전운으로 가득 차고, 백제의 운명은 바람 앞의 등불 같았다. 그날, 동생이 말했다.

"누나, 내가 백 명의 적을 쓰러뜨리고 올게. 그러니 누나는 그동안 호랑이굴이 있는 산에 성을 쌓아. 우리가 나라를 지킬 최후의 보루를 만드는 거야."

누나는 대답했다.

"좋아. 너는 살아만 돌아와, 내가 열흘 안에 성을 쌓고 기다릴 테니."

그리고 그렇게, 하나는 전장으로, 하나는 산으로 향했다.

누나는 열흘 밤낮을 쉬지 않고 성벽을 쌓았다. 바위를 나르고 흙을 다지며 성문돌 하나만 남겨 두고 동생이 돌아오기를 기다렸다.

하루, 한 달, 계절이 바뀌고, 삼 년이 흘러도 동생은 돌아오지 않았다.

그러던 어느 날, 한 사내가 절룩이며 나타났다. 한쪽 눈은 실명, 몸은 온

통 상처투성이. 그는 쓰러지듯 말했다.

"누나… 신라군은 육지로, 당나라군은 강을 따라 오고 있어… 우리는… 끝났어…"

누나는 떨리는 손으로 동생의 얼굴을 쓰다듬더니 말없이 한참을 바라봤다. 그리고 꽉 다문 입술을 떼며 말했다.

"놈들을 호랑이로 유인하자. 성벽 가까이 끌어들여서… 모두 쓸어 버리는 거야."

남매는 호랑이굴로 달려갔다. 그리고 그곳에 살고 있던 네 마리의 호랑이가 마치 친구를 반기듯 꼬리를 흔들며 다가왔다. 호랑이들은 그들을 알아본 듯 길게 울부짖었고, 남매는 호랑이를 이끌고 성으로 향했다.

얼마 후, 강을 거슬러 당나라 군사들이 북을 울리며 칠산, 임천까지 밀려왔다. 그때, 남매는 호랑이 네 마리를 이끌고 강변으로 나갔고, 호랑이들이 으르렁! 포효하자 적군은 멈칫했다. 그러나 곧

"저 짐승들을 먼저 없애라!"

하며 화살을 쏘며 달려들었다. 남매는 기회를 놓치지 않고, 적들을 호랑이로 유인해 성재산의 성벽까지 끌고 갔다.

성문을 닫고, 돌을 굴리고, 불을 던지고, 호랑이들은 성벽 위에서 적을 물고 찢으며 싸웠다. 남매 역시 칼과 창을 들고 끝까지 버텼다. 그러나… 죽여도 죽여도 개미 떼처럼 몰려드는 적군. 호랑이들은 하나둘씩 피를 흘리며 쓰러졌고, 지쳐 버린 남매도 결국 적의 칼날 앞에 무릎을 꿇고 말았다.

그렇게 성은 함락되었고, 남매와 호랑이 네 마리는 전설로 남았다.

지금도 성재산 정상에는 누나가 놓아 두었던 성문터의 흔적이 남아 있고, 그 옆에는 두 남매가 쓰러졌다는 바위(가 있다.) 사람들은 그것을 '남

매바위'라 부른다. 또한 그 부근에는 호랑이 바위가 네 개 있는데, 지금도 바람에 실려 호랑이의 울음소리가 들릴 것 같다고 한다.

용기란 생명을 건 결심에서 태어난다.
사람과 짐승이 하나 되어 지킨 땅엔 전설이 깃든다.
형제애와 나라 사랑, 그 뜨거운 혼은 산과 강에 남는다.

◆ 1925년 12월, 충남 보령 대천에 대호 출몰

충남 보령군 웅천면 대천리에는 지난 9일 밤에 큰 호랑이가 나타나서 그 동네 진갑수 집에서 돼지 한 마리를 물어갔음으로 동네 사람들은 그 호랑이를 잡으려고 수색하였으나 찾지 못하여 매우 불안에 떨고 있다.

(1925.12.16. 동아일보)

87. 효자 강응정과 논산 호랑이

아득한 옛날, 지금의 논산시 가야곡면 산노리에 강응정이라는 젊은이가 살고 있었다. 가난했지만 그는 세상 누구보다 부모님을 정성껏 모시는 효자였다.

어느 날, 세월의 흐름 앞에 부모님은 차례로 세상을 떠나셨다.

강응정은 슬픔 속에서도 무덤 곁에 초막(묘막)을 짓고, 3년간 묘를 지키기로 결심한다.

"부모님 곁을 떠날 수 없다. 이곳에서 함께 밤을 지새우겠다."

그렇게 강응정은 이슬 맞으며 새벽마다 절을 올리고, 산짐승 울음소리를 들으며 밤을 지새웠다.

그러던 어느 날 해가 지고, 빛이 희끄무레하게 비추던 밤. 초막 앞에 덩치 큰 호랑이 한 마리가 조용히 나타났다.

강응정은 숨이 멎을 듯 놀랐지만, 호랑이는 공격하지 않았다.

그저 묘막 근처에 앉아 하염없이 그를 바라볼 뿐. 밤새도록 그 자리를 지키던 호랑이는 해가 뜨자 조용히 산속으로 사라졌다. 그리고 놀랍게도… 그다음 밤에도, 또 그다음 밤에도, 호랑이는 어김없이 찾아왔다.

처음에는 무서웠던 강응정도 점점 마음을 놓기 시작했다. 호랑이는 다른 짐승들이 초막에 가까이 오면 으르렁거리며 몰아내고, 마치 수호신처럼 그를 지켜 주었다. 그렇게 사람과 호랑이는 말없이 서로를 의지하게 되었다.

어느 날, 봄꽃이 만개하던 날. 밤이 되어도 호랑이는 오지 않았다.

강응정은 걱정이 되어 밤새 뒤척이다가, 이튿날 아침 산을 내려가 보기로 했다. 그리고 건너편 마을에서 사람들이 웅성거리는 소리가 들렸다. 가 보니… 커다란 호랑이 한 마리가 함정에 빠져 몽둥이를 든 마을 사람들에게 둘러싸여 있었다!

강응정이 가까이 다가가자, 호랑이는 울부짖음을 멈추고, 반가운 눈빛으로 그를 바라보았다. 그는 외쳤다.

"이 호랑이는… 내게 해를 끼친 적 없다! 부모님 묘를 지키는 동안 밤마다 나를 지켜 준 존재이다!"

마을 사람들은 의심했지만 강응정의 간절한 사정에 마음이 움직였고, 결국 호랑이는 풀려나 산으로 돌아갔다. 그리고… 그날 밤, 호랑이는 다시 묘막 곁으로 돌아왔다.

3년의 세월이 흐르고, 강응정은 부모님의 탈상을 하게 되었다. 그러나 그는 망설였다.

"호랑이와… 이별할 생각을 하니 마음이 아프구나…"

그래서 호랑이가 오기 전, 한낮에 몰래 묘막을 걷고 마을로 내려갔다. 그런데… 호랑이는 이미 기다리고 있었던 것처럼, 숲 어귀에 나타나 꼬리를 흔들며 슬프게 울었다. 강응정은 말없이 눈물을 삼키며 호랑이의 머리를 쓰다듬었고, 호랑이는 조용히 산속으로 걸어 들어갔다. 그 뒤로 호랑이는 다시는 나타나지 않았다.

그 일을 전해 들은 마을 사람들은 말했다.

"그 호랑이는 짐승이 아니야. 산신령이 강응정의 효심에 감동하여 보낸 수호신이었을 게야."

지금도 논산의 산노리에는 '호랑이바위'와 '강웅정 시묘터' 전설이 전해지며 그 따뜻한 우정과 효심을 기억하고 있다.

효심은 호랑이의 심장도 울리고,
말 없는 존재와도 마음은 닿는다.
진심이 깊으면, 자연마저 손을 내민다.

◆ 1927년 9월, 충남 연산에 빈번한 맹수출몰로 피해 적잖음

충남 연산 천호리 부근 병풍같이 둘러친 천호산맥을 따라 표범과 늑대가 종종 출몰하는바 물론 부근 주민의 불안은 극도에 달하여 필경 경찰당국과도 협의를 하고 지난 25일에는 연산 각동리 장정 전부와 강경 경찰서원 10여 명의 지원으로 곤봉과 낫 같은 것을 들고 엽총과 육혈포도 수십 정을 가지고 부근 일대의 크고 작은 산을 모조리 뒤지며 맹수를 쫓아내는 중이다. (1927.9.28. 조선일보)

88. 호랑이도 견디지 못한 나팔수의 술버릇

옛날 옛적, 충청도 당진 대호지면 해미골에 나팔을 어찌나 잘 부는지 귀신도 놀란다는 나팔수가 있었다. 그런데 이 사람, 나팔보다 더 좋아하는 게 있었으니… 바로 술! 술 없이는 하루도 못 사는 골초에 주당이었다.

어느 날 밤, 군대에서 임무를 마친 나팔수는 "한 잔만 하고 간다~" 하더니 술집에서 잔뜩 취해 비틀비틀 산길을 걷다 결국… 비탈진 산길에서 벌렁 쓰러져 잠이 들고 만다. 달빛만 희끄무레 비추는 그 산길 위로… 쉭… 쉭… 무시무시한 그림자 하나가 다가왔으니— 호랑이!!

산짐승들이 쥐 죽은 듯 조용한 밤. 배고픈 호랑이는 눈앞에 떡하니 쓰러져 있는 사람을 보고 "오호라, 오늘은 운수가 좋구나!" 하고 신이 났다.

그러나… 킁… 킁킁… 푸왁!! 술 냄새가 진동을 하자 호랑이는 눈을 질끈 감고 기겁을 했다.

"뭐야, 이 썩은 냄새는? 입에 넣었다간 속이 다 뒤집히겠어! 그래도 아깝긴 아까워. 술만 깨면 잡아먹지 뭐."

하고는 기다리기로 했다.

호랑이는 고민 끝에 시냇가로 가서 꼬리에 물을 적셔, 나팔수 얼굴에 물을 톡톡 묻히기 시작했다. 찰박… 찰박… 몇 번을 반복하자 나팔수가 꿈틀대며 눈을 뜨기 시작했다.

'어디야…? 누가 물을 뿌려… 어… 호… 호랑이?!?'

나팔수는 얼굴 위에서 호랑이의 커다란 눈과 슥슥 움직이는 꼬리를 보며 심장이 쪼그라들었다.

'이런… 내가 죽는구나. 그래! 죽더라도 내가 살아온 증거 하나는 남기고 가자!'

그는 벌떡 일어나더니 숨을 가득 들이마시고— 삐이이이익!!!!

그 특유의 전설적 나팔을 귀청이 찢어지게 한 번 불었다!

나팔 소리에 화들짝 놀란 호랑이! 기겁을 하며 그 자리에서 뜨거운 똥을 나팔수 얼굴에 확 싸지르고 앞도 안 보고 산 너머로 도망갔다.

나팔수는 그 호랑이 똥에 얼굴 살이 벗겨질 정도로 화상을 입고, 눈물, 콧물, 술기운에 정신이 멍해졌지만

"살았다… 나팔이 날 살렸구먼…" 하고 안도했다.

그날 이후, 나팔수는 술을 끊었다.

아니, 호랑이 똥 냄새만 떠올라도 술병이 날 지경이었다. 마을 사람들은 이 이야기를 두고 이렇게 말했다.

"호랑이도 술꾼은 못 먹는다더니… 나팔 한 방에 똥 싸고 도망간 건 처음 들었다!"

넘어진 틈에도 위기는 숨고
의지는 절망 끝에서 빛나며
내 목소리 하나가, 가장 날카로운 무기가 된다.

89. 예산 가야산의 영리한 호랑이

옛날, 충청도 예산군 봉산면 구암리에는 이웃사촌처럼 지내는 두 부인이 살고 있었으니, 바로 이씨 부인과 김씨 부인이었다.

봄날 햇살이 따뜻하게 퍼지던 어느 날, 두 부인은 바구니를 이고 뒷산으로 산나물을 뜯으러 갔다.

"이씨 부인, 고비 좀 봐요! 이만하면 한 상 차리겠다~"

"그러게요. 올해 봄나물 진짜 실하네요!"

고사리, 취나물, 고비, 싸리순까지… 바구니가 점점 불룩해지며 두 사람 얼굴엔 땀방울이 송골송골 맺혔다. 그렇게 산 중턱, 큰 바위 아래까지 올라왔을 때였다.

햇살 잘 드는 바위 아래에서 고양이만 한 짐승 두 마리가 털을 곤추세운 채 데굴데굴 구르며 놀고 있었다.

"어머, 저 귀여운 것들 좀 봐요!"

마음씨 착한 이씨 부인이 다가가 조심스레 머리를 쓰다듬었다.

"어미가 버렸나 봐요… 불쌍해라…"

그러자, 욕심 많은 김씨 부인은 입맛을 다시며 말했다.

"흥, 야생 짐승은 먹어야지. 이만한 건 고기 맛도 좋아."

그러곤 치마폭에 새끼들을 쓸어 담았다.

그 순간 묵직한 기운이 느껴졌다. 두 부인이 고개를 들어 바위 위를 바라보자— 눈에서 불을 뿜는 어미 호랑이가 이빨을 드러낸 채 내려다보고 있었다!

"크르르릉…!"

비명도 잊은 두 여인은 새끼 호랑이도, 나물 바구니도 내던지고 '살려줘요!' 하며 앞뒤 안 가리고 산을 뛰어 내려갔다.

짚신? 그게 뭐지? 어디서 벗겨졌는지도 모르고 내달렸다.

그날 밤, 이씨 부인은 집에 와서도 덜덜 떨며 잠을 설쳤다. 다음 날 아침. 물 길으러 부엌문을 열자— 이게 웬일인가?

대문 안에 어제 잃어버린 바구니가 산나물로 가득 찬 채 놓여 있고, 잃어버린 짚신 두 짝도 가지런히 놓여 있었다! 마치 누군가가 정성껏 돌려준 것처럼…

반면, 김씨 부인의 집에는… "김씨 부인! 어제 일도 잊고 나물 얻어왔다. 어머, 얼굴이 왜 그래요?"

이씨 부인이 달려가 보니 김씨 부인은 창백한 얼굴로 방구석에 주저앉아 벌벌 떨고 있었다.

"간밤에… 호랑이가… 우리 집에 와서… 밤새 방문에 흙을 퍼부으며 으르렁대더니 아침이 되자 사라졌다…"

부들부들… 그때서야 두 사람은 깨달았다. 호랑이도 사람 마음을 안다. 이 이야기는 지금까지도 가야산 근처에서 전해 내려온다.

새끼를 아껴 준 사람에게는 정성을 돌려주고, 욕심을 부린 사람에게는 두려움을 남긴— 바로, 사람 마음을 알아보는 가야산의 영리한 호랑이 이야기다.

착한 마음은 돌고 돌아 복이 되고

욕심은 결국 화를 부르며

진심은 짐승의 가슴도 울린다.

90. 제물로 바쳐진 처녀와 눈물 흘린 호랑이

옛날, 충청도 청양 어느 산골 마을. 이곳에는 매년 한 명의 처녀를 제물로 바쳐야 하는 전설의 호랑이가 살고 있었다.

"제물을 바치지 않으면 마을에 재앙이 내린다."

"가축이 물리고, 아이들이 사라지고, 산이 피를 뿌린다…"

마을 사람들은 두려움에 떨었고, 호랑이의 분노를 피하기 위해 해마다 가장 아름다운 처녀 한 명을 뽑아 야산의 제단에 제물로 바쳤다.

그 해, 제물로 뽑힌 사람은 한 가난한 농부의 외동딸. 그녀는 눈물처럼 맑은 눈과 고운 마음씨, 무엇보다 부모에게 지극한 효성으로 마을 사람 모두의 사랑을 받던 처녀였다.

"그 아이는 안 돼… 제물이라니…"

"차라리 내가 가리라…"

"하늘이 너무 무심하구나…"

마을은 슬픔에 잠겼다.

제물의 날. 처녀는 정갈히 목욕하고, 새 옷을 갈아입은 뒤 부모님 앞에 큰절을 올렸다.

"아버님, 어머님… 부디 만수무강하소서. 불효 여식은 이만, 가 보옵니다…"

아버지는 딸의 손을 놓지 못했고, 어머니는 흐느끼며 쓰러졌다.

그러나 처녀는 마을을 지키겠다는 마음으로, 스스로 제단을 향해 걸어

갔다.

산속에 해가 기울고, 어둠이 내렸다. 처녀는 제단에 조용히 앉아, 죽음을 기다렸다. 그리고 혼잣말처럼 중얼거렸다.

"이 몸이 호랑이 밥이 되어 마을이 편안해진다면, 그 또한 소중한 생의 마무리이겠다…"

그때였다. 덤불 사이로 으르렁거리는 소리가 들렸다. 그리고 나타난 두 마리 호랑이.

호랑이들은 처녀 앞으로 천천히 다가왔다. 그러나 물지도 않고, 덮치지도 않았다. 그저 처녀 주위를 천천히 돌 뿐이었다. 그중 한 마리는 그녀 곁에 앉아 앞발로 눈가를 문질렀다.

"……호랑이가, 눈물을…?"

처녀는 눈을 감고 읊조렸다.

"호랑이님… 어서 절 잡아 드시고, 마을엔 더 이상 해를 끼치지 마십시오…"

그러자 호랑이는 크게 울부짖은 뒤, 몇 바퀴를 빙빙 돌고는 숲속으로 사라져 버렸다.

마을 사람들은 처녀가 죽었을 것이라 생각하고 제단 쪽을 바라보며 애도하고 있었다. 그런데

"저게… 누구냐?"

"아니, 저건 처녀 아니냐? 살아 돌아오는 거야?!"

처녀는 눈물에 젖은 얼굴로 마을로 내려왔다. 그리고 호랑이와 있었던 일을 모두 이야기해 주었다.

사람들은 믿을 수 없다는 듯 서로를 바라보았다. 그러나 이내 누군가 말했다.

"그 처녀의 효심과 순결한 마음에 감동해 호랑이조차 해치지 못한 것이리라…"

그 후, 마을에는 다시는 호랑이 피해가 없었고 오히려 호랑이가 마을을 지켜 준다는 전설이 퍼졌다. 그래서 사람들은 그 마을 이름을 '범골(虎谷)'이라 부르게 되었다고 한다.

진심과 효심은 짐승의 마음도 흔들고,
희생과 용기는 언제나 기적을 불러온다.
선한 마음은, 끝내 세상 어딘가에 닿는다.

◆ 1926년 11월 충남 부여 들판에서 범이 개를 물고 가

충남 부여군 세도면 청포리 등지에 밤중에 범이 내려와 개 한 마리를 물고 갔다는데 근처 작은 산으로 올라간 발자국까지 분명히 있어서 인심이 매우 흉흉하다. 밤의 출입은 일절 중지하는 것이 좋다는데 매년 가을이 오면 별로 산중도 아닌 지방에 범이 가끔 내려온다. (1926.11.17. 동아일보)

91. 호랑이 눈썹과 구렁이 선비, 진심을 지킨 아내

옛날 충청도 청양 칠갑산 깊은 산골 마을에 아이 하나가 태어났다. 그런데 웬일인가, 그 아이는 사람의 모습이 아닌, 구렁이의 허물을 뒤집어쓰고 태어난 것이 아닌가! 사람들은 수군거렸고, 아이의 어머니는 하늘을 원망했다. 하지만 세월이 흐르며 아이는 점점 자라났고, 몸은 여전히 구렁이였지만 말은 또박또박, 마음은 어질고 곧았다.

그러던 어느 날, 구렁이는 어머니에게 조심스레 말했다. "어머니, 저도 장가를 가고 싶습니다."

어머니는 기가 막혀 웃으며 말했다. "애야, 누가 너 같은 모습을 보고 시집을 오겠느냐."

하지만 구렁이는 포기하지 않았다. 어머니는 할 수 없이 이웃집에 딸 셋이 있다는 소문을 듣고 청혼을 하러 갔다. 첫째 딸도, 둘째 딸도 놀라서 단칼에 거절했지만, 막내딸은 잠시 망설이다가 조용히 말했다. "저는 가겠어요."

사람들은 다들 놀랐고 수군거렸다. 하지만 결혼식이 끝나자 놀라운 일이 벌어졌다. 구렁이는 허물을 벗어 던지더니, 눈부시게 잘생긴 선비가 되어 나타난 것이다!

온 마을이 떠들썩했고, 첫째와 둘째 딸은 눈을 휘둥그레 뜨고 부러움에 몸부림쳤다. 그렇게 행복하게 살던 어느 날, 서 선비는 과거를 보기 위해 한양으로 떠나게 되었다. 그는 아내에게 단단히 당부했다.

"내 허물은 절대 태우지 마시오. 그것이 내 비밀입니다."

하지만 시샘 많은 언니들이 찾아와 "이 잡아 주겠다"며 허물을 떼어 화롯불에 던지고 말았다. 그 순간, 멀리서 돌아오던 서 선비는 허물 타는 냄새를 맡고 얼굴이 굳었다. 그는 말없이 길을 돌려, 집으로 가지 않았다. 다른 고을로 가서 새 장가를 들고 부자가 되어 살았다. 버림받은 아내는 십 년을 기다렸다. 기다림 끝에 스스로 결심했다. 남장을 하고, 상투를 틀고, 작은 바랑 하나 메고 긴 여정을 떠난 것이다. 가는 길마다 도움을 주는 이가 있었다. 까치, 까끔이, 까마귀가 길을 알려 주었고, 빨래하는 아낙은 검은 빨래는 희게, 흰 빨래는 검게 해 주면 길을 가르쳐 주겠노라 했다. 그녀는 그 부탁을 모두 들어주며 샘에 띄운 바가지를 타고 백의천 마을에 도착했다.

그곳에서 어린아이가 노래하듯 말했다. "우리 구렁덩덩 서 선비 오빠 장가갈 때, 윗논은 메떡 치고, 아랫논은 찰떡 친단다~"

아내는 가슴이 철렁했다. 기억이 되살아났고, 마침내 서 선비의 집을 찾아냈다. 하지만 선비는 차갑게 말했다.

"산 호랑이 눈썹 세 개를 구해 오시오. 이기는 사람을 데리고 살겠소."

아내는 절망했지만, 포기하지 않았다. 호랑이 세 마리와 사는 무시무시한 할머니를 찾아갔다. 하지만 다행히 그 할머니는 아내를 도와주었고, 아내는 진짜 산 호랑이의 눈썹을 얻었다.

반면 나중에 얻은 아내는 몰래 죽은 호랑이의 눈썹을 들고 와 내기에 졌다. 그러자 서 선비는 또다시 내기를 걸었다.

"굽이 높은 신 두 켤레를 신고 물 한 동이씩을 이고 오시오."

나중에 얻은 아내는 물을 다 쏟아 버렸지만, 본처는 한 방울도 흘리지 않았다. 그제야 서 선비는 눈을 떴다. 진정 자기를 위해 헌신하고, 기다리고, 모험을 마다하지 않은 사람은 바로 본처였던 것이다.

선비는 나중에 얻은 아내를 조용히 떠나보내고, 본래의 아내와 다시 만나 깊이 사랑하며 행복하게 살았다.

그들의 이야기는 지금도 사람들 사이에 전해지고 있다. 한번 맺은 인연, 정성과 진심 앞에는 어떤 마법도 무너질 수 없다는 교훈처럼 말이다.

> 사랑은 조건이 아니라 마음으로 드러나고
> 신뢰는 시련을 견뎌야 비로소 빛나며
> 거짓은 진심 앞에 무너진다.

92. 팥죽 한 그릇에 감동한 호랑이 - 천안 효부

충청북도 진천에서 충청남도 천안으로 시집온 한 효부가 살고 있었다. 그녀는 남편과 함께 시어머니를 극진히 모시며 살았지만, 남편이 병으로 세상을 떠나고 말았다. 어린 나이에 과부가 되었지만, 효부는 시어머니를 친어머니처럼 모시며 살았다.

그러던 어느 날, 친정에서 "아버지가 위독하다"는 급한 전갈이 날아들었다. 걱정스런 마음에 친정으로 달려간 효부는 부모로부터 재혼을 권유받았다. 그러나 효부는 고개를 저으며 말했다. "시어머니를 홀로 두고 갈 수 없습니다." 그녀는 부모의 설득에도 불구하고 시어머니 곁으로 돌아갔다.

얼마 후, 다시 친정에서 부고가 전해졌다. 부모의 유언을 들으라는 말에 효부는 재차 친정으로 향했다. 친정 부모는 다시 한번 개가를 권했다. 효부는 부모를 안심시키고 하룻밤 묵은 후, 다음 날 새벽 아무도 모르게 시집으로 돌아가기 위해 험한 산길을 나섰다.

그런데 깊은 산속, 호랑이 한 마리가 그녀 앞을 막아섰다. 죽음을 각오한 효부는 떨리는 목소리로 자신의 사연을 호랑이에게 털어놓았다. 눈을 깜빡이며 효부를 바라보던 호랑이는 뜻밖에도 그녀를 등에 태우고 시집까지 조용히 데려다주었다.

감사한 마음에 효부는 들고 있던 팥죽 한 그릇을 호랑이에게 내밀었다. 호랑이는 그 팥죽을 단숨에 먹어 치우고는 조용히 산으로 사라졌다.

며칠 후, 마을에 소문이 퍼졌다. 산에 파 놓은 함정에 호랑이가 빠졌다는 것이다. 효부는 가슴이 철렁 내려앉은 채 산으로 달려갔다. 함정 속에 빠진 호랑이의 입가에는 말라붙은 팥죽 자국이 있었다. 그것이 효부를 도와준 바로 그 호랑이라는 것을 알아본 그녀는 마을 사람들에게 자초지종을 이야기했다.

　결국 효부는 함정 속으로 들어가 호랑이를 정성껏 끌어안고 구해냈다. 그 따뜻한 이야기는 곧 병천 고을은 물론 인근 군에도 퍼졌고, 마침내 군수에게까지 전해졌다.

　효심 깊은 그녀의 이야기는 나라에까지 알려졌고, 효부는 정식으로 나라에서 효부상을 받게 되었다. 그녀의 진심과 용기, 그리고 한 그릇의 팥죽이 호랑이도 감동시키고 세상을 울린 것이다.

> 진심은 벽을 넘고,
> 작은 마음은 큰 복이 되어 돌아오며,
> 굳센 이는 끝내 세상의 마음을 얻는다.

VIII.
세종특별자치시 · 충청북도

세종과 충북은 백두대간이 이어지는 중원 지역, 교통의 요지이자 문화의 중심지였다. 이곳에서도 호랑이는 빠지지 않는 주인공이었다. **진천, 청주, 음성, 제천**의 골짜기마다 호랑이 이야기가 남아 있다.

세종과 충북의 호랑이는 길을 열어 주는 안내자이자, 효자와 선비의 충정을 시험하는 존재였다. 인간은 두려움 속에서 **용기와 지혜**를 배웠다. 이 지역 전설은 삶의 길목마다 마주하는 **시련과 극복**의 서사로 남아 있다.

93. 호랑이가 지킨 효자, 김사준 - 세종의 전설

세종특별자치시 전의면 양곡리. 그곳엔 지금도 바람결에 전해지는 전설 하나가 있다. 효심이 하늘을 감동시키고, 산신령의 화신이라 불리는 호랑이마저 무릎 꿇게 했던 사내. 바로 '살아 있는 효자' 김사준의 이야기다.

김사준은 단순한 선비가 아니었다. 그의 아버지 김백곤은 조선의 역사에서 가장 피비린내 나는 정치 참극, 계유정난의 생존자였다. 어린 단종이 폐위되고 사육신이 능지처참당할 때, 그는 집현전의 문을 닫고 낙향해 버렸다. "이런 세상에선 붓보다 삽이 낫다"며 고향 땅을 일구며 조용히 살았다.

그 아버지 밑에서 자란 김사준은 한 번도 벼슬을 꿈꾸지 않았다. 권력과 명예 대신, 그는 단 하나—'효'를 선택했다. 다섯 형제 중 누구보다 아버지를 극진히 모셨고, 마을 사람들 사이에선 "저자는 사람이라기보다 신령"이라는 말이 돌 정도였다.

하지만 운명은 조용한 가정을 그냥 두지 않았다. 어느 겨울, 아버지 김백곤이 중병에 걸렸다. 약도 듣지 않았고, 손쓸 방법도 없었다. 그러던 어느 날, 병상에 누운 아버지가 눈을 감고 중얼댔다.

"사준아… 연근이 먹고 싶구나…"

그 한마디에 김사준은 곧장 자리를 박차고 일어났다. 온 산과 들이 얼어붙은 한겨울, 그는 연못으로 달려갔다. 두터운 얼음은 도끼도 튕겨낼 만큼 단단했다. 하지만 그는 무릎을 꿇고, 두 손을 모아 하늘에 기도했다.

"연못이여 열려라… 연근이여 솟아나라… 아버지를 살릴 수만 있다면 내 생명도 바치겠다…"

첫날, 아무 일도 없었다. 둘째 날, 바람만 불었다. 셋째 날, 눈보라 속에서도 그는 떠나지 않았다. 일곱 번째 날. 해가 지기 직전, 이상한 기척이 느껴졌다. 그가 엎드린 얼음이 미세하게 울렁이더니, 거짓말처럼 서서히 갈라지기 시작했다. 그 틈 사이로 연꽃의 줄기가 파르르 떨며 떠올랐다. 연근이었다. 싱싱하고 붉고 탱탱한 연근.

김사준은 눈물을 머금은 채 그것을 들고 아버지에게 달려갔다. 기적처럼, 그날 밤부터 아버지의 병세는 호전되기 시작했다.

얼마 지나지 않아 아버지는 노환으로 세상을 떠났다. 김사준은 예법을 지켜 산소 옆에 움막을 짓고, 무려 3년간 시묘살이를 시작했다.

눈 내리는 날도, 비바람 몰아치는 날도 그는 자리를 비우지 않았다. 허기진 배를 풀 뿌리로 채우고, 얼어붙은 바닥에 무릎 꿇고 절을 올렸다.

그리고… 그 겨울의 한밤중, 그에게 다가온 건 산짐승이 아니라 산의 신령이었다.

검푸른 그림자 하나가 움막 앞에 멈췄다. 거대한 호랑이. 사납고 웅장한데, 이상하게도 온기가 느껴졌다. 그 호랑이는 조용히 김사준의 옆에 엎드렸다. 숨결은 따뜻했고, 눈빛은 슬펐다. 김사준은 처음엔 놀랐으나, 이내 눈물을 흘렸다.

"산신령께서… 내 마음을 들으셨구나…"

그날부터 3년 내내 호랑이는 그의 벗이 되었다. 여름이면 벌레를 쫓아주고, 겨울이면 추위를 막아주었다. 비가 쏟아질 때면 움막을 지켜주었고, 짐승이 다가오면 으르렁 소리로 겁을 주었다.

시묘살이를 마친 날, 호랑이는 조용히 뒷산 너머로 사라졌다. 다시는 돌아오지 않았다.

김사준은 이후에도 벼슬길을 마다하고, 평생을 덕을 쌓으며 살았다. 81세를 일기로 생을 마친 그의 무덤 옆에는, 해마다 호랑이의 발자국이 나타난다는 전설이 아직도 남아 있다.

지금도 세종시 전의면 양곡리 사람들은 말한다.

"진심이란, 결국 하늘도 짐승도 움직인다"고.

진정성 있는 이야기는 시대를 넘어 울림을 준다.
인간과 자연, 짐승의 교감은 전설이 아닌 감동의 증거다.
진심은 말이 아니라 행동으로 증명된다.

94. 청주 호무골, 호랑이가 춤춘 골짜기

옛날 옛적, 조선 말기. 풍수지리에 밝은 한 사내가 지금의 청주 금천동 근처를 지나고 있었다. 그는 산줄기와 들판의 흐름, 바람의 방향과 양지의 기운을 읽더니 이렇게 말했다.

"이곳은 틀림없이 장차 큰 마을이 될 땅이네. 터를 잡아 집을 지으면 복이 따를 것이야."

그래서 그는 나무를 베고 터를 닦기 시작했다. 그러나 물이 없었다.

"산 아래인데도 샘 하나 없으니… 살 수가 없겠구먼."

그는 아쉽게도 터 닦기를 멈추고 그 땅을 떠났다. 그로부터 몇 해 뒤, 남면 궁말에 사는 이명도라는 사람이 그 터를 지나게 되었다.

마치 무언가에 이끌리듯, 그는 그 자리에 발길을 멈추었다.

"이 땅이 나를 부르는 듯하군. 한번 살아 보리다."

그는 먼저 닦다 만 터를 다시 손질하고 근처 낮은 곳을 파기 시작했다. 물을 찾기 위해서였다. 그러나 샘은커녕, 습기조차 느껴지지 않았다.

이명도는 실망한 마음으로 떠날 결심을 하고 그날 밤, 마지막으로 터에 누워 잠을 청했다. 달빛이 환하게 숲을 비추고 벌레 소리, 짐승 울음이 멀리서 들려왔다. 그때였다. 건너편 계곡 쪽에서 이상한 기척이 들렸다. 이명도는 눈을 떴다.

"호랑이…?"

그의 눈앞에는 호랑이 한 마리가 계곡에 서서 두 앞발을 들고 너울너울 춤을 추고 있었다. 그 호랑이는 마치 환영처럼 숲으로 머리를 넣었다 뺐다 하며 몇 번이고 들썩이다가 바위 위에 올라 하늘을 향해 크게 울부짖고는 동쪽으로 사라졌다.

 이명도는 날이 밝자마자 호랑이가 춤을 추던 그 바위틈으로 달려갔다. 그런데 그 바위 아래에서 샘물이 맑게 흐르고 있었다.

 "호랑이가, 이 물을 마시고 기뻐 춤춘 것이었구나…"

 이명도는 감격과 놀라움에 떨며, 곧 다시 터를 닦고 집을 지었다.

 그리고 그곳에 정착했다. 이후 한 사람, 두 사람… 물을 따라, 기운을 따라 사람들이 모여들었다. 그렇게 마을이 생겼고, 사람들은 이 마을을 '호무골(虎舞谷)', "호랑이가 춤추던 골짜기"라 불렀다.

 기회는 끝까지 남은 자의 몫,
 자연은 침묵으로 길을 가리키고,
 기적은 포기 직전에 문을 두드린다.

95. 호랑이도 놀란 맨몸 할머니와 곰의 최후

옛날 옛적, 충청도 진천 산골 마을에 나물 캐는 것이 낙인 늙은 할머니가 살고 있었다. 어느 날, 햇살 좋은 봄날 아침, 할머니는 바구니를 메고 산골짜기로 나물을 캐러 나섰다.

할머니가 산을 오르다가 큰 동구나무 아래에 다다랐을 때, 그곳에 웬 호랑이 한 마리가 떡하니 앉아 있었다. 할머니는 깜짝 놀라 숨이 턱 막혔다.
"아이고야… 이제 죽었구나!"

하지만 곧, 담담히 생각했다.

"가만히 있어도 죽고 도망쳐도 죽는 거면… 차라리 정신 나간 척, 뭔가 이상한 짓이라도 해 보자."

할머니는 그 자리에서 옷을 홀딱 벗고, 거꾸로 엉금엉금 기어 내려오기 시작했다. 그 모습은 이랬다. 머리는 땅을 향하고 다리는 허공에 들린 채 노인네 맨몸이 해찰처럼 흔들거리며 기어 오는 모습!

그 장면을 본 호랑이는 인간인지 요괴인지 알 수 없는 그 기묘한 형상에 질겁을 했다.

"세상에 저런 괴물이 다 있나!?"

그리고는 "으엑!" 소리를 지르며 산길을 따라 냅다 도망쳤다.

도망가던 호랑이는 마침 길가에 있던 곰과 맞닥뜨렸다. 곰이 물었다.

"호랑이 형님, 왜 그렇게 뛰세요? 뒤에 뭐가 쫓아와요?"

호랑이는 숨을 몰아쉬며 말했다.

"얘야… 저기… 도저히 말로 설명 못 할 놈이 있다! 내 평생 그런 무시무시한 건 처음 봤어!"

곰은 궁금해졌다.

"그게 뭐라고 무서워요? 나랑 같이 가 봐요!"

곰은 호랑이를 앞장세워 문제의 동구나무 아래로 갔다.

그때, 할머니는 고목나무 속에 숨어 있었다. 곰이 쿵쿵거리더니 말했다.

"안에 숨어 있네요. 내가 꼭대기에 올라가면 나무가 내려앉아 사람을 낼 수 있을 거예요."

곰이 꼭대기에 올라앉자, 할머니 눈에 나무 틈으로 곰의 불알이 보였다.

"요놈이 걸렸다!"

치마끈으로 올가미를 만들어 걸치고, 힘껏 당겼다.

곰은 "끄어억!!!" 하고 고꾸라졌고, 나무가 흔들리며 아래로 떨어졌다.

호랑이는 비명을 지르며 도망쳤다.

이렇게 할머니는 기지로 목숨을 건졌고, 이 이야기는 진천 마을에 전설로 전해졌다.

겁보다 기지가 위기를 꺾고,
어리석음 속 담대함이 목숨을 지키며,
두려움은 상상의 괴물일 때 무너진다.

96. 호랑이가 길을 연 소년, 진천 효자 김종철

조선 영조 31년(1755년), 충청북도 진천 고을. 이곳에 한 소년이 태어났다. 이름은 김종철(金宗喆). 천성이 바르고 엄정했으며, 무엇보다도 효심이 깊어 어릴 적부터 부모님의 말씀이면 눈빛 하나도 거스르는 일이 없었다. 절에 들어가 유학을 공부할 때도 부모님이 보고 싶다 싶으면 산을 내려와 문안을 올리고 다시 올라가는 생활을 마다하지 않았다.

김종철이 여덟 살 되던 해, 어머니 송씨 부인이 병을 앓기 시작했다. 아이의 마음은 타들어 갔다.

결국 어린 종철은 집안의 노비 하나를 데리고 의원을 찾으러 길을 나섰다. 밤은 깊고 산길은 어두웠지만, 한시라도 지체할 수 없었다.

그러나 얼마 걷지 않아 성황당 어귀에 커다란 호랑이 한 마리가 길을 막고 있는 것 아니겠는가! 노비는 덜덜 떨며 땅바닥에 주저앉았고, 숨도 쉬지 못할 지경이었다. 그때, 종철이 나섰다.

"어머니의 병이 위급하니 촌각도 허비할 수 없다! 길을 막고 서 있다 해서 두려워 돌아갈 수는 없다!"

작은 몸이지만 단호한 목소리. 그 진심이 통했는지 호랑이는 천천히 옆으로 비켜 길을 내주었다.

의원에게 약을 구하고 나올 즈음, 밤은 더 깊어져 칠흑 같은 어둠이 밀려왔다. 노비는 말했다.

"도련님, 약은 제가 들고 가겠으니 도련님은 날이 밝으면 뒤따라오세요."

그러나 김종철은 고개를 저었다.

"위급한 어머니를 두고 내가 어찌 뒤처질 수 있겠느냐? 단 한순간이라도 지체할 수 없다."

그렇게 다시 산길로 나아가는 두 사람. 그런데 놀랍게도 아까 그 호랑이가 또다시 나타났다. 이번에는 멀찌감치 앞서 걸으며, 어두운 숲길을 마치 대낮처럼 환히 밝히는 듯한 신비로운 빛으로 길을 인도해 주었다. 그렇게 김종철은 무사히 집 앞까지 도착했고, 그 순간 호랑이는 조용히 몸을 돌려 숲속 어둠 속으로 사라졌다.

이 이야기는 지금도 진천 지역에 전해지며 사람들은 말한다.

"호랑이도 효자 앞에서는 길을 연다. 자연도, 산신도 효심 앞에서는 도우러 나선다."

진심 어린 효심은, 자연의 마음도 흔들고
두려움보다 사랑이 앞설 때, 기적은 찾아오며
바른 마음 앞엔, 어떤 어려움도 길을 내준다.

97. 음성 망가리 고개, 호랑이의 밤

 조선 말기 충청북도 음성 감곡면 오향리. 그 마을 어귀에는 '망가리'라는 작은 고개가 있다. 언제부터인가 이 고개를 넘을 때면 마을 사람들은 허리를 숙이고 목례를 하며 조용히 넘곤 했다.
 그 이유는 오래된 한 이야기 때문이다.
 오향리 마을에는 중년의 부부가 살고 있었다. 어르신들을 모시고 자식들과 오순도순 벼농사로 살아가는 소박하고 따뜻한 집이었다.
 어느 해 가을, 남편은 이웃 마을 친구 집의 벼 타작을 도와주고 밤이 깊은 뒤에야 집으로 돌아오는 길이었다.
 달빛에 잠긴 고갯마루 아래를 지날 즈음, 낯선 웃음소리가 귓가를 스쳤다. 그 소리는 어딘가 익숙하고 애틋한 것이었고, 남자는 불길한 예감에 발걸음을 멈추었다.
 풀숲에 몸을 숨긴 채 소리가 나는 쪽을 바라보자 거기엔 커다란 호랑이와 한 여인이 마주한 모습이 보였다. 호랑이는 꼬리를 근처의 샘물에 담갔다가 그 물방울 맺힌 꼬리로 여인의 얼굴을 쓰다듬고 있었다. 그때마다 여인은 넋이 나간 듯 깔깔 웃고 있었고, 그 웃음소리는 다름 아닌 자신의 아내의 목소리였다.
 머릿속이 하얘졌다. 분노와 공포, 슬픔과 혼란이 몰려오는 순간, 남자는 이성을 잃지 않았다. 평소 담이 크고 힘이 좋기로 유명했던 그는 근처의 몽둥이를 움켜쥐고는 호랑이를 향해 달려들었다.

"이 악귀 같은 짐승아! 내 아내를 놔라!"

기습을 당한 호랑이는 비명을 지르듯 울부짖으며 숲속으로 도망쳤고, 남자는 정신이 나간 아내를 업고 집으로 돌아왔다.

온 가족이 모여 정성껏 아내를 간호했지만, 아내는 끝내 정신을 되찾지 못한 채 닷새 만에 숨을 거두고 말았다. 아내를 묻은 날 밤, 남편은 말없이 활을 둘러메고 집을 나섰다.

"짐승을 그냥 둘 수는 없다… 내 손으로 끝을 보리라."

그러나 그는 다시는 돌아오지 않았고, 이후 집안은 서서히 무너져 뿔뿔이 흩어지고 말았다. 사람들은 그 고개를 두고 "호랑이 때문에 가정이 망한 고개"라 하여 '망가리 고개'라 부르기 시작했다.

욕망은 틈을 타 가정을 무너뜨리고,
침착은 위기를 넘겨도, 상처는 남으며,
전설은 늘, 진실의 경고를 품고 있다.

Ⅷ. 세종특별자치시·충청북도

98. 호랑이 등에 실은 효심, 이양골 전설

조선 말기, 충청북도 음성군 삼성면. 이 마을에는 권국화라는 청년이 살고 있었다. 가난했지만 마음 씀씀이는 누구보다 깊고, 특히 부모에 대한 효심은 지극했다. 마을 노인들은 "요즘 세상에 저런 자식 보기 어렵다"며 입을 모았다.

어느 해 겨울, 부친이 심한 병에 걸렸다. 권국화는 집안의 마지막 전대까지 털어 동네 약방과 의원을 모조리 찾아다녔지만 차도가 없었다. 약도, 정성도 듣지 않자 그는 산속에 들어가 부친의 회복을 빌며 기도했다.

그러던 어느 날 밤, 눈발이 흩날리는 마을 어귀에서 지나가던 낯선 행인이 중얼거렸다.

"장호원에 병을 고치는 명약이 있다더이다…"

그 말이 떨어지기 무섭게 권국화는 어머니께 인사를 드리고, 약을 구하러 즉시 길을 나섰다. 문제는 밤중에 넘어야 할 고갯길. 눈까지 쌓인 그 고갯마루에는 거대한 호랑이 한 마리가 앉아 있었다.

처음엔 등골이 서늘해졌지만, 권국화는 발걸음을 멈추지 않았다. '지금 물러서면 아버지를 잃는다.'

그런데 이상한 일이 벌어졌다. 호랑이는 그를 바라보더니, 조용히 등을 굽혔다.

마치 "타라"고 말하듯. 권국화가 두려움을 눌러가며 호랑이 등에 올라타자, 호랑이는 말도 없이 눈 덮인 길을 달려 장호원으로 향했다. 눈길 속에서도 흔들림 없이, 순식간에 오십 리를 넘은 것이다.

그가 약을 구해 나오자, 호랑이는 그 자리에 다시 와 있었고, 이번엔 집까지 그를 등에 태워 무사히 돌아오게 했다.

약을 정성껏 달여 아버지께 올리니, 기적처럼 병세가 호전되었다. 하지만 며칠 뒤 아버지는 다시 병색이 짙어지더니 중얼거렸다.

"잉어회가 먹고 싶구나… 어린 시절 고향 저수지에서 잡던 그 잉어 맛이 그립구나…"

권국화는 엄동설한, 얼어붙은 성미저수지로 향했다. 두꺼운 얼음은 도끼로도 깨지지 않았다. 그때, 그는 하늘을 향해 무릎을 꿇고 간절히 기도했다.

"하늘이시여… 제 목숨을 가져가셔도 좋으니 단 한 마리 잉어라도 주소서…"

그 순간, 기도하던 무릎 아래에서 얼음이 스르륵 녹으며 푸른 물이 솟아오르더니, 그 속에서 커다란 잉어 한 마리가 튀어 나왔다. 그는 두 손으로 잉어를 붙잡고, 그대로 회를 떠서 아버지께 올렸다.

아버지의 병은 다시금 나았고, 이후 사람들은 잉어가 솟은 그 저수지 인근 들판을 '이양골(鯉養谷)'이라 불렀다.

"잉어가 자라나고, 효심이 살아 숨 쉬는 골짜기"라는 뜻이다.

세월이 흘러 아버지가 천수를 누리고 세상을 떠나자, 권국화는 묘소 곁에 움막을 짓고 시묘살이를 시작했다.

눈보라가 몰아치는 날도, 먹을 것이 마땅치 않은 날도 그는 단 하루도 무덤을 떠나지 않았다.

그리고 그 밤마다 나타난 존재는 바로, 그 호랑이였다.

마치 수호신처럼 움막 앞에 앉아 권국화를 지켜주고, 폭설이 내리면 자기 몸으로 바람을 막아 주었으며, 때로는 눈 속에서 사냥한 토끼를 물어다 주기도 했다고 한다. 3년의 시묘살이가 끝나자, 호랑이는 어느 날 조용히 산속으로 사라졌다. 그날 이후 마을 사람들은 말했다.

"하늘도, 짐승도, 이 사람의 효성을 알고 감동한 것이야."

그리고 그의 이야기는 '이양골의 호랑이 전설'로 남아 지금도 전해지고 있다.

효심은 길을 열고, 짐승을 감동시키며

간절함은 자연도 움직이고

부모를 향한 진심은 하늘에 새겨진다.

99. 대호(大虎)가 감동한 소년, 민동량의 밤길

조선 현종 때, 충청북도 음성군 하당리에는 한 아이가 살고 있었다. 이 아이의 이름은 민동량(閔東亮). 어려서부터 총명하기로 소문이 자자했는데, 겨우 다섯 살에 글을 읽고 한문 문장의 뜻까지 술술 해석하니 마을 어른들이 "민씨 문중에 신동이 났다!"며 감탄을 아끼지 않았다.

세월이 흘러 민동량이 열네 살이 되던 해. 부친의 병이 깊어져 민동량은 밤낮으로 지극정성으로 간병했다. 어느 날, 동네 약사로부터 괴산에 귀한 약이 있다는 소문을 들은 그는 곧장 밤길을 걸어 괴산읍 약방으로 향하기로 결심한다.

"어둡고 험한 길이라도 아버지 병을 고칠 수 있다면 마다할 이유가 없다!"

그렇게 늦은 밤, 민동량은 하당리를 떠나 괴산을 향해 길을 나섰다. 동네 어귀의 성황당 근처 느티나무 아래에 이르렀을 때 그곳에 등잔불 같은 눈을 번뜩이며 앉아 있는 커다란 호랑이 한 마리!

그러나 민동량은 물러서지 않았다. 오히려 호랑이를 향해 당당히 외쳤다.

"나는 당골 마을의 민동량이다! 지금 아버님의 병을 고치러 괴산으로 약을 구하러 가는 길이니, 제발 길을 비켜 주시오!"

그런데 이게 어찌 된 일인가? 호랑이는 민동량에게 등을 돌리더니, 꼬리로 자기 등을 툭툭 가리키는 것이었다. 마치 "내 등에 타라"는 뜻 같았다.

민동량은 잠시 망설였지만, 이내 담대히 호랑이의 등에 올라탔다.

그 순간— 바람소리가 휘몰아치더니 순식간에 그의 몸이 붕 뜨고, 얼마 지나지 않아 다시 고요해졌다. 눈을 떠보니 괴산 읍내 향교 근처, 등불이 총총한 약방 앞.

민동량은 재빨리 개울을 건너 약방에 들러 귀한 명약을 구해 향교 앞으로 돌아왔다. 그런데 놀랍게도! 아까 그 호랑이가 개울가 모래밭에 조용히 앉아 기다리고 있었다. 이번에도 민동량은 망설이지 않고 감사한 마음으로 다시 호랑이 등에 올랐다.

호랑이는 또 한 번 몸을 솟구쳐 성황당 느티나무 아래, 처음 만났던 그 자리까지 민동량을 실어다 주고는 조용히 숲속으로 사라졌다.

집에 돌아온 민동량은 정성껏 약을 달여 아버지께 올렸다.

그가 집에 도착한 시간은 밥 한 그릇 먹고 숭늉 한 사발 마실 정도의 짧은 시간. 문밖에서 들려오는 민동량의 목소리에 아내는 깜짝 놀라 뛰어나왔다.

"아니, 아직 떠나지도 않았는데 벌써 돌아오셨어요?"

민동량은 그저 담담히 말했다.

"자초지종은 나중에 말하겠소. 어서 약부터 달여 주시오."

그날 밤, 아버지에게 무사히 명약을 올릴 수 있었고 얼마 지나지 않아 병세도 차츰 회복되었다.

이 이야기는 곧 마을 전체에 퍼졌고, 사람들은 이렇게 말했다.

"대효(大孝)에 대호(大虎)가 시중을 들었다!" 그 후 민동량은 조정에서도 그 효성을 인정받아 1806년(순조 6년) 정려(旌閭)가 내려졌으며, 그의 공덕을 기려 호조좌랑(戶曹佐郎)에 추증되었다.

그의 정려각, 즉 '민동량 효자각'은 지금도 충청북도 음성군 금왕읍에 남아 있으며, 2016년 12월 26일 향토문화유적 제28호로 지정되어 그의 효심을 기리고 있다.

> 정성은 생명을 깨우는 약이 되고
> 진심엔 하늘의 응답이 따르며
> 사랑과 책임은 끝내 기적을 이룬다.

◆ 1971년 6월 충주시 주민, 새끼 표범 세 마리 잡아
(남한 지역 마지막 표범 포획 기사)
충주시 성내동 170 김종헌(34)씨가 생후 2개월 된 큰 고양이만한 재래종 표범새끼 한 마리를 잡아 15일째 기르고 있다. 김씨는 지난 4일 서울서 내려온 친척 김종한(17)군, 김군의 친구 고모(18)군등과 함께 중원군 엄정면 피동리 백운암 뒷산에 놀러갔다. 호랑이굴을 발견, 표범새끼 세 마리를 사로잡아 이중 두 마리는 서울친구들이 가져가고 한 마리만 기르고 있는데, 식성이 까다로와 토끼고기, 쇠고기만을 먹기 때문에, 하루 먹이값만도 2백원이나 든다고.
한편 엄정면 피동리 부락에는 매일 새끼를 찾는 어미 표범이 나타나 보리밭 5백평을 짓밟아 망치고 있고 이곳 주민들은 인명을 해치지 않을까 걱정하고 있다. (1971.6.21. 조선일보)

100. 마지막 호랑이 고개 마즈막재

충주의 고개, 그 마지막 너머엔 무엇이 있었나.

충주시 종민동. 계명산과 남산이 마주 보는 사이, 수많은 이들이 숨을 고르며 지나가는 고갯길 하나가 있다. 그 이름은 바로, 마즈막재. 아침이면 등산객의 웃음소리로, 저녁이면 고요한 산그늘로 잠기는 이곳에, 사람들은 알지 못한 채 지나치는 섬뜩한 이름의 기원이 숨어 있다.

첫 번째 이야기 - 이름이 바뀐 고개

한때 이곳은 '마수막재'라 불렸다. 심항산의 깊은 골짜기를 따라 흐르던 뜻, '마수막(馬水幕)'이란 말에서 유래한 것이었다.

하지만 시간이 흐르자 그 이름은 바람처럼 변했다. 마수막 → 마주막 → 마즈막. 이제 사람들은 그 옛 이름조차 기억하지 못한다.

그저 '마즈막재'라 부르며, 그 고개가 품고 있는 또 다른 진실도 잊은 채 올라갈 뿐이다.

두 번째 이야기 - 죄인의 마지막 발걸음

조선시대, 충주는 감영이 있는 중요한 도시였다. 남쪽의 경상도, 동쪽의 강원도에서 붙잡혀 온 죄수들은 최종 심문과 처형을 위해 충주로 이송됐다. 그들이 반드시 넘어야 했던 길, 바로 이 마즈막재였다.

그중에서도 사형수는 이 마즈막재를 넘는 순간, 자신의 삶도 넘는다는 걸 알았다. 누군가는 고개 위에서 마지막으로 고향을 향해 눈물을 흘렸고, 누군가는 돌아갈 수 없는 운명을 받아들이며 가장 사랑했던 사람들의 얼굴을 떠올렸다. 그래서 이 고개는 '마지막'의 사투리인 '마즈막'을 따 마즈막재, 곧 생의 끝자락 고개가 된 것이다.

세 번째 이야기 - 호랑이의 고개

그러나 가장 오래도록, 그리고 가장 무섭도록 사람들 사이를 떠돈 이야기는 바로 호랑이에 관한 것이다.

"그 고개를 넘다간, 돌아오지 못한다. 왜냐하면… 거기 호랑이가 산다."

19세기 말까지 충주의 산에는 호랑이가 출몰했다. 특히 마즈막재 인근은 산세가 가팔라 짐승들이 숨어들기 좋은 곳이었다. 실제로 이 고개를 넘던 행인, 장정, 심지어 관노들까지도 실종되는 일이 잦았다. 눈 덮인 어느 겨울날에는, 상여가 고개를 넘던 중 갑자기 멈춰 섰다. 그날 밤, 장의꾼들은 돌아오지 못했고, 상여 곁엔 피 묻은 발자국만 남아 있었다.

또 어떤 날은 말을 몰던 장수가 돌아왔으나, 말안장은 찢기고 피가 말의 옆구리를 타고 흘렀다. 그는 실성한 듯, "눈 속에서… 노란 눈이 날 쳐다봤소…"라는 말만 되뇌고는 얼마 지나지 않아 객사하고 말았다.

19세기 말, 어떤 아이가 그 말을 무시하고 밤에 고갯길을 넘다 실종되었고, 며칠 뒤 그의 신발만 고갯마루 느티나무 아래에서 발견되었다는 이야기마저 전해진다.

그날 이후 마을 사람들은 떨리는 입으로 말했다.

"마즈막재를 넘는 순간, 삶도 넘는다."

그 말 끝엔 언제나 누군가를 물끄러미 바라보는 호랑이의 눈빛이 따라붙었다. 삶의 경계, 마즈막재 그곳은 단순한 고갯길이 아니다.

이름처럼 '마지막'을 뜻하는 상징이자, 사람의 생과 사, 기쁨과 공포가 교차하던 곳이다. 누군가는 이름조차 잊은 채 이 고개를 오른다. 하지만, 그 옛 전설을 알고 나면, 어쩌면 당신도 등 뒤에서 어둠 속 무언가의 시선을 느낄지도 모른다.

그곳은 마즈막재. 호랑이와 마지막이 공존하던, 운명의 고개다.

> 누군가는 삶의 끝에서 고개를 넘고,
> 누군가는 눈 속 호랑이 눈을 본다.
> 그 고개 이름은… 마즈막재.

작가 후기

《한국 호랑이 전설 대모험 100》을 집필하며 저는 다시금 확인했습니다.
호랑이는 단순히 제 삶의 일부가 아니라,
우리 민족의 가장 깊은 뿌리를 상징하는 존재라는 것을요.
백호 태몽, 범천동이라는 지명, 고창에서의 유년은
개인적 추억을 넘어 한국인의 집단적 경험을 상징합니다.
전국 228개 시군구와 중국 31개 성·자치구 답사는
호랑이를 좇아 다닌 제 개인의 집요한 여정이었지만,
그 속에서 만난 전설과 기록은 모두 **민족의 유산**이었습니다.
지금껏 45권의 책을 냈지만,
이 책만큼 제 마음을 오래 붙잡아 온 기획은 없었습니다.
그 애착은 개인적 집착이 아니라,
민족의 토템을 올바로 기록하고 싶은 사명에서 비롯된 것이었습니다.
부디 이 책이 독자 여러분께도
호랑이를 단순한 옛이야기로가 아니라,
한국인의 혼을 상징하는 **살아 있는 토템**으로 되새기게 하는 계기가 되기를 바랍니다.

2025년 9월
文虎 강효백

한국 호랑이 전설 대모험 100

ⓒ 강효백, 2025

초판 1쇄 발행 2025년 11월 20일

지은이	강효백
펴낸이	이기봉
편집	좋은땅 편집팀
펴낸곳	도서출판 좋은땅
주소	서울특별시 마포구 양화로12길 26 지월드빌딩 (서교동 395-7)
전화	02)374-8616~7
팩스	02)374-8614
이메일	gworldbook@naver.com
홈페이지	www.g-world.co.kr

ISBN 979-11-388-4958-6 (03810)

- 가격은 뒤표지에 있습니다.
- 이 책은 저작권법에 의하여 보호를 받는 저작물이므로 무단 전재와 복제를 금합니다.
- 파본은 구입하신 서점에서 교환해 드립니다.